国家出版基金项目
NATIONAL PUBLICATION FOUNDATION

"十三五"国家重点出版物规划项目

上海市促进文化创意产业发展财政扶持资金项目资助

中国经济专题史研究丛书

货币变迁与宏观金融管理

（公元前16世纪-1840年）

汪开振　王永长　著

上海财经大学出版社

图书在版编目(CIP)数据

货币变迁与宏观金融管理:公元前16世纪—1840年/汪开振,王永长著. —上海:上海财经大学出版社,2021.9

(中国经济专题史研究丛书)

ISBN 978-7-5642-3763-9/F·3763

Ⅰ.①货… Ⅱ.①汪…②王… Ⅲ.①货币史-中国-秦汉时代-清前期 ②金融管理-经济史-中国-秦汉时代-清前期 Ⅳ.①F822.9②F832.1

中国版本图书馆CIP数据核字(2021)第071849号

□ 责任编辑 胡 芸

□ 封面设计 钱宇辰

货币变迁与宏观金融管理

公元前16世纪—1840年

汪开振 王永长 著

上海财经大学出版社出版发行

(上海市中山北一路369号 邮编200083)

网 址:http://www.sufep.com

电子邮箱:webmaster@sufep.com

全国新华书店经销

江苏凤凰数码印务有限公司印刷装订

2021年9月第1版 2021年9月第1次印刷

710mm×1000mm 1/16 18.75印张(插页:2) 278千字

定价:108.00元

作者简介

汪开振　上海财经大学经济学硕士，研究方向为中国经济史。参与撰写《中国经济发展史(公元前16世纪—1840)》(国家出版基金资助项目、“十三五”上海市重点图书，上海市促进文化创意产业发展财政扶持资金项目)。历任证券公司、基金管理公司及上市公司的中高层管理岗位，20年证券从业经历；创立私募股权(创投)基金管理机构，并投资了生物医药高科技企业。

王永长　编审，上海财经大学“中国经济思想发展研究院”兼职研究员、上海财经大学人文学院兼职硕导。主要研究方向为中国经济史。

策划选题荣获第五届中国出版政府奖、第七届中华优秀出版物奖提名奖、第三届“三个一百”原创图书出版工程国家级荣誉以及多种上海图书奖。其中有国家级重点图书7项24种、上海市重点图书3项8种、国家出版基金资助项目6项8种，以及多种上海市出版基金项目。

多年来撰写近二百余万字著作、论文以及课题报告。在《上海经济研究》《编辑学刊》等杂志、报纸发表几十篇论文。参与撰写4个国家出版基金资助项目；专著《中国土地所有制“二元结构”研究》(“十三五”国家重点出版规划项目、2019年度国家出版基金项目、上海市促进文化创意产业发展财政扶持资金项目)；参与撰写《中国经济发展史(公元前16世纪—2019)》(第五届中国出版政府奖)。

总　序

经济史学学科具有引领经济学发展和创新、传承历史文化的功能，同时也能够为我国当前经济社会转型发展提供必要的理论基础和历史经验。经济史学界在全球史视野和“计量史学”革命引领下，近年来已经取得丰硕的学术成果。中国经济史学界的学术研究也在不断向纵深发展，在货币金融、财政、土地制度等领域不断涌现出新的研究成果。为了进一步推进对中国经济长期发展脉络的研究，深入理解经济发展思想与经济实践之间的关系，在各兄弟院校和研究机构的大力支持下，众多专家学者群策群力，共同推出这套《中国经济专题史研究丛书》。

第一，在指导思想上，本丛书坚持以马克思主义历史观为指导，用现代学术研究方法，吸收与传承中国经济史学的研究成果，突出中国经济史学研究的民族性和原创性，彰显中国主见，发出中国声音，挖掘整理中国经济史料，回溯中国经济历史，为当代社会经济现实服务。

第二，本丛书采用经济专题史的形式，在时段上涵盖从古至今各个时期的研究，或断代研究，抑或某个朝代某个领域的研究，在内容上则包括中国经济史和经济思想史学科各个不同的专题领域。凡入选本丛书的专题研究，均由作者自主选题，唯以研究质量和创新性为准绳。

第三，本丛书第一辑共计七册，已经列入“十三五”国家重点出版物规划、2020 年度国家出版基金资助出版计划，将从 2020 年开始陆续出版。第一辑的选题主要分为三类：一是关于中国土地制度的演变、货币经济的长期发展之类长时段、大跨度的研究;二是聚焦于近代中国的金融发展、内债管理、房地产业发展和近代经济思想演化的研究;三是对改革开放前国防经济思想的专门探讨。

第四,中华民族五千年的文明生生不息,延续至今,其值得研究的内容十分广泛,也具有现实意义。本丛书从经济史学的视角,来探讨经济发展规律,以期达到"以史为鉴"的研究效果,因此,选题具有开放性、包容性和延展性。

我们期待这套丛书的出版能够对中国经济史学的研究做出新的贡献,并进一步凝聚经济史学学术共同体,推进经济史学学科的持续发展。

编委会

2020年2月

前 言

中国古代的货币变迁，已有很多前辈做过深入研究。在这些研究的基础上，本书更多的是想从经济发展规律和金融行业特点出发，做一些覆盖面相对全面的总结，并试图找出古代货币变迁和古代宏观金融管理的规律，从历史的影子当中，为挖掘适合中国特色的金融管理提供一些借鉴和参考。

中国货币起源于龟贝、金钱、刀布，从自然形成的贝壳、龟壳、红铜开始，在商周时期从“货”演变为“币”。商周时期，“币”从原始的易货交易媒介、装饰物、赏赐物，逐步渗透到经济生活的各个方面，其价值功能、支付功能、储存功能都被体现出来，中国由此进入了钱币时代。货币铸造技术随着科技的发展而不断进步，从采集天然的贝壳、锻打红铜作为货币物，到随着青铜冶炼技术产生，采用泥范浇筑以及鼓铸。铜范铸钱的大规模使用，使货币的规整性、艺术性都得到不断提升。从钱码到青铜卡尺的使用，说明中国古代的铸币技术紧跟了时代技术进步的步伐。这也为后来新的货币和类货币品种的产生提供了很好的借鉴意义。实物抵押贷款、信用贷款，甚至高利贷在这一时期开始形成并一直影响后世。典当业萌发，掀开了货币市场新的一页。以轻重理论为代表的货币理论思想初步建立，轻重理论也成为中国几千年来国家发行货币、制定货币政策的一个主要指导思想。

秦汉时期，对于中国金融史而言，意义重大，它构筑了中国金融业的雏形。秦汉时期金融业有着鲜明的特色：第一，钱币被广泛使用。它成为支付官员俸禄的主要形式，也是进行贸易的主要支付手段。货币的主要功能从商周时期的“货”转为“币”，具备了现代意义上货币的四大职能。第二，钱币开始统一。外圆内方的铜钱成为中国三千年不变的货币形制，奠定了汉民族作为铜钱民族的基石。国家开始全面打击钱币的私铸和盗铸活动。第三，铸币权的法定化。铸币权从王公贵族手中以及民间私铸，逐步被国家集中统一，虽然随着朝代的更迭而有所反复，但最终在法律意义上得以明确。相应地，国家货币铸造机构、钱币发行机构应运而生。第四，国家设立管理机构，通过货币对经济实施干预。无论是铸造大钱换小钱以发行新的货币形态，还是国家通过对铸币材料（矿山）的所有权的国有化以垄断币材，都会增加或减少货币供应等多种方式。国家开始通过货币手段加强对经济的干预和调节，以安定社会。第五，借贷，包括抵押借贷、信用借贷等民间自发形成的信用（货币）市场初步显现。而作为金融行业首个子行业的典当业，也开始萌发。

三国魏晋南北朝和隋朝时期，是中国金融发展史上一个倒退的时代，战乱、政局的动荡和朝代的快速更迭，带来的是币制混乱，国家无法统一铸币权，经济生活回到以谷物、绢帛为主要交易媒介的实物货币时期。由于缺乏一个稳定的政治和社会环境，“出世”的思潮带来了佛教的昌盛，这一时期在金融发展史上的唯一亮点，就是寺庙经济下的典当业的发展和租赁行业的出现。不足值钱币的泛滥，各种前朝和当朝钱币的混杂流通、私铸成灾，低劣钱币盛行，新铸钱币使用地域狭小，往往只限于一个朝代的某一个区域，只有很少的朝代能将新币推行至统治的全境。但混乱的币制和币值换算也从反面推动了货币经济中的金银流通和货币换算单位的出现，一文钱、一贯钱的货币单位由此盛行。相对于冶铁、造纸和农业等行业技术创新的大量出现，以及跨国贸易的盛行，金融行业却显得异常落后。钱币与商品的流通经常“轻重”失衡，带来了通胀和通缩频繁更迭出现，加剧了社会的动荡。金钱至上的观念在这一时期达到了历史的最高峰，成为后世之“楷模”。

唐宋元时期,国家重新归于统一,社会相对稳定,经济发展进入了一个新的辉煌时期。金融业的发展也从三国魏晋南北朝和隋朝时期的倒退状态进入一个新的发展阶段。唐代“开元通宝”的铸造,开启了中国货币史上铜钱发展的第二个新阶段,而虚钱官方化也成为唐代货币换算的一大特色。唐代飞钱和柜坊的产生,开创了中国最早汇兑汇票业务的先河,为唐代的商业和商品流通的兴起奠定了基础。宋代,纸钞在世界上首次被广泛使用、白银在中国历史上首次货币化、便钱等商业汇兑业务广泛推广、交引铺这一有价证券的交易场所产生等金融业的飞跃发展,不仅使得宋代的金融业成为中国金融史上的一个分水岭,而且成就了中国历史上最辉煌的商业时代。这一时期也诞生了世界金融史上最早的货币(纸币)准备金调控理论和思想。元代成为中国纸钞一统天下的朝代,也是纸钞滥发恶果最为显著的朝代。白银准备金制度成为元代金融业的唯一亮点。

明代是中国古代金融史上的又一个过渡时期,纸钞退出,铜钱复起,白银时代在明代开启。银楼、钱庄等金融机构在明代逐步趋于成熟,会票等商业票据开始兴盛。但外来白银的大量流入和中断,冲击了国家的铸币权,并严重影响了国家经济的发展。国内多种货币之间的兑换问题,给国家货币管理带来了挑战。

清代金融业则基本延续了明代的格局,无论是在主币与辅币的使用方面,还是在国家的货币管理方面。清代制钱的规范与成熟,也将铜钱时代推到了顶峰。而白银作为主货币,以维持固定的铜银比价这一货币政策,使得基础货币供应量大幅度增加。清代的货币供应量也达到了中国古代金融史的顶点。票号和金融票据、商业票据大规模融入经济活动,钱庄和金融行会大范围兴起,甚至走出国门,在成就清朝地域辽阔的商业帝国的同时,也吹起了清代金融业的泡沫。而列强的入侵、“太平天国”运动后带来的军阀的兴起,则刺破了清代金融泡沫的虚幻,历经两千多年的铜钱被终结,中国从铜钱民族跨入了新的历史阶段。随着列强的入侵,中国古代金融业自发的规律性生长被终止。

中国古代的货币变迁，也是一部铜钱发展史，辗转更迭，起起落落。宏观金融管理的立足点也一直在民生（通货膨胀）与皇权（权贵利益）之间徘徊，伴随着盛世与动乱。金融行业的发展既需要市场化的基石，也少不了国家的管控，这门艺术难度之高，历史已有证明。

在本书写作过程中得到了我的研究生导师郭庠林教授的全面指导，在此深表谢意；王永长参与了本书写作框架结构的讨论，并撰写了部分章节；感谢胡芸编辑付出的辛勤工作；感谢上海财经大学出版社对本书出版的支持。

在本书即将付梓之际，十分怀念我的研究生导师郭庠林教授。先生为人师表，学识渊博，待人坦诚，生性豁达，视吾为子侄，实乃吾人生之幸运。先生驾鹤西去已半载，愿他在天堂安好！

汪开振

二〇二一年三月于上海浦东

目录

第一章

中国古代货币的演化

第一节 货币的起源:从货到币

《易经·系辞下》说:

“包牺氏没,神农氏作,斫木为耜,揉木为耒,耒耨之利,以教天下,盖取诸‘益’。日中为市,致天下之民,聚天下之货,交易而退,各得其所,盖取诸‘噬嗑’。”

翻译成白话文就是:包牺氏去世后,神农氏被共推为主,他砍削木头做成了犁,弯曲木头制成了犁柄,用农具耕种的技术,教化天下百姓,原来是取法于“益”卦。他定中午作为集市的时间,招揽天下民众,聚集天下货物,相互交换而归,各得所需,原是取法于“噬嗑”卦。

“益”卦为周易六十四卦中的第四十二卦,表示利有攸往、利涉大川,象征增加、有益。“噬嗑”卦为周易六十四卦中的第二十一卦,表示刑罚,象征规则、秩序。从经济的角度来看,耒耨之利,以教天下的农耕技术推广,给百姓和经济发展带来了实在的好处,是有益于社会发展的;而市场交易是有规则秩序的,交易的时间和场地、交易的原则是不能违背的,否则会受到处罚。这可能是中国最早的关于市场交易的描述了。神农氏也成为中国有历史记载的最早的商品交易规范的鼻祖。早先的市场交易,是易货,即物物的交换,是各取所需。按照当时的经济发展水平,易货的对象可能主要是陶器、农耕工具、粮食、牲畜、兽皮、桑麻等生活必需品和生产物资。由于这些可交易的货皆不是标准化的商品,因此就存在着价格衡量问题。从常识角度理解,一件制作相对复杂的农具肯定要抵得上好几件兽皮。而对于农具生产者来说,如果只需要一个陶碗,那么最现实的交易方式仍然是以粮食交换陶碗。在市场交易中,最容易携带和分割的货物非粮食莫属,它最容易成为"一般等价物";而在中国古代实物货币时期,粮食也确实多次担当了实物货币的典型代表。在中国的历史长河中,动乱年代,物物交换的实物货币时期还会不时出现,甚至在明清战乱时期的一部分地区,充饥的粮食、蔽体的布帛曾多次作为一般等价物用于物物交换。

作为交换媒介的一般等价物,根据交易的行为推测,应当具备以下一些特性才能成为货币:第一,它要具有通用性,被很多参与市场交易的人所需要,特别是人的生活必需品;第二,它要方便分割,而且分割后不影响使用性能;第三,它可以计量;第四,它要方便携带,否则将造成交易不便;第五,它要能够较长时间保存,且保存一定时间后不影响它的使用性能。

随着交易的发展,一般等价物也开始发生变化,真正的货币开始出现。夏殷之前,关于货币的情况没有详细的记载,只有简单的描述:"凡货,金钱布帛之用,夏殷以前其详靡记云。"①如果根据中国的古籍记载,中国的货币起源有四五千年历史。《管子》认为:汤以庄山之金铸币,大禹以历山之金铸币;班固在《汉书·食货志》中甚至认为神农氏时候就有金刀龟贝:

"《洪范》八政,一曰食,二曰货。食谓农殖嘉谷可食之物,货谓布帛可衣,及金刀龟贝,所以分财布利通有无者也。二者,生民之本,兴自神农之世。"

司马迁也认为,高辛氏以前就有龟贝金钱刀布,"农工商交易之路通,而龟贝金钱刀布之币兴焉。所从来久远,自高辛氏之前尚矣,靡得而记

---

① 《汉书·食货志》。

云”[1]。郑樵叙述得更为详细:“太昊氏、高阳氏谓之金,有熊氏、高辛氏谓之货,陶唐氏谓之泉,商人、周人谓之布,齐人、莒人谓之刀。”[2]从这些古文记载中,我们可以得出一个结论:在商代之前,氏族社会中开始出现的作为一般等价物的货币,主要是金刀龟贝。

管子、司马迁、班固等人认为商代以前的金,我们可以断定不可能是黄金,因为彼时金属的冶炼技术还很初级。所谓的金,很可能是红铜;所谓的金刀,也就是打磨成工具刀状的红铜。因为古人在铁的冶炼之前,将黄铜和红铜都称为金;而自然界有天然生成的红铜,质地较软,这些红铜的产地主要在甘肃、新疆等大陆腹地。红铜经过简单的打磨,即可制成比较粗糙的金属器物。这一时期,也是中外史学家称为商周青铜时代的前期——红铜时代,又称金石并用时代。

红铜时代是指介于新石器时代和青铜时代之间的过渡时期。红铜时代的人类仍以使用石器为主。埃及、美索不达米亚等地在公元前4000年左右进入红铜时代。从公元前5000年开始,红铜制作的遗物开始在东亚出现,例如在姜寨文化、红山文化的考古发掘。1987年第二次全国文物普查时,考古人员在距甘肃省酒泉市金塔县城东北约40公里的地方发现了“火石梁遗址”。火石梁是一处青铜器时代的陶器烧制作坊和铜器冶炼场遗址,属四坝文化类型,距今约三千九百年。距今四千年左右的齐家文化的挖掘,也印证了红铜的使用。齐家文化的制陶业比较发达,当时已掌握了复杂的烧窑技术。在墓葬中发现的约20件红铜制品,形状为刀、锥、环、条形等。齐家文化的两次发掘发现,当时已有红铜的制作工艺,采取冷锻和模铸两种方法制成。[3]

类似的考古发现还有一些,作为青铜时代的前期,石器为主、红铜为辅的红铜时代确定留下了历史的烙印,这也间接证明了金刀龟贝之并存。清代在新疆地区使用的红钱,其实就是红铜所锻打,以红铜为钱币在商周以后的历史中也多次出现。只是此时的金刀并不是铜钱时代的铜钱形

① 《史记·平准书》。
② (宋)郑樵:《通志》。
③ 中国科学院考古研究所编:《新中国的考古收获》,文物出版社1961年版,第23页。

制，以金属的自然形态为主，只有少量的人工痕迹，实为充当一般等价物货，而非标准的钱币，但已经具备了钱币的属性，即主要用于交换和贮藏，而欠缺价值衡量和流通职能，因为当时还处于氏族社会。

货币起源，除了金刀，还有龟贝。“贝者，水虫。古人取其甲以为货，如今之用钱然。”[①]除了金刀为货币外，商以前还有以龟壳、贝壳为币。龟寿命较长，古人以它作为长寿的象征。龟壳基本上同贝壳一样，具有天然的货币职能。一是龟壳比较坚固，经久不坏；二是龟比贝少得多，不易得到，其价值也比贝大；三是龟壳比贝壳大，可用人工分割。由于龟壳具有这些特点，因此其具有很好的储备功能。正如《礼记》说道：“诸侯以龟为宝。”《史记·平准书》也说道：“人用莫如龟。”可见，龟币的地位比贝币高得多，但其使用范围却不及贝币的普及。

《盐铁论·错币第四》说道：“夏后以玄贝。”这些记载说明夏时已经开始使用贝壳作为货币。中国汉字中很多关于货币财货的字，都与“贝”字有关。世界各地，甚至沙漠地区都有以贝壳作为货币功能的考古发现。关于商周之前以贝壳、龟壳为币，现代研究已经得以确认，但是，以金（红铜）为币，还有很多质疑。

一些学者认为贝壳的钱币功能起源于其装饰功能。从逻辑上看，海贝和红铜金刀以装饰功能转化为货币的可能性很小；而更大的可能性是作为氏族长的赏赐物出现，从而逐步具备了货币功能。主要原因有三：

一是海贝和红铜数量稀少，更多时候是身份的象征。商周时期充当货币的贝壳是一种特定的海贝，质地坚固，这些被钱币界称为货贝的贝壳，在史前的仰韶文化、龙山文化、大汶口文化遗址中，在夏代纪年范围内的二里头文化遗址和商周早期墓葬中，屡有发现。而这些地方都属于中国内陆地区，距离海边较远。显然，海贝是很难被作为装饰物大量存在的。作为随葬品，其赏赐物特点或者是作为货币的价值体现（财富），才代表了墓葬主人的地位和权势。著名的殷墟妇好墓中出土了 6 800 多枚海贝，这一庞大的海贝数量，说明贝已经不是作为装饰品，而是作为财产用

① 《尚书·盘庚》孔颖达疏；转引自《辞源》“贝”条目，商务印书馆 2015 年版。

来随葬了。而货贝上的打磨和穿孔更多的是便于保存和携带,并不是装饰所用。

二是许多货币史家的研究发现,到殷商时期,贝作为王的赏赐物屡现于鼎文中,是荣耀的象征,也就逐渐成为人们追求财富的目标了。《尚书·盘庚》就曾记载盘庚谴责贵族大臣贪恋货币财富:“兹予有乱政同位,具乃贝玉。”《尚书·孔传》中也有记载:“此我有治政之臣,同位于父祖,不念尽忠,但念贝玉而已,言其贪。”为了弥补在交易中海贝的不足,商周初期及以前,很多玉贝、骨贝、蚌贝开始被使用。这些不同类型的贝在现代考古中被发现。从中国古代的文字结构来看,凡与价值有关的字,大多带有“贝”的偏旁部首,或者说是由“贝”字演化而来,对贝的用途也是有所佐证。“在许慎的《说文解字》中,属于买卖(这里‘买卖’都含‘贝’)的,有赊、贳(出赁、出借、赊欠)、赘、质、买、贩、卖、贵、贱、购等字;属于赏赐的,有贺、贡、賮(临别时赠送的财物)……赂、赠、赏、赐、赍等字;属于钱货的,有贿、财、货、资、赈等字。”①

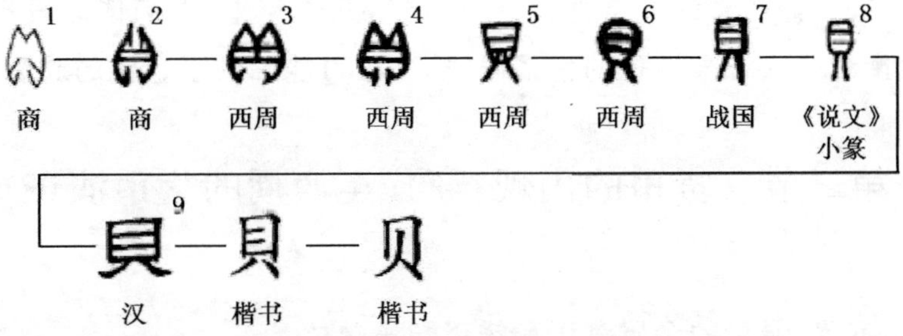

资料来源:李学勤主编,《字源》,天津古籍出版社2012年版。

图1—1 贝字的演化

三是中国的货币起源与世界的货币起源是一致的。金石并存,在红铜和贝壳的运用上,中国与中亚、南亚、中东地区具有高度相似性,甚至在时间节点上也差别不大。世界上有不少地方都曾把贝壳当作货币来使用,欧洲人从西非购买奴隶,使用的就是贝币,亚洲、大洋洲、非洲和美洲

① 李祖德、刘精诚,《中国货币史》,(台北)文津出版社1995年版,第8页。

的许多地方,也都使用过贝币。甚至在 17 世纪中叶,贝壳依然作为货币存在于美洲印第安人的市场上。那时印第安人生产的皮毛是当地殖民地经济中最赚钱的商品,但他们不愿意皮毛的购买者付给他们金币或银币。这些金币或银币,尽管被欧洲人视为珍宝,但由于印第安人对它们一无所知,因此认为它们一钱不值;相反,印第安人要求欧洲人用“真正的钱”——贝壳串珠来支付。贝壳串珠通常是用复杂的方式将蚌壳中的小珠串起来,北美东部的河流与湖泊盛产这种蚌。①

中国的金融起源于货币,而货币源于商品的交换。这与西方货币的产生应当是一致的。货币产生的初期,更多体现的是货币形态,货的属性,即具备支付手段和贮藏功能;而币的功能,即钱币的价值尺度和流通手段功能还没有成型。因为货币作为流通手段和作为赏赐物(一说装饰品)一直很难区分,尽管至今有很多的考古发现,但是,到底何时作为赏赐物(装饰品)、何时作为流通手段,难有定论。然而,至少有一点可以肯定:氏族社会,货币开始从物物交换中诞生,其既有一般等价物的价格衡量功能,又代表了拥有者的社会地位。可以说,几千年来,人们依然没有摆脱以金钱衡量个人社会地位的世俗眼光,这很可能归结于金钱的起源。

第二节　货币的出现:商代至西周的货币演进

一、商代:最早的金属铸币和钱币数量单位

进入商代,贝成为主要的交易货币,但还没有一个统一的形制。中国古代的实物货币开始更多地向专门的货币演化。商代之前的金刀基本上已经很少见诸典籍记载中,相反,关于贝的描述和铜贝铸造的历史记载开始大量出现。作为货币的海贝,计量单位也开始出现,这一货币计量单位是数量单位而非铜钱时代的面值计量。随着青铜铸造技术的进步,中国古代专门的钱币开始出现,诞生了中国古代第一个金属铸造货币——

① (美)约翰·S. 戈登著,祁斌译:《伟大的博弈》,中信出版社 2005 年版。

铜贝。

《易经·损》崔憬注：双贝曰朋；王国维先生考据得出“古者五贝一系，二系一朋”的结论；而郭沫若根据考古发现，认为“朋必十贝”。商王也经常赐臣民以贝。根据现在的古墓发掘资料来看，商代的墓葬中有很多是以贝为殉葬品的。

钟鼎铭文中有许多关于“贝”与“朋”的记载，如：

《小臣邑斝》：“王易(赐)小臣邑贝十朋。”

《戍嗣子鼎》：“丙午，王商(赏)戍嗣子贝廿朋，才(在)阑宗。用乍父癸宝鼎。”

戍嗣子鼎的铭文意为：商王在宗庙赏赐戍嗣子海贝二十朋，戍嗣子用以做成祭祀先人父癸的铜鼎。海贝当然不是铸鼎的原材料，所以是用海贝换铜或买铜，再铸造成铜鼎。上述可证，贝既是用作赏赐的财富，又可用来计算价值、购买物品，已具备价值尺度、流通手段、支付手段、贮藏手段的职能，成为商代的通用货币。

商代的贝是以“朋”作为计算单位的，一朋为五贝，也有说一朋为十贝。王国维先生曾经考证，十贝为一朋，一朋为二系(即二串)，“五贝一系，二系一朋”①。但《诗经》中也有“古者货贝，五贝为朋”之语，故尚有争议。但不管怎么说，可以肯定贝已经是此时的货币，并且已有固定的计量单位。

除贝之外，商代使用的货币还有玉、金属铸币，玉主要在上层社会范围内使用，金属铸币主要是指铜贝。1953 年，殷墟大司空村商墓中曾出土 3 枚铜贝，后来山西保德林遮峪商代晚期墓葬中发现铜贝 109 枚、海贝 112 枚。这说明商代海贝和铜贝是其主要货币。

彭信威先生在《中国货币史》第一章“货币的发生”中，对商周时期涉及货币的一些概念做了考证和区分。“皮是兽皮或皮毛，不一定是牛皮；币是币帛，不是货币。皮、币两种物品在当时也只是作为支付工具，不是作为正式的货币。”货币“一直到汉代，还是被解作财货宝用物，不专指货

---

①　王国维：《说珏、朋》，《观堂集林》卷三，中华书局 1959 年版；转引自白秦川：《先秦货币二考》，《历史研究》1997 年第 2 期。

币,甚至不限于商品,只有王莽的宝货制,是指货币”①。此处彭信威先生所指的货币,其实是说钱币。

商代的货币延续了之前的货币种类,但是又有了新的发展和很大的不同。钱币的雏形开始出现,主要体现出以下几个特征:

第一,新货币种类出现。随着商代国家的建立和经济的发展,货物贸易的地域和总量都扩大了,天然形成的红铜和贝壳数量稀少,已经无法满足货物交易的需要,红铜逐步被人工的青铜所替代,天然贝壳逐步被陶制贝壳(陶贝)、青铜制贝壳(铜币)所替代,随着纺织技术的发展,布帛在西周也开始成为(实物)货币。“氓之蚩蚩,抱布贸丝;匪来贸丝,来即我谋。”②

资料来源:彭信威,《中国货币史》,上海人民出版社2015年版,图版1。

图1—2 陶 贝

资料来源:彭信威,《中国货币史》,上海人民出版社2015年版,图版1。

图1—3 铜 贝

① 彭信威:《中国货币史》,上海人民出版社2015年版,第5—6页。

② 《卫风·氓》。对于其中的“布”字,存在不同的解释,此处采信与货币发展历史较为匹配的汉代《诗经》大师毛氏、经学家郑玄的解释,为布币。

第二,代替真品的仿制品用作货币:珧贝、蚌制贝、骨贝、石贝、陶贝大量出现,作为贝壳数量单位的"朋",同时也是单独的货币,"西南得朋,东北丧朋"①。

第三,随着青铜冶炼技术的逐渐成熟,生铜(当时称为金)作为铜器的原料,逐渐由赏赐或报酬演变为货币支付工具。但是,该种货币不是以单位衡量,而是以重量衡量,寽、匀(或钧)为单位;百寽为三斤(一说三寽等于二十两),一匀为三十斤(一说一匀等于大半两)等于一千寽。铜贝的出现,开启了金属铸币的先河。

第四,货币单位开始出现。商代的卜辞和铜器铭文中,贝币以"朋"为计算单位,五贝(有称十贝)为一串,两串为一朋。"在货币经济上看来,周初和殷商时期是属于同一个发展阶段的,仍是以贝朋为主要的支付工具,甚至可以说是真正的货币。""总而言之,殷周间的中国社会,从货币经济的角度上来看,同古代巴比伦、埃及、以色列等国家是属于同一阶段。"②

第五,商代晚期开始出现人工铸造的金属货币——铜贝。铜贝的贝面凸起,还模铸一道贝齿,由于没有文字,古钱学家称为"无文铜贝"。铜贝的出现,意义重大。在某种程度上,它是钱币的鼻祖。原因有三:一是最初的铜贝模仿原始贝币形态,其源自经济的需要,同时又很容易被接受。二是它也是人类第一次自己铸造,不仅能弥补经济生活中天然贝壳的不足以及其他仿制贝壳的不易保存、不易流通的缺陷,而且铜作为礼器、武器的原料,在商周时代广为运用。铜贝的有价值、流通性、可保存、有一定的规格特性,决定了其作为商周时期逐步取代贝壳,成为主要的易货支付手段。三是虽然生铜以重量支付,但铜贝上有孔,且贝壳以"朋"为单位,所以在经济生活中,铜贝很可能也是以数量为单位支付的,但还没有大规模运用。铜贝成为铸造钱币的滥觞,是世界最早的铸币形态货币。春秋战国时期的铸币,与商周时期的铜贝可谓一脉相承,这也符合经济发展和货币发展的规律。

商代的铜贝还没有上升到国家统一发行的高度。青铜为铜锡合金,

---

① 《易经》之坤。

② 彭信威:《中国货币史》,上海人民出版社 2015 年版,第 13 页。

在早期为工具和农具,尔后为日常用品和兵器,最后则有礼器和乐器之类的铜制品。显然,铜作为货币的使用从铜块逐步延伸到铜贝,也是随着青铜的使用提升而逐渐形成的。也可以说,中国最早的铜币源于赏赐以及礼器的制作,是青铜冶炼技术高度发展的结果。商代青铜冶炼技术水平高度发展,到西周时期达到顶峰。西周时期,青铜器的铸造仍然是工业生产的重要部门,周王室、诸侯公室,乃至一般贵族,都拥有规模大小不等的铜器铸造作坊,乃至影响到比较边远的少数民族地区。[①]

二、西周:钱币的社会地位与称量单位

西周时期的货币延续了商代的货币特性,并有了进一步的发展。西周继承了商代的货币传统,贝币、铜贝兼用,但贝币成为主要流通货币。《史记·平准书》记载:"农工商交易之路通,而龟贝金钱刀布之币兴焉。所从来久远。"这说明商品交易促进了货币的发展,西周同时使用多种货币。在西周青铜器铭文中,关于锡贝、赏贝的记述有很多。

《小臣单觯铭》:"周公锡小臣单贝十朋。"

《小臣静簋铭》:"小臣静即事,王锡贝五十朋。"

《冉方鼎铭》:"唯周公于征伐东夷,丰伯、薄姑咸蔑。公归,□于周庙。戊辰,饮秦饮,公赏□贝百朋,用作尊鼎。"

除王室锡贝、赏贝外,王侯等贵族也往往以贝赏赐其臣下。从周青铜器铭文中可以看出贝是当时最主要的货币,以朋为单位。除了铜贝外,在西周的青铜器铭文中,也有不少关于另外一种金属货币的记载:一种块状或饼状铜币(铜材),后者称之为金属称量货币。金属货币以"寽(锊)"为单位。《禽簋铭》(成王时器):"王锡金百寽。""寽"有古今、大小之别。《考工记·冶氏》:"重三寽。"郑玄注:"许叔重《说文解字》云:'寽,锾也。'今东莱称(秤)或以大半两为钧。十钧为环,环重六两大半两,锾、寽似同矣,则三寽为一斤四两。"西周时期不仅流通领域中金属货币用寽(锊)计算,而且在赎刑中也以缴纳的货币重量计算。货币从数量单位转向重量单位,

① 祝慈寿:《中国古代工业史》,学林出版社1988年版,第14页。

很可能是由于青铜材料的珍贵，以及材料使用的广泛性所决定的，如同现今社会纸币是以数量标识，而贵金属（黄金、白银）就是以重量来标识的。

圜钱可能并不是出现在西周。《汉书・食货志》记载的“钱圜函方，轻重以铢”，可能是战国时期的事情，而不是西周的货币。因为“钱”字在西周并不是货币的称谓，而是农具。

“钱，铫也。古者田器。诗毛传云尒。见上文铫字下。云古田器者，古谓之钱。今则但谓之铫，谓之臿。不谓之钱。而钱以为货泉之名。从金戋声。诗曰：庤乃钱镈。周颂臣工文。即浅切。十四部。一曰货也。大徐无此四字。按贝部下曰。古者货贝而宝龟。周而有泉。至秦废贝行钱。檀弓注曰。古者谓钱曰泉布。周礼泉府注，郑司农云。故书泉或作钱。外府注云：其藏曰泉，其行曰布。取名于水泉，其流行无不遍。周语：景王二十一年，将铸大钱。韦曰：古曰泉，后转曰钱。玉裁谓秦汉乃叚借钱为泉。周礼、国语早有钱字，是其来已久，钱行而泉废矣。昨先切。或曰此不当有‘一曰货也’四字，贝下当云至秦废贝行泉。王莽时钱文尙曰大泉五十，曰货泉。”①

从钱字含义的演化可见，圜钱很可能不是西周的货币。相反，王莽复古周礼而发行货泉和货布来看，原始布可能在春秋战国时期，逐步成为周王朝及一些诸侯国的主要货币。而原始布就是从钱镈衍生而来。中型的原始布，多属于西周时期，形状与大型相同，体轻小，更便于流通使用。通长10厘米左右。

相对于天然货币和金属货币，西周第三大货币就是布帛。西周时期尚无棉花，纺织品主要是丝、麻和葛，富贵者穿丝织品，百姓穿用麻、葛织成的布料。丝织品统称为帛或缯，其中又分为绢、缣、素、纨、绫、绡、绸、罗等不同品种。绢是丝织品中的基本产品，自西周始历朝统治者在向百姓征敛时，绢与谷成为赋租的主要内容。《汉书・食货志》记载：“周布泉之制，以广二尺二寸为幅，长四丈为匹。”《周官・载师职》记载：“凡宅不毛者有里布。”所谓里布，据郑玄的注释为：“里布者，布参印书，广二寸长二尺

① （清）段玉裁：《说文解字注》。

为布。贸易物。诗云'抱布贸丝',抱此布也。"显然,里布是一种交易媒介,也可说是货币,古人抱着这种布币进入市场交易,因为"广二寸、长二尺"是不够用作衣料,故实际专为交易之用。"纳币一束、束五两、两五寻。"[①]据郑玄注释:"十个为束,贵成数,两两者合其卷,是谓五两。八尺寻,两五寻,则每卷二丈也,合之则四十尺,今谓之匹。"[②]由此可知,凡布帛以匹为单位,每匹以两端相向对卷,卷合一端,两卷而成匹,故匹亦谓之两。如上所述,所谓布、卷、匹等都是指段。段有长短大小不同,其价也就不同了。由于布帛是人工织造,可以分割,故容易衡量交易对象的价格。《晏子》说道:"如布帛之有幅焉,为之制度,使无迁也。"《礼记·王制》也说道:"布帛精粗不中数,幅广狭不中量,不鬻于市。"这也从侧面印证了布帛的货币用途,因为布帛既作为交易之媒介,就必须规定一定的尺寸大小,不得随意变更,否则便无法当作货币交易了。

《周礼·地官·媒氏》云:"凡嫁子娶妻,入币纯帛无过五两";《春秋》云:"重锦三十两",以及"币锦二两""百两一布",等等。市场交易中,人们已经习惯于以布帛的"两"而不是"匹"为单位,逐步演变成后世的货币重量单位,但最早"两"的概念,并不是重量单位,而是长度单位。战国时期的《秦律》就明确规定当时有种专门被用作通货的布,"布袤八尺幅广二尺五寸""钱十一当一布"[③]。不仅有布的标准规格,而且还有与铜钱的比值。《秦律》中凡说到犯罪或判刑时所涉及的钱财时,往往都是11的倍数。"两"成为重量单位的根本原因可能是与铜钱的比值换算在日常经济活动中被逐渐接受、固化的。

西周时期,货币开始进入商品交换。由于西周实行井田制,百工和农夫都是从属于王公贵族和诸侯大臣,因此具有典型的奴隶制社会特征。王室和各诸侯国拥有各种手工业作坊,明确划分各手工业者的职能,设置工官管理,作坊内设有监工,监督各个工种的生产劳动;生产用料及食宿皆由作坊主提供,手工业者按照具体要求生产各种器物,种植、养殖。所

---

① 《礼记·杂记》。
② 《礼记·杂记》。
③ 睡虎地秦墓竹简《金布律》。

谓“工商食官”[①]。西周的货币作为这些生产资料及商品交换媒介和价值衡量工具,在“国”“都”的市场交换中出现。但是这些市场并不属于平民百姓,而是作为王公贵族和诸侯大臣相互之间进行商品交换、商品采购的所在。市场中的商品较为单一和特殊,不是普通的消费品和生产物资,而是奴隶、牛马、兵器和时令食物等。对这些商品价格的估量,并不是市场条件下完全通过交易行为本身自行确定的,而是由“质人”——这一官方设立的估价师进行评估后得出价格,按照估价文书进行交易。[②] 同时,这一时期,货币已经作为礼器制作的成本和商品(田亩)买卖价格的标识而被记载。货币的交易媒介职能和价值功能正式出现。

《遽伯还簋》:“遽白还乍宝尊彝,用贝十朋又四朋。”

《卫盉》铭文:“隹(唯)三年三月,既生霸壬寅,王爯旂于豊,矩白庶人取瑾璋于裘卫。才(裁)八十朋,厥贮,其舍田十田。矩或取赤虎(琥)两、两鞈(韦合)一,才(裁)廿朋。其舍田三田。裘卫乃雉(矢)告于伯邑父,荣伯,定伯,亮伯,单伯,乃令(命)参(三)有司,司徒,微邑,司马单舆,司工(空)邑人,服遝受田。燹、(走甫)、卫小子瑶逆者(诸)其卿(飨),卫用作朕文考惠孟宝盘,卫其万年永宝用。”

该青铜酒器铭文主要记载了周恭王三年(约公元前948年),一个名叫矩伯的奴隶主向裘卫分两次以土地换取觐见天子的礼物:玉质礼器璋和赤色虎皮礼服;其中玉璋作价80朋,赤色虎皮礼服作价20朋,矩伯分别支付了裘卫农田1 000亩和300亩(折算为每亩价格0.08朋和0.067朋,比较接近)。裘卫把这件事报告了几位伯侯,伯侯命令国家三司的办事人员,办理了相关手续,并进行了授田,从而确认了转移土地归属的合法性。[③]

西周时期货币的国家管理开始出现雏形。显然,商周时期的无字铜贝是贵族王室所铸,代表了王的权力,铜贝的规格、制式、大小、标识等都没有统一。但是周初,国家对货币的管理开始了。关于货币及流通管理

---

① 《国语·晋语四》。

② 《周礼·地官·质人》记载:“质人,掌成市之货贿、人民、牛马、兵器、珍异。”

③ 唐兰:《陕西省岐山县董家村新出西周重要铜器铭辞的译文和注释》,《文物》1976年第5期。

方面的较为详细的记载,起源于周朝初期。“太公为周立九府圜法:黄金方寸,而重一斤;钱圜函方,轻重以铢;布帛广二尺二寸为幅,长四丈为匹。故货宝于金,利于刀,流于泉,布于布,束于帛。”[①]即货币的国家初步规范开始制定:黄金一寸见方,重一斤;外圆内方的铜钱为铢钱;布帛宽二尺二寸为一幅,长四丈为一匹。

姜太公(吕尚)辅佐周武王灭商后,为周王朝建立了财政货币及财货流通的九个政府机构。九府,即指掌管财政的九个官署,即大府、王府、内府、外府、泉府、天府、职内、职金、职币。“泉”通“钱”。《周礼》明确了地官司徒分管的泉府。泉府掌管税收,收购市上滞销商品以待将来需要时出售,管理人民对财物的借贷及利息。[②] 同时,泉府也是货币的储存管理机构,“是以古之帝王,乘天地之饶,御海内之富,莫不腐红粟于太仓,藏朽贯于泉府”[③]。后世北周仿古制,也有泉府中士、下士之官。“臣观古今善理财者,无如周公。而《周官》所立泉府,谓之曰:‘泉者,欲其如泉之流而不滞也。’”[④]周朝其实已经开始注重商品和货币的流通了,认为货币的重要属性就是流动性。

三、春秋战国:钱币时代的到来

春秋战国时期,冶铁技术得到革命性的发展。由于铁比青铜硬度更高,更易于普及的铁农具逐渐代替青铜工具而被广泛使用,牛耕的推广带来了农业耕作技术的巨大进步。翻土垦荒的犁代替了传统人力的耒耜,铲土、耘苗、松碎表土的铲,除草、间苗的锄,平地、起肥用的耙,开沟、做垄的锸,收割谷物的镰等多种不同功能的农具系列,快速普及,大大推动了农业的发展。商业方面,城市大量出现并成为商品交换的主要场地,特别是各诸侯国的都城,以及位于交通枢纽的货物集散之处。如商业发达较早的齐国的都城临淄,《左传》中就记述了齐王看到晏婴家“近市,湫隘嚣尘”,就提议给他另建新居,可见当时的市场是多么喧嚣和嘈杂,而他用

① 《汉书·食货志》。
② 《泉府》出自《周礼·地官·泉府》,“泉府掌以市之征布、敛市之不售、货之滞于民用者”。
③ 《魏书·高谦之传》。
④ (明)高攀龙:《今日第一要务疏》。

“朝夕得所求”，买东西方便为辞，予以谢绝。到战国中，临淄户数更达七万：“其民无不吹竽、鼓瑟、弹琴、击筑、斗鸡、走狗、六博、蹋鞠者。临淄之途，车毂击，人肩摩，连衽成帷，举袂成幕，挥汗成雨。家殷人足，志高气扬。”①

商人这一群体在这一时期登上了历史舞台，他们“观凶饥，审国变……易其所无，买贱鬻贵”，“以教子弟，相语以利”。②

“商人通贾，倍道兼行，夜以继日，千里而不远。”③一些商人已经懂得商业与农业、商业与政治的关系，善于把握商业规律，并提出了相应的商业理论，如计然、白圭等。白圭和范蠡甚至还被后代经商的人尊为祖师爷。

春秋战国时期铁制农耕工具的普及，在一定程度上也影响到了春秋战国时期的货币形制，特别是布币（铲布）。而商业的发展更是推动了春秋战国时期金属货币开始大规模流通，金属货币的普及远超商周时期。如果说商周时期的货币形制起源于赏赐物、礼器，那么春秋战国时期的货币则更多地发端于农耕工具。

春秋战国时期，由于商业的发展，人们更加关注货币的可识别性和便利性，于是产生出体积规整、质量衡定并铸有铭文的铜贝。这种铜贝除形制仿照磨去背面的海贝外，面部铸有阴文，陶、金、行、君等数种，以“〓”字为最多，到春秋战国时北方地区的金属贝还有“金贝”“银贝”“鎏金铜贝”等铜贝的延伸品。但是货币作为币的实用性开始大规模显现。钱币时代开始了。这一时期货币的最大特点是货币铸造的种类繁多、币制多样，但明确了货币开始以数量而不是重量为单位，而且各种货币具有明显的地方文化特征，如同当今社会各国纸币的标识一样。由于当时周王朝的势力渐弱，诸侯国各自为政，经济也自成体系，因此各诸侯国自行铸造货币，相互流通，形成了多币制和多币型长期共存并用的特殊局面。既有延续铜贝的钱币出现，又有衍生自青铜农具的钱币被创造使用。这一时期的

---

① 《史记·苏秦列传》。
② 《国语·齐语》。
③ 《墨子·贵义》。

货币除了有字铜贝、金银铜贝和鎏金铜贝外，还有四种主流货币。这四种主流货币都是青铜铸币，从形状上分为布币、刀币、圜钱和蚁鼻钱(鬼脸钱)。

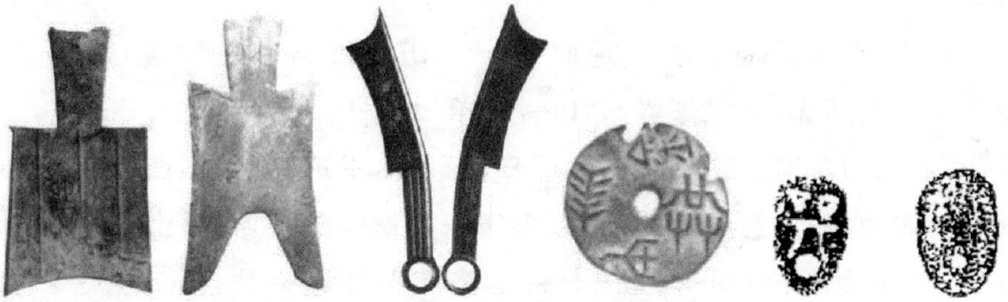

(1)空首布 (2)尖足布 (3)齐刀 (4)圜钱 (5)鬼脸钱

资料来源:宋志强、王立新,《中国古钱币库》,天津古籍出版社2003年版。

图1—4 春秋战国时期典型货币形态

布币是中国古代货币，因形状似铲，又称铲布，是春秋早期出现直至战国晚期铸行并流通的铲形货币。“布”是“镈”的同声假借字，在古代通用。布币是从青铜农具“镈”演变而来的，主要在三晋、两周地区通行。按布币的发展阶段来看，先是空首布，然后发展至平首布。最初的布币，保留着其作为工具的模样，留有装柄的銎，原始而厚重，长约16.5厘米，柄的空心一直通到布的腹部，肩圆底平，两面都没有文字，同当时的农具铲非常相似，大小、厚薄、形状各异，没有标准，称为空首布。后来逐渐减轻、变薄、变小，币身完全成为片状，两肩上耸，两足尖，多数没有文字，少数有文字，文字为数目字“一釿”“十二朱(铢)”等以及日、工、吕等地名文字，形式整齐，有一定的标准，这种钱币称为平首布。平首布早先为方布，与空首布形状相似，后逐步发展到足布，有尖足、方足、圆足、釿布。布币从考古上发现，分布于陕西、河南、山西、山东、北京等广大地区，贯穿了春秋时期的很多国家。

刀币是从商周时期的工具青铜“削”演变而来的，所以，刀币的柄端均有环，柄上有裂沟，分为大刀和小刀。大刀主要为齐国钱币，小刀主要为燕国钱币;其中小刀形状上有针首刀(又称匈奴刀)、尖首刀、圆首刀、弧背刀等。刀币形状取象于山戎、北狄等北方游牧民族渔猎用的刀类工具。由于齐刀面有“化”字文而称“刀化”。刀币形状刀背分弧背、折背、直背，刀首有平首、尖首之分，也是我国早期的一种青铜铸币。刀币主要流通在北方和东方，后来又发展到赵、中山等国，与布币并存。刀币分“燕明刀”和“齐刀化”两种类型。刀币上面铸有文字。相对于燕刀而言，齐刀的制作更为精致、规格较为统一。齐刀根据刀币上文字的不同，可划分为不同的阶段：建邦刀(六字刀)、四字刀、三字刀、墨刀、安阳刀。

圜钱也称圜金、环钱，圆形，中央有一个圆孔，钱上铸有文字，主要流通于战国时的秦国和魏国，是先秦时期铜铸币四大系统之一，也主要是秦国的铸币形式。圜钱由纺轮演变而来，后期受璧环影响发生演变，是方孔钱的前身。圜钱起源于周。据古币名家王献唐考察：“东迁以前，周公城洛之后，当已行用环币。既迁之后，更挟旧制俱来。故洛阳豫西一带，时有环币出土。”他认为：“周毛公鼎，王为取赋三十爰；禽彝，王锡(赐)金百爰等皆指环货，以爰当之。商代虽造锾字，尚为玉环。入周以锡百爰证之，则为铜质。《尚书·吕刑》：其罚百锾，其罚六百锾，其罚千锾，锾字从金，义尤可见。”[①]商代毛公鼎上的“爰”字即是周代的“锾”字，亦即“瑗”，商代的“爰”意为孔大边小的璧，到周代由从玉变为从金，可见已成为金属货币。“锾”在周代已是圜钱的单位名称。

战国时期的“圜钱”铜质货币，可分为两大类：一是圆形圆孔，比较原始；二是圆形方孔(由圆形圆孔逐渐演变而成)。圜钱的发展，形状由大到小，中间的穿孔则由小到大；圜钱的正面铸有铭文，反面则无任何文字。圜钱除了大小轻重区别外，还可以分为有轮廓和无轮廓两种形制。《史记·秦始皇本纪》有记载，是秦惠文王二年(公元前336年)“初行钱”铸行，形状为外圆内方。秦惠文王的“初行钱”，在中国货币史上有着奠基性的意义——中国圆形方孔古钱币千百年的形制就由此而来。秦国的铸币初期形态是圆形圆孔，按其重量可分为一两型和半两型两种。一两型的圆形圆孔钱，面孔稍大于背孔，无廓，背平素；面文有“珠重一两·十二”

① 王献唐：《中国古代货币通考》上册《环币》，齐鲁书社1979年版，第17—18页。

“珠重一两・十四”，“珠”是圆或圜的意思，“一两”是面值，“珠重一两”即这枚圜钱重量是一两；“十二”“十四”与纪重无关，可能是铸钱的钱范（注：古代铸造金属的货币的模子）编号或发行年代；重量多是12克至14克，最重的有15.62克，即秦一两或接近一两；钱文大篆体，古朴粗犷，笔画粗细不等，钱肉高低不平，多切凿痕迹，铸法原始，具有早期铸钱特征。丁福保编纂的《历代古钱图说》以及《泉币》期刊等有着录，中国历史博物馆、天津历史博物馆、西安文管会等有藏品。

关于圜钱的产生，从考证角度，李剑农先生则认为是从成串的铜贝演化而来：“‘王伐许侯敦’所记赐金之数以‘爰’计，则其所赐之金，可以为整块如环之铜爰，亦可为铜贝串成之铜爰。要之，‘爰’之为物，其本始为由贝玉制作之饰物。”①

蚁鼻钱是江淮流域楚国流通的货币，是从仿制贝转化而来的。由于楚国的经济、文化比中原各国落后，镈、刀、纺轮的使用也较迟，因此铜铸币就沿用了仿制贝的形态。蚁鼻钱的形制，为椭圆形，正面突起，背磨平，形状像贝但体积较小。中华人民共和国成立以来，蚁鼻钱多出土于河南、江苏等地。鬼脸钱则在湖北、湖南、河南、江苏、安徽等地有所发现，1963年湖北孝感野猪湖一次性出土鬼脸钱5 000枚，面文为“咒”字，平均约重4.37克。从出土地点的墓葬和数量上看，蚁鼻钱铸行于战国早期（公元前5世纪），鬼脸钱则铸行于大约公元前4—前3世纪的战国中晚期。楚国疆土开始时并不算大，之后疆土逐渐扩大，蚁鼻钱和鬼脸钱的流通范围也随之扩大，逐渐在长江中下游一带形成了独立的货币体系。

此外，战国时期还有一种以黄金为材料的铸币，叫爰金，它是我国最早有固定形式的金币，流通于楚国等地。币上铸有阳文，文字书写状如印章，故又称印子金。今发现的有郢爰、陈爰、专爰等几种，都是楚国的金币。爰金在今安徽、河南、山东、江苏、陕西、湖北等地都有出土。现发现最大郢爰共54块，在江苏盱眙出土。“爰”是古代货币单位，也是重量单位。爰金零星使用时，要将其切成小块，称量支付。

---

① 李剑农：《先秦两汉经济史稿》，三联书店1957年版，第48页。

资料来源：彭信威，《中国货币史》，上海人民出版社 2015 年版，图版 23。

图 1—5　爰金

从春秋战国时期上述四种主流货币和铜贝的延伸品，我们发现其对商周时期货币的发展继承性：无字发展至有字，随着技术进步青铜合金作为钱币的主材（中国历史多次证明了，币材由科技水平决定），形状从模仿贝壳发展至模仿农具（货币的使用），以重量为单位演化到以数量为单位。虽然春秋战国时期的货币还没有主、辅币概念，但同一种货币已经开始出现等级区分（类似于后来铜钱的一文钱和十文钱的区分）。布、刀、圜钱都有大小不同等级。[①] 不同等级的货币可以在数量上互换，这一时期的货币依然只有货币名称和数量，没有金额的标识。由于是以青铜铸造为主，因此还属于称量货币。

为什么春秋战国时期没有延续西周的货币形态，而独立发展出了四种货币形制？首先是由于当时周室王权衰落，各地诸侯割据称雄，货币权作为政权的象征，被置于经济活动的优先位置。齐刀和楚国的蚁鼻钱都是在齐楚霸主的鼎盛时期出现的；以韩、赵、魏三晋为主的布币区则是继承了春秋五霸之一晋鼎盛时期的货币形制，并略做修改。其次，与地域文化和农业活动有关。布币区主要是以种植业为主；齐燕则以水产、山林养殖为主，形成以齐、燕为主的刀币区；蚁鼻钱则深受楚地的巫文化影响，所以蚁鼻钱又称鬼脸钱；而秦国的交通不便，圜钱可能更适合携带。最后，

① 彭信威：《中国货币史》，上海人民出版社 2015 年版，第 44 页。

地理环境资源也决定了钱币的属性。楚地当时是主要的黄金产地,所以爰金也是楚国的重要货币。

春秋战国时期的货币形制形成,也是货币经济发展的重要体现。钱币成为经济活动中的主要交换媒介。以经济较城郭落后的农村为例,货币经济已经进入寻常百姓生活,可窥一斑。时任魏国魏文侯相国的李悝在论述"谷贵伤民,谷贱伤农"时说:

"今一夫挟五口,治田百亩,岁收亩一石半,为粟百五十石,除十一之税十五石,余百三十五石。食,人月一石半,五人终岁为粟九十石,余有四十五石。石三十,为钱千三百五十,除社闾尝新、春秋之祠,用钱三百,余千五十。衣,人率用钱三百,五人终岁用千五百,不足四百五十。不幸疾病死丧之费,及上赋敛,又未与此。此农夫所以常困,有不劝耕之心,而令籴至于甚贵者也。"①

五口之家的农夫,耕田百亩,年亩产一石半,年总产一百五十石,交税十五石,剩下一百三十五石自用。吃饭,每人每月大约一石半,五人一年消耗了九十石,还余四十五石。每石可卖三十钱,可卖得一千三百五十钱,除掉社闾春秋祭祀社神摊派钱三百,尚余钱一千零五十。添置衣服大概每人花钱三百,五口人一年就要一千五百钱,仅这笔开支就短少钱四百五十。若不幸有疾病丧葬的费用,还有完纳其他赋税的开支这里尚未包括,这就是农民长期贫困、不鼓励农民发展生产而使粮价这样昂贵的原因。从这段史料记载中,我们不难看出,农民卖粮、祭祀、添置衣物、丧葬等都已经开始使用钱币了。

总而言之,中国的货币起源于商代之前,逐步从货的属性向币的属性演变,铸币的滥觞为商周时期的铜贝,货币作为钱币的独立形态则形成于春秋战国时期。

---

① 《汉书·食货志》。

第三节　货币标准的统一

一、秦半两

秦统一六国后，原来杂乱的货币种类已经不适应经济发展的需要，另外秦朝自身的钱币又过重，不适合携带，故经济对货币的需求大幅度增加。秦始皇废止战国时各国形制轻重不同的货币，实行币制统一，改币制为二等：定黄金一斤为一金，半两钱为轻钱。黄金为上币，以镒（有十六两、二十两、二十四两三说）为单位，供大额支付和帝王赏赐、贵族间馈赠等之用；圆形方孔的铜币为下币，形状如战国时期的圜钱。铜钱上文字不同，承统一前秦的币制，文曰“半两”（重十二铢），供日常交易用。

“及至秦，中一国之币为二等，黄金以溢名，为上币。铜钱识曰半两，重如其文，为下币。而珠玉、龟贝、银锡之属为器饰宝藏，不为币。”

“秦钱半两，径一寸二分，重十二铢。”①

秦半两在中国货币史上具有划时代的意义：一是外圆内方的形制；二是标准的重量钱。

秦半两外圆内方的形制，源自秦早期的“初行钱”。秦惠文王二年（公元前336年），秦国“初行钱”，将货币的铸造权收归国家，规定圆形方孔半两钱为国家法定货币。这一时期的半两钱重量在8克左右，采用原始的泥范铸法，不平整，未经修磨，外形和厚薄并不固定，特别是其方孔不方，有的甚至作圆孔，铭文用大篆，“两”字中的“人”部分较长，俗称“长人两”。而“初行钱”则属于春秋战国时期“圜钱”的一种，其外圆内方的形制，并不是天圆地方的哲学思想的体现，更多的可能是方便钱币的铸造和加工。因为方孔便于钱上两边文字的定位，故“半两”两字的钱文安排在方孔的左右，铸造完成后的初加工，方形孔更便于固定钱币。最早提出外圆内方钱象征天圆地方的是西晋的鲁褒，他在《钱神论》中谈到铜钱的产生时说：

---

① 《史记·平准书》。

“上智先觉者乃掘铜山，俯视仰观，铸而为钱。故使内方象地，外员(圆)象天，大矣哉。”但鲁褒的《钱神论》意在通过采用夸张的笔法，讽刺钱能通神的社会现象，并不是真的在讨论货币的起源。

作为重量钱，秦半两既保留了春秋战国时期各国以重量钱为主要流通手段的特征，又继承了秦统一前的钱币铸造传承。秦国自献公以来，逐步建立了封建中央集权制度，所以铸行的圆形圆孔钱已不同于东方诸侯的钱币，只标重，无地名，这表明秦国的币制一开始就是统一的，不允许地方铸钱。“初行钱”时所铸圆形方孔钱，则更加明确，钱面只标面值，没有地名。这也从侧面说明王室专铸制度已经确立。重量钱在一定程度上也是保障铸币权集中的一种必要手段。

秦确定的半两钱，以战国时期的秦半两钱为基础。由于战国时期秦币主要在境内流通，在东方六国流通的数量很少，因为币值不统一且换算困难。当时秦国对外使用的等价物主要是黄金和布，睡虎地秦简《金布律》规定：“其出入钱以当金、布，以律。”意思是：钱如果要带出国境，必须换成黄金或布，按法律规定的比价折算。可见黄金和布这两种货币是各国都通行的，也说明秦币分为黄金、半两钱二等的制度在战国晚期就已形成。《金布律》将布作为货币流通，有严格的规定：“布袤八尺，幅广二尺五寸。布恶，其广袤不如式者，不行。”即布作货币用，一个单位必须长八尺、宽二尺五寸。如果尺寸或质量不符合标准，便不允许流通。对于布与半两钱、金币之间有法定的比价也有规定：“钱十一当一布。其出入钱以当金、布，以律。”且商人和官吏不能对钱和布有所选择：“贾市居列者及官府之吏，毋敢择行钱、布；择行钱、布者，列伍长弗告，吏循之不谨，皆有罪。”①

秦代不允许郡县擅自铸钱，也严禁私人铸钱，在睡虎地秦简《封诊式》中有禁止私人铸钱的司法案例：

“爰书：某里士五(伍)甲、乙缚诣男子丙、丁及新钱百一十钱、容(镕)二合，告曰：丙盗铸此钱，丁佐铸。甲、乙捕(索)其室而得此钱、容(镕)，来

① 睡虎地秦墓竹简整理小组：《睡虎地秦墓竹简》，文物出版社1978年版，第214页。

诣之。”

意思为：某里士伍甲、乙捆送男子丙、丁及新钱一百一十个、钱范两套，控告说丙私铸这些钱，丁帮助他铸造。甲、乙将他们捕获并搜查其家，得到这些钱和钱范，一并送到。

秦始皇在统一文字、统一度量衡的同时，以继承战国时期的秦国货币体制为基础，废除六国诸侯的铸币，统一了货币；集中了铸币权，改为皇帝的权力。秦始皇翻开了中国货币史的新篇章，这与秦朝统一中国后的统一集权国家管理的模式是相配套的。秦半两推行秦王朝全境后，方孔圆钱这种货币形制一直沿用了两千余年。

秦始皇统一中国后，进行了大规模的基础设施建设并发动了多次战争。据《史记·秦始皇本纪》记载：始皇二十七年（公元前220年），秦始皇巡游陇西、北地，并在渭水南岸、骊山修筑离宫，又下令在全国范围修筑驰道［类似于现代的高速公路，有严格的标准和规范。据《汉书·贾山传》记载，秦驰道宽50步（合今6.9米），约隔三丈（合今7米）栽一棵树，用来计算道路的里程。驰道两边根据当地情况，种植杨、柳、槐、榆等树。驰道的路基加厚，呈龟背形，形成一个缓坡，有利于排水］。驰道以京师咸阳为中心，连接秦故地和原六国境内的旧道。始皇二十八年（公元前219年），秦始皇东巡，封泰山；始皇二十九年（公元前218年）再次东巡；始皇三十二年（公元前215年），秦始皇第三次巡游，途经碣石，宣布拆除原关东六国建造的城郭及堤防，称为“堕城郭、决川防、夷险阻”。又巡视北边，“使将军蒙恬发兵三十万人北击胡，掠取河南地”；始皇三十三年（公元前214年），“又发诸尝逋亡人、赘婿、贾人略取陆梁地”，这次远征岭南，设置了桂林、象、南海三郡，并派人戍守。同年，又向西北驱逐匈奴，在今河套地区设置县，建筑亭障并派人戍守。始皇三十四年（公元前213年），秦始皇“适治狱吏不直者，筑长城及南越地”。始皇三十五年（公元前212年），在渭南上林苑中兴建“朝宫”（阿房宫），又在骊山兴建陵墓，这两处共征发民力70万人。始皇三十七年（公元前210年），秦始皇再次巡游。

另外，秦朝还供养了庞大的军队。秦军中不发军饷，军士的花销与衣物需自备，官府只为士兵提供军粮，秦帝国号称有100万士兵，军粮的耗费惊人。《史记·秦始皇本纪》中就有记载秦二世二年（公元前209年）“尽征其材士五万人为屯卫咸阳，令教射狗马禽兽。当食者多，度不足，下调郡县转输菽粟刍藁，皆令自赍粮食，咸阳三百里内不得食其谷”。而秦的赋税是实物赋税，征收的田赋为谷粟和刍藁；秦代执行授田制，并根据授田的人口征收田赋，而不是实际土地的出产情况，即“舍地而税人”①。同时，秦百姓的兵役和徭役的征发规模巨大，而且往往超期，“行者不还，往者莫往”②。秦末的起义多为被征用的民力们发起的也是一个佐证。

庞大的财政支出，繁重的徭役，必然大规模影响农业生产和财政收入。为了弥补财政收入的不足，增发钱币就成为唯一的选择。现代考古发现，秦半两钱大小轻重不一，钱径一般3.2～3.4厘米，重8克左右。钱文凸起而狭长，略具弧形。无内外廓，背平素。有重过10克以上，甚至重达20多克的。这种秦半两的差异在始皇时期就开始出现了。由于秦朝禁止私铸，只能是中央政府和地方政府官铸，而秦实施的是严刑峻法，私铸出现的劣钱可能性并不大。因此，很可能劣钱的出现是官府有意而为之。

资料来源：中国国家博物馆。

图1—6　秦半两及钱范

---

① 《通典·食货》。
② 《汉书·伍被传》。

“三十七年十月，帝之会稽、琅琊，还至沙丘崩。子胡亥立，为二世皇帝。杀蒙恬，道九原入。复行钱。”[①]秦二世在秦始皇死去后几个月，新铸造了半两钱。秦二世“复行钱”的半两钱，体积明显较前轻小。例如从始皇陵二号兵马俑坑出土的半两钱，直径 2.7 厘米，重 4.1 克，合秦制 6 铢稍强。始皇陵北鱼池村遗址出土的半两钱，直径在 2.6～2.8 厘米，重量在 2.2～3.8 克，合秦制 3.3～5.7 铢。这些钱例较秦统一不久所铸的标准钱均减轻一半左右，但钱型较整齐，钱文小篆，字形稍长，当属官钱，可能是二世所铸。与此基本相合的钱范也有发现。

秦始皇统一中国之初，币值变化并不大。谷价每石三十钱左右，但是到秦王朝后期，随着货币增加，官府自铸的不足重钱进入流通领域，而大量兵役和徭役的征发带来生产的严重不足，导致货贵钱贱。始皇三十一年(公元前 216 年)米价上升到石千六百。[②]

秦二世即位刚一年就爆发了秦末陈胜吴广起义，天下大乱，私铸蜂起。于是制作粗劣、穿孔较大、钱径不到 2 厘米、重不足 2 克的小半两，又称“秦榆荚钱”，也出现于市场，成为压垮秦王朝经济的最后一根稻草。“复行钱”是秦王朝行将倾覆时应付财政危机采取的应急措施，秦半两货币的严重减重变质，与秦王朝的衰亡是同步的。

二、汉五铢

西汉前期的货币，一个字概括：乱。西汉继承了秦半两而发展为汉半两，但汉半两的重量千变万化。

汉初，由于秦末十多年的混战，经济凋敝，物价昂贵，引起严重的货币贬值、货币紊乱。据文献载，西汉建立之初，曾一度使用秦半两。刘邦起兵时，为筹集经费，开始自行铸钱，虽用半两旧名，但实重仅有 3 铢左右，当时为笼络人心，也允许民间自铸轻钱。

建汉以后，汉高祖因“秦钱重难用，更令民铸钱”。这是官府第一次公开鼓励私铸。公私竞相铸造轻小的半两钱，愈铸愈小，有的直径不足 1 厘

---

① 《史记·六国年表》。
② 《史记·秦始皇本纪》。

米、重不足1克,形似榆荚,俗称"荚钱",落地即碎。这种方法虽收效一时,却后患无穷。米价也从秦始皇末期的一石1 600钱上涨到近万钱,"楚汉相距荥阳也,民不得耕种,米石至万"①。与始皇三十一年(公元前216年)相比,米价上涨了6倍多。

"汉兴,以为秦钱重难用,更令民铸荚钱。黄金一斤。而不轨逐利之民蓄积余赢以稽市,物痛腾跃,米至石万钱,马至匹百金。"②

高后二年(公元前186年)乃铸八铢钱,钱文仍为"半两",重约6克,是汉政府整顿钱法的最初尝试。事实上,秦二世半两钱早已出现减重现象,高后二年改行八铢钱的措施只是把已减重的八铢正式定为新币的标准重量而已。但这种新钱行用不久又开始减重,流通领域里劣币驱逐良币的现象十分严重。足重的八铢半两钱或为人贮藏或熔铸小钱,这样到了高后六年(公元前182年)又行"五分钱",只有半两的五分之一,即二铢四絫,钱文仍为"半两",但实际也是一种荚钱。

西汉建立,虽然消弭了战乱,恢复了国家与社会的稳定,但由于恶钱泛滥、物重钱轻,带来了恶性通货膨胀,粮价依然居高不下(上涨超过6倍),百姓生活困顿。

文帝五年(公元前175年)铸造四铢"半两"钱,"五年夏四月,除盗铸钱令,更造四铢钱"③。规定钱文仍为半两,重4铢,不允许掺杂减重,允许私铸。郡国豪强竞相铸钱,遂使吴王(刘濞)、邓(通)钱布天下。由于民间受条件限制,不可能铸出标准重量的铜钱。而且民间铸钱为了取利,不掺杂减重,则无利可图。为此,政府一方面下令严禁掺杂,犯者处罪;另一方面默许在民间出现钱秤制,即使用钱秤(砝码)可以使轻重不同的半两钱得到一个标准的币值。这种钱秤有的铸成穿带印式,上有穿孔,可以系绳悬于天平一端;面文为四朱的较常见,有的带有地名,如临淄四朱、驺四朱、东阿四朱等。

除了统一钱币重量、严厉打击恶钱铸造外,汉文帝还放民私铸,允许

---

① 《史记·货殖列传》。
② 《汉书·食货志》。
③ 《汉书·文帝纪》。

百姓自由铸造和自由销毁铜钱。当铜材贵重时，百姓可以熔毁铜钱为铜材料；当铜钱贵重时，百姓可以铸铜为钱，从而推动形成铜钱货币供应量市场自动调节机制。由于恶钱的泛滥得到根本性治理，汉文帝、景帝时期的经济得以恢复发展，商品繁荣，物价出现较大幅度的下降，“粟至十余钱”[①]。文景之治扬名历史。

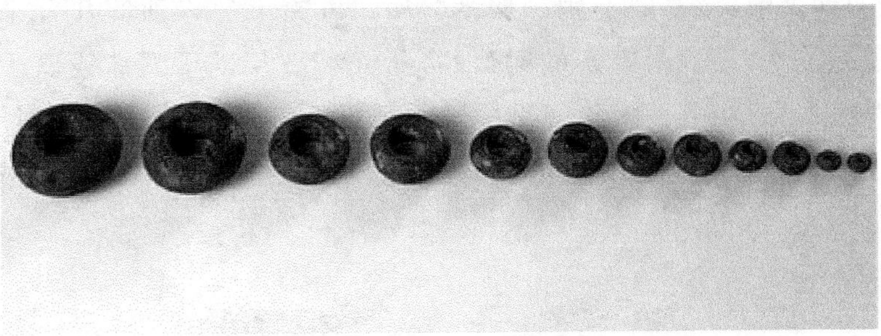

资料来源：“汉海昏侯墓出土 2 000 年前砝码 1套 12 枚”，中国江西网，2015 年 11 月 17 日。

图 1－7　西汉青铜砝码

但是，汉文帝时期，民间私铸的铁钱和夹铅锡钱并没有禁绝。1955—1959 年间，湖南衡阳、长沙两地十余座西汉墓葬分别出土数以百计铁半两钱，径 2.3～2.5 厘米，重 1.9～2.5 克，形制与文帝“四铢半两”铜钱相似，边缘微起，无明显周廓，背平夷。“半”字下部作“干”等诸形；“两”字双人有作“从”状或简化为一横者。据考证，应当是在汉文景之治时期郡国或民间所铸，并与夹铅锡钱等流入市场。

武帝建元元年（公元前 140 年）铸三铢钱；五年又发半两钱（三分钱）；元狩五年（公元前 118 年）造五铢钱；元鼎二年（公元前 115 年）用赤仄（赤侧）钱。实际上，可以归纳为半两钱和五铢钱，其中半两钱有八铢、五分、四铢、三分半两钱。赤仄钱其实也是五铢钱。汉武帝铸造的五铢钱成为西汉王朝货币的分水岭。汉武帝铸造的五铢钱，钱重五铢，上有“五铢”二篆字，故名。钱文“五铢”二字，分列方孔左右，通常是右“五”左“铢”。它

① 《史记·平准书》。

的标准重量为4克，钱径2.5厘米，厚0.12厘米。它继承了秦半两钱的形制，确立了圆形方孔，内外有廓，并发展成为轻重大小适度的铜质钱币。五铢钱的历史意义得到了彭信威先生的充分肯定："五铢钱是中国历史上用得最久最成功的钱币。史家说他轻重失宜，一点儿也不错。中国自进入货币经济后，使用的钱币非常多，大小不等。重的如齐刀在四十厘米以上，轻的如汉的荚钱，还不到一厘米。所以元狩五年以前的几百年间，对于钱币的重量，是一个摸索的时代；自从元狩五年采用五铢钱以后，不但这五铢钱本身，在七百多年间是中国的主要货币，就是在唐武德四年废止五铢钱以后，新钱的大小轻重，仍是以五铢钱为标准，离开这标准就失败了。"①

资料来源：彭信威，《中国货币史》，上海人民出版社2015年版，图版29。

图1—8 西汉五铢钱

第四节 货币倒退：著名的币制改革与战乱时代的货币

一、王莽的币制改革

王莽（公元前45年—公元23年），字巨君，新都哀侯王曼次子、西汉孝元皇后王政君的侄子、王永之弟。中国历史上新朝的建立者，即新太祖，也称建兴帝或新帝，公元8年至23年在位。王莽为西汉外戚王氏家族的重要成员，其人谦恭俭让、礼贤下士，在朝野素有威名。

① 彭信威：《中国货币史》，上海人民出版社2015年版，第84页。

“莽群兄弟皆将军五侯子，乘时侈靡，以舆马声色佚游相高，莽独孤贫，因折节为恭俭。受《礼经》，师事沛郡陈参，勤身博学，被服如儒生。事母及寡嫂，养孤兄子，行甚敕备。又外交英俊，内事诸父，曲有礼意。”①

西汉末年，社会矛盾空前激化，王莽被朝野视为能挽救危局的不二人选，被看作周公再世。公元 8 年 12 月，王莽代汉建新，建元“始建国”，宣布推行新政，史称“王莽改制”。王莽统治的末期，天下大乱，新莽地皇四年(公元 23 年)，更始军攻入长安，王莽死于乱军之中。王莽共在位十六年，卒年 69 岁，而新朝也成为中国历史上很短命的朝代之一。但是王莽的改制为后人留下了无尽的话题。

王莽改制涉及金融领域的有两方面：一是实行五均六筦(筦通管)，即在国都长安及五大城市设立五均官，政府管理五均赊贷及管理物价，征收商税，由政府经营盐、铁、酒、铸钱和征收山泽税；二是改革币制。其改制的核心思想是实施计划经济。

为了抑制商人对农民的过度盘剥，制止高利贷，控制物价，改善财政，王莽在始建国二年(公元 10 年)下诏实行五均六筦。所谓五均，即五均赊贷，是政府对城市工商业经营和市场物价进行统治和管理，并举办官营的贷款业务。主要在几个大城市施行，也旁及郡县。当时将六个实行五均的大城市，即长安、洛阳、邯郸、临淄、宛和成都称为五均市，原长安市令及其他各市市长改称为五均司市师，其他郡县设司市，大体由地方官兼任，统称市官。市师下有交易丞五人，又称均官，钱府丞一人，又称钱府官，分别掌管均平物价、收税和赊贷事宜。五均是武帝时平准法的发展，规定各市以四季的中月即二、五、八、十一月的商品价格作基础，按商品质量分为上、中、下三等标准价格，称为“市平”。市场价格超过平价时，政府按平价出售商品，促使价格回落，市场价格低于平价时，则听任自由买卖。对于五谷布帛丝绵等重要民用产品，如果滞销，就按成本加以收购，使经营者不致亏损。赊贷也是五均司市的任务之一。赊是借钱给城市居民作非生产性的消费，如祭祀丧葬的用费，不收利息，短期即还。贷是借钱给小工

①《汉书·王莽传》。

商业者作资金,期限较长,按借款者的纯利润额收取年利十分之一(一说是月3%,即年利36%)。

王莽即位后第二项重大的金融举措,就是更改币制。《汉书·食货志》对此有详细的描述。

王莽的第一次货币改制发生在居摄二年(公元7年)。王莽摄政时,朝廷发布除了流通五铢钱外,另外铸造三种新钱:

"王莽居摄,变汉制,以周钱有子母相权,于是更造大钱,径寸二分,重十二铢,文曰'大钱五十'。又造契刀、错刀。契刀,其环如大钱,身形如刀,长二寸,文曰'契刀五百'。错刀,以黄金错其文,曰'一刀直五千'。与五铢钱凡四品,并行。"①

王莽规定了钱币的兑换比例。错刀一枚法定兑换五千枚五铢钱;契刀一枚法定兑换五百枚五铢钱;大钱一枚法定兑换五十枚五铢钱,三种大钱与五铢旧钱并行流通。通过铸行大钱,王莽很快就将民间的五铢旧钱大量地收敛到朝廷手中。以大钱为例,一枚大钱法定含铜量仅十二铢,却可以换取五十枚五铢旧钱,其含铜总量为二百五十铢。将这五十枚五铢旧钱熔化,并更造为大钱,可以铸造二十枚大钱,二十枚大钱又可以换取一千枚五铢旧钱,其含铜总量为五千铢。如此熔销、更铸、兑换下去,一而千,千而百万,朝廷很快就把民间财富洗劫一空。

王莽的第二次货币改制发生在始建国元年(公元9年)。这次货币改制的目的是为了削减刘汉的影响,令钱币的名称及铭文不再有"劉(刘)"字中的"金""刀"的形迹,同时从政治需要出发,以仿古制增加了大量各种不同种类的货币。一方面,王莽废黜了错刀、契刀和五铢钱,"莽即真,以为书'刘'字有'金''刀',乃罢错刀、契刀及五铢钱";另一方面,设立金、银、龟、贝、钱、布六种宝货。《汉书·食货志》说:"凡宝货,五物、六名、二十八品。"五物,指造钱所用的五种质地,即铜、金、银、贝、龟甲。六名,指六种货币名称,即泉货、贝货、布货、龟宝、银货、黄金。品指等级,六种货币各分若干等级,总共有二十八个等级,即二十八品。这六种货币、二十

① 《汉书·食货志》。

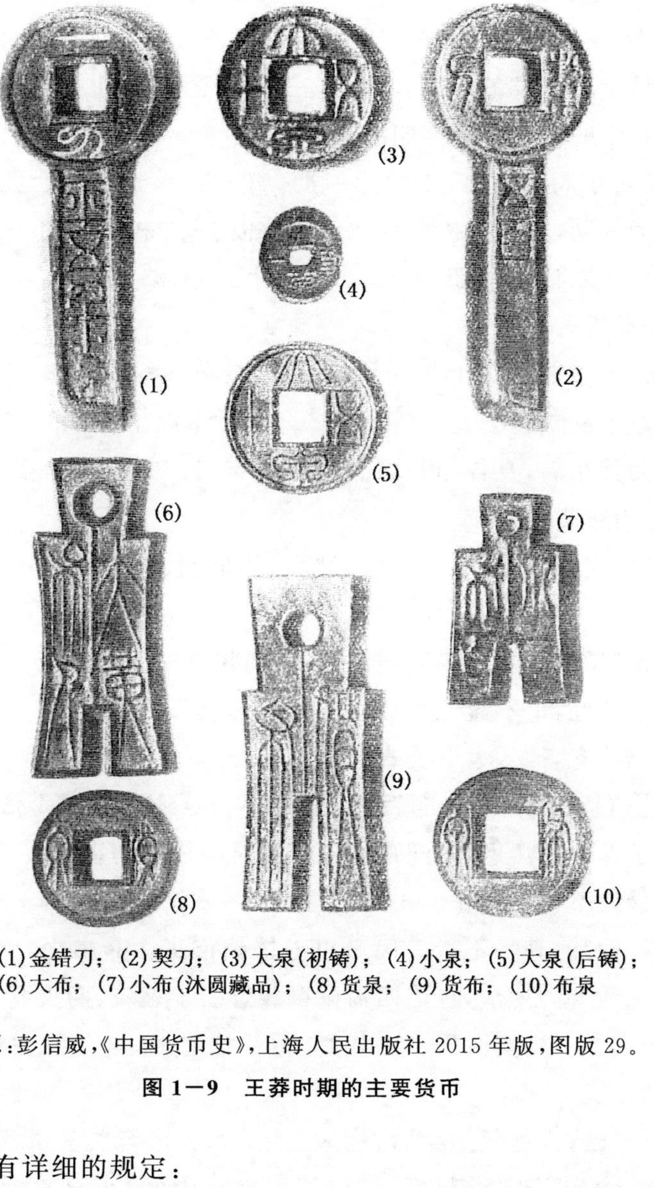

(1)金错刀；(2)契刀；(3)大泉(初铸)；(4)小泉；(5)大泉(后铸)；
(6)大布；(7)小布(沐圆藏品)；(8)货泉；(9)货布；(10)布泉

资料来源：彭信威，《中国货币史》，上海人民出版社 2015 年版，图版 29。

图 1—9　王莽时期的主要货币

八个等级都有详细的规定：

“小钱径六分，重一铢，文曰‘小钱直一’。次七分，三铢，曰‘幺钱一十’。次八分，五铢，曰‘幼钱二十’。次九分，七铢，曰‘中钱三十’。次一寸，九铢，曰‘壮钱四十’。因前‘大钱五十’，是为钱货六品，直各如其文。

黄金重一斤，直钱万。朱提银重八两为一流，直一千五百八十。它银一流直千。是为银货二品。

元龟岠冉长尺二寸，直二千一百六十，为大贝十朋。公龟九寸，直五百，为壮贝十朋。侯龟七寸以上，直三百，为幺贝十朋。子龟五寸以上，直百，为小贝十朋。是为龟宝四品。

大贝四寸八分以上，二枚为一朋，直二百一十六。壮贝三寸六分以上，二枚为一朋，直五十。幺贝二寸四分以上，二枚为一朋，直三十。小贝寸二分以上，二枚为一朋，直十。不盈寸二分，漏度不得为朋，率枚直钱三。是为贝货五品。

大布、次布、弟布、壮布、中布、差布、厚布、幼布、幺布、小布。小布长寸五分，重十五铢，文曰'小布一百'。自小布以上，各相长一分，相重一铢，文各为其布名，直各加一百。上至大布，长二寸四分，重一两，而直千钱矣。是为布货十品。"①

除了规定了六种、二十八品级货币的形制、重量外，还对铸造材料作了要求：

"铸作钱布皆用铜，淆以连锡，文质周郭放汉五铢钱云。其金、银与它物杂，色不纯好，龟不盈五寸，贝不盈六分，皆不得为宝货。元龟为蔡，非四民所得居，有者，入大卜受直。"②

混乱的货币制度，让老百姓无所适从，导致民间买卖依然采用五铢钱，虽然王莽下令严惩（发配边境），但是对经济的伤害巨大，百业凋零、百姓困顿，最终不得不废止。

"百姓愦乱，其货不行。民私以五铢钱市买。莽患之，下诏：'敢非井田、挟五铢钱者为惑众，投诸四裔以御魑魅。'于是农、商失业，食、货俱废，民涕泣于市道。坐卖买田、宅、奴婢、铸钱抵罪者，自公卿大夫至庶人，不可称数。"③

迫不得已，实施仅一年后，建国二年（公元10年），王莽实施了第三次货币改革，废除了宝货制度，只保留了宝货中的"小泉直一"和"大泉五

---

① 《汉书·食货志》。
② 《汉书·食货志》。
③ 《汉书·食货志》。

十”。“莽知民愁，乃但行小钱直一，与大钱五十，二品并行，龟、贝、布属且寝。”[①]“小泉直一”法重一铢，“大泉五十”法重十二铢，同为青铜铸造，而兑换比率则是一枚“大泉五十”可以兑换五十枚“小泉直一”，显然其兑换比率与其重量比率是不相符的。

天凤元年（公元 14 年），王莽进行了第四次货币改制。这次货币改制废黜“小泉直一”和“大泉五十”，改发行“货泉”和“货布”。“货泉”圆形方孔，形似五铢，法重五铢，铭文却不是“五铢”，而是“货泉”，横文两字，右“货”左“泉”。“货泉”与法定兑换五十枚五铢旧钱的“大钱”等值，规定与“大钱”并行六年，六年后即将“大钱”废除。“货布”的铭文也是横文两字，右“货”左“布”，法重二十五铢，每枚法定兑换二十五枚“货泉”。“货布”不是圆形钱币，而是布形钱币，形状与战国时期的“平首方足布”相似，方肩方头两只方脚，与“平首方足布”最大的区别是：“货布”的头中央开了一只圆孔，称作“圆好”。

王莽币制改革中大量存在以小易大、以轻换重的现象。所铸大泉，重不过 12 铢，只相当于五铢钱的 2.4 倍，却要当五铢钱 50 枚用，所铸重一铢的小泉，却要与五铢钱 1 枚相等。如此不合理比值的存在，就难以禁止盗铸私钱。王莽只得实行诸如“以私铸钱死”“一家铸钱，五家坐之，没入为奴婢”“投诸四裔以御魑魅”等严刑酷法来强行禁止。但是，政策强制对于经济规律是无法抗拒的。所以不管王莽把政治强制强化到何等程度，依旧是有令不行、有禁不止、物价昂贵，老百姓甚至官员都陷于水深火热之中。

“王莽大司空王邑辟升为议曹史。时莽频发兵役，征赋繁兴……藜藿不充，田荒不耕，谷价腾跃，斛至数千，吏人陷于汤火之中，非国家之人也。”[②]

另外，王莽时期的很多政策均有矛盾冲突的地方。例如，其实施黄金国有，但是他又把铜矿山卖给私人，同时又想完全禁止私铸；他想缩小社会的差距，却让大量大商人、贵族官僚去执行损坏这些执行者利益的政

---

① 《汉书 · 王莽传》。
② 《后汉书 · 郑范陈贾张列传》。

策。最终王莽被贫富两个阶层都抛弃了。

王莽的货币改革，最终以失败告终，但是在中国历史上留下了很深的烙印，并被广泛研究，一些政策也被后世所采用。

关于五均六筦，胡寄窗先生从经济思想史角度对其给予了充分肯定，他说，王莽“也有些较正确的认识。五均赊贷是王莽的城市经济政策。仅就城市实行广泛的经济管制措施一点来说，已经是我国历史上的创举”。“规定平价这一办法在王莽以前尚无人实行过。”“王莽虽然还不能理解利息的来源是利润，却是以利润率来确定利息率了。”“把成本这一概念应用到商品生产与流通方面和规定在政策之中还很少见。”[①]萧立岩先生认为，五均六筦“目的在于打击豪民富贾的投机活动，以保证人民生活的安定，同时也是在不加重人民负担的情况下，增加封建政府的财政收入”[②]。郭沫若先生的《中国史稿》和范文澜先生的《中国通史》(第二册)中也都有类似的观点。但是由于王莽任用了很多大商人和贵族来推行这一政策，其本身又处于贵族阶层，最终导致这一政策成为大商人和贵族豪强牟利的工具。

王莽时期对后世影响比较大的就是衡法，即度量衡。王莽的衡法不仅为东汉后期所用，而且一直延续到魏晋南北朝。王莽新朝始建国元年(公元9年)的衡器铜卡尺的记载见于晚清一些著录上(如吴大澂《权衡度量实验考》和容庚所编《秦汉金文录》)，共收录了五件卡尺拓本，可惜原物在中华人民共和国成立前就已流散失传。1992年5月，在扬州市一座东汉早期的砖室墓内出土了一件铜卡尺，该青铜卡尺与现代游标卡尺有惊人的相似之处。王莽青铜卡尺的出现是比汉文帝时期钱称的一大进步，这一发现纠正了现代人过去认为游标卡尺乃是法国数学家维尼尔·皮尔在1631年发明的看法。其实，我国早在公元1世纪初的新莽时期就已经发明游标卡尺并在生产中开始应用了。

王莽的新朝还给后人留下很多印记。货币的艺术性在新朝达到顶峰。金错刀的水银代表了古代炼铜技术的新高度，金错刀错金的方法后

---

① 胡寄窗：《中国经济思想史》中，上海财经大学出版社1998年版，第163—166页。

② 萧立岩：《略论王莽及其改制》，《齐鲁学刊》1981年第6期。

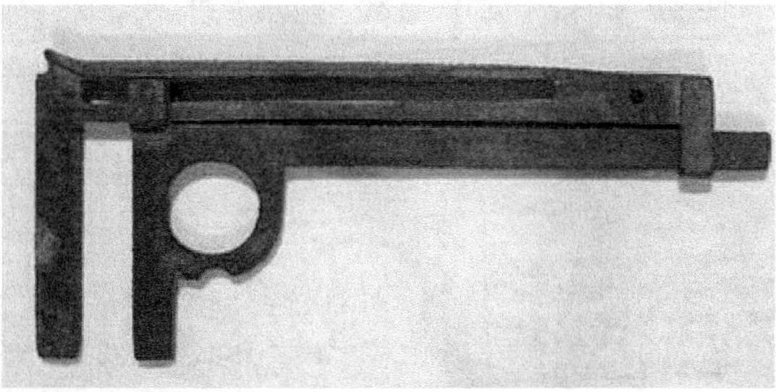

资料来源：扬州博物馆。

图 1—10　王莽青铜卡尺

人一直无法模仿；货布和泉布上铸字所创设的“垂针篆”成为书法上的独特字体，一直为后人临摹。也许王莽更多的是一位艺术家、理想主义者而不是政治家，更不是经济学家。

二、东汉时期的货币

东汉初期直至建武十五年（公元 39 年），流通的还是王莽时期的部分货币，有泉布、帛、金和粟，直到建武十六年（公元 40 年）初期，光武帝才铸造发行五铢钱。“初，王莽乱后，货币杂用布、帛、金、粟。是岁，始行五铢钱。”①

建武五铢，钱径 2.6 厘米，较汉五铢轻，一般为 3 克，小的 1.9 克。铜略带红色，铸造精致，钱面平整，都有外廓。钱文清晰，笔画较细，“铢”字金头加大成三角形“个”，金旁四点略长，且个别钱带有记号。

东汉光武帝建武十六年（公元 40 年）复行五铢钱后，政府加强了对铸币权的控制，虽然社会上私铸现象并没有完全杜绝，但是官铸五铢钱基本上占据了统治地位。“时长安铸钱多奸巧，乃署伦为督铸钱掾，领长安市。伦平铨衡，正斗斛，市无阿枉，百姓悦服。”②光武帝之后的明帝、章帝（公元 58—88 年）时期，仍沿用建武钱范。

光武帝和明帝时期采取的稳定货币政策，实施通货紧缩，重新确立五

① 《后汉书·光武帝纪》。
② 《后汉书·第五伦传》。

铢钱的核心地位，使得当时的货币与经济重新进入良性互动，商品市场重新恢复生机，物价较低，百姓安居乐业。王莽末期是“黄金一斤，易粟一斛”[①]，到明帝时期，已经下降到“是岁，天下安平，人无徭役，岁比登稔，百姓殷富，粟斛三十，牛羊被野”[②]。

至和帝时(公元89—105年)，五铢钱质量逐渐下降，大者重不到3克，大多在2克。五铢通行于桓灵二帝时期，字迹浅而不显，笔画粗，肉面多瘢疵，重在2.5克左右。东汉中期以后，物价上涨、货币贬值，政府一统铸钱的局面被打破，地方铸钱和私铸、盗铸现象加剧，先后又出现了“剪轮五铢”和“綖环五铢”，后者在各地东汉晚期墓葬中经常被发现。

剪轮五铢，灵帝建宁(公元168—172年)后最为盛行。钱的外廓被剪去，只剩下内圈，有些钱文各剩半个字，所以又称对文五铢。綖环五铢，即五铢钱剪去内圈只剩下外圈，故称为綖环五铢。一枚正规的建武五铢钱一钱变两钱，可见东汉末期货币已显崩溃之象。

对文五铢的出现和顺利流通，又为铸造劣钱的人开通了一条新路，一些掌握地方铸钱业务的或专营私铸的，开始模仿对文五铢铸造出仅见对开钱文的轻小劣钱，后人为区别于剪、凿对文五铢，另称这种钱为“铸对文”或“铸对文五铢”(刘体智《小校经阁金文》卷十四录有铸对文五铢铜母范两块)。发现的这几块铜母范的形制，除了与五铢钱模型形态有所区别外，其余与东汉建武五铢铜母范相似，均在同一水平上，可见当年铸对文钱的铸造规模绝非一般，足以与官铸五铢钱相抗衡。

为了整顿币制、控制铸币权，灵帝中平三年(公元186年)推出了背四出文的新式五铢，钱径2.5厘米，重3.5克。面文“五铢”，钱背内廓四角铸四条直线与周廓框接，称“四出”。铜色黄白，铜质差、钱面背有许多砂眼。但是刘氏王朝已经处于崩溃的边缘，足重的四出五铢无法挽回。“铸四出文钱，钱皆四道，识者窃言侈虐已甚，形象兆见，此钱成，必四道而去，及京师大乱，钱果流布四海。”[③]

① 《文献通考・田赋考二》。
② 《后汉书・明帝纪》。
③ 《后汉书・张让传》。

东汉末年董卓执掌大权后，他以官方名义滥铸小钱，彻底败坏了五铢钱的流通。初平元年（公元190年），董卓挟持献帝迁都长安后，通过滥铸小钱，大量搜刮天下财富，“坏五铢钱，更铸小钱。悉收洛阳及长安铜人、钟虡（注：古代悬挂大钟的铜柱子）、飞廉（注：一种铜铸神兽）、铜马之属，以充铸焉。故货贱物贵，谷石数万。又钱无轮廓文章，不便人用”①。

为了铸造大量小钱，董卓将秦汉以来的各种铜制品销毁充当原料。如秦始皇时收天下兵器铸造的12个金（铜）人，相传每个金人重24万斤（秦衡制），被董卓熔化了其中的9个（一说10个）。汉武帝为求长生建造的神明台，上有承露盘，有铜仙人，有铜盘、铜件，还有汉武帝铸造的铜神兽、铜神禽、铜龙、铜马和铜柱等，都被董卓销毁用来铸钱。“卓铸小钱，大五分，无文章，肉好无轮廓，不磨鑢。”②董卓铸造的小钱，极轻薄，钱质又差，每枚仅重1克上下，面文“五铢”难以看清，或干脆没有文字。史志所谓“无文章”，就是说无法看清钱币的面文，因此也有人将董卓小钱称为无文钱。董卓小钱铸造数量极其庞大，在董卓统治权力所及的地区强迫人们流通使用，于是出现了严重的恶性通货膨胀。当时以小钱计算的谷价，每石从几万钱涨到几十万钱，有的地方因为天灾更是上涨到了几百万钱，大量人员饿死，路边白骨堆积，甚至出现人吃人现象：“是时谷一斛五十万，豆麦一斛二十万，人相食啖，白骨委积。”③

三、三国魏晋南北朝时期混乱的币制与实物货币

（一）三国时期的货币

“及献帝初平中，董卓乃更铸小钱，由是货轻而物贵，谷一斛至钱数百万。至魏武为相，于是罢之，还用五铢。是时不铸钱既久，货本不多，又更无增益，故谷贱无已。及黄初二年，魏文帝罢五铢钱，使百姓以谷帛为市。至明帝世，钱废谷用既久，人间巧伪渐多，竞湿谷以要利，作薄绢以为市，虽处以严刑而不能禁也。司马芝等举朝大议，以为用钱非徒丰国，亦所以

① 《后汉书·董卓传》。
② 《后汉书·董卓传》。
③ 《后汉书·献帝纪》。

省刑。今若更铸五铢钱,则国丰刑省,于事为便。魏明帝乃更立五铢钱,至晋用之,不闻有所改创。”①

三国时期,曹魏停止了董卓小钱的流通,改用东汉的五铢钱,但是,由于当时没有什么新铸钱币,导致钱货严重不对等,钱贵而谷物贱。到曹丕称帝后的第二年,改用谷物绢帛为主要支付手段的实物货币,明确政府的收税和官员的薪俸也是用谷物和绢帛缴纳和支付:“令收田租亩粟四升,户绢二匹而绵二斤,余皆不得擅兴,藏强赋弱。”②到魏明帝时期,由于经济活动中大量是以谷物和绢帛为媒介的交易,导致民间越来越多的湿谷物和织造很薄的绢帛进入流通,严刑峻法都无法禁止。最终,魏明帝采用了司马芝等提议,重新铸造五铢钱流通,弃实物货币改用五铢钱币作为经济生活中的主要支付手段,从而一直延续到两晋。

由于战乱,三国时期的东吴,早期也使用东汉时期的五铢钱,大量的出土资料可以说明,孙权立国前后东吴也流通着五铢钱,这些钱大小混杂、质量参差不齐,有剪边五铢、侵轮五铢和少量的汉五铢,这些五铢钱有东汉所遗的,有当时豪强或商家自行铸造的,有当时盛行秘密盗铸的,其中应当也有孙权家族势力控制下铸造的钱币。建安七年(公元202年),周瑜对孙权曰:“将军承父兄余资,兼六郡之众,兵精粮多,将士用命,铸山为铜,煮海为盐,境内富饶。”③“铸山为铜”指的就是铸造钱币和武器。

(二)两晋、十六国的铸币与实物货币

“晋自中原丧乱,元帝过江,用孙氏旧钱,轻重杂行,大者谓之比轮,中者谓之四文。吴兴沈充又铸小钱,谓之沈郎钱。钱既不多,由是稍贵。孝武太元三年,诏曰:钱,国之重宝,小人贪利,销坏无已,监司当以为意。广州夷人宝贵铜鼓,而州境素不出铜,闻官私贾人皆于此下贪比轮钱斤两差重,以入广州,货与夷人,铸败作鼓。其重为禁制,得者科罪。”④

两晋是一个动荡不安的时代,没有铸造新钱。自西晋惠帝元康元年

① 《晋书·食货志》。
② 《晋书·食货志》。
③ 《资治通鉴·汉纪五十六》。
④ 《晋书·食货志》。

(公元 291 年)贾后乱政开始,爆发了长达十六年的“八王之乱”,使西晋百业凋敝。西晋主要使用汉、魏五铢钱和各种古钱。

东晋偏安东南一隅,制钱继承了西晋的指导意识,主要沿用孙吴地区旧钱。轻重杂行,既有“大泉五百”“大泉当千”的大钱,俗称“比轮”,也有“大泉五十”,称为四文,即一钱当小钱四枚用。这一时期,民间私铸的钱币中比较有名的就是“沈郎钱”。“沈郎钱”指的是东晋大将军王敦手下的一名参军沈充所铸的钱币。沈充出身于江南豪族,王敦闹事时,他在家乡浙江吴兴起兵响应,后被杀,民间所称“沈郎钱”就是在此期间铸行的。这种钱一般径七分半,重三铢半,钱文却曰“五朱”,其特点是钱色青白,隐有外廓,制作工艺为模铸,既轻且小,如同柳絮和榆荚。从“沈郎钱”实物多出土于江浙一带这一情况来看,这种不起眼的小钱主要在东晋三吴属县流通。李贺有诗云:“榆荚相催不知数,沈郎青钱夹城路。”故而“沈郎钱”又称榆钱。

前朝所铸的钱币和当下民间私铸的钱币同时流通,是两晋时期货币流通的一大特点。在这种混乱的币制情况下,民间创设了“文”“贯”这两种货币单位。每个小钱,也称平钱,一般直径在 2.4 厘米左右,重 3.5 克,定为一文,一千文为一贯。显然,在钱币的使用中,称量货币时代又复现了。这一货币单位一直延续到后世。

常年的战乱导致三国和两晋时期金属货币与实物货币同时流通,谷物、绢帛成为货币,甚至食盐都可以作为交换物。古籍对此多有记载:[①]

《三国志·魏书·曹洪传》注引魏略:“文帝在东宫,当从洪贷绢百匹,洪不称意。”

《三国志·吴书·钟离牧传》注引会稽典录:“又揭阳县贼率曾夏等数千人,历十余年,以侯爵杂缯千匹,下书购募,绝不可得。”

《三国志·吴书·朱桓传》:“赤乌元年卒……家无余财,权赐盐五千斛以周丧事。”

《全晋文卷三十三石崇奴券》:“余元康之际出在荥阳东住,闻主人公

---

① 转引自陶元珍:《三国食货志》,台湾商务印书馆 1989 年版,第 22—23 页。

言声太粗。须臾,出趣吾车曰,公府当怪吾家哓哓邪,买得一恶羝奴,名宜勤,身长九尺余,力举五千斤,挽五石力弓,百步射钱孔,言读书欲使便病,日食三斗米,不能奈何。吾问公卖不,公喜。便下绢百匹。"

西晋永兴元年至北魏灭北凉(公元304—439年)统一中国北方期间,南至今淮河,北至今内蒙古阴山,西至西域葱岭,东至东海,东北至鸭绿江下游以北,西南至澜沧江以东,相继有十几个分裂割据政权建立,这些政权分别由五个主要部族掌控,即鲜卑、匈奴、羯、氐、羌(少数几个为汉人建立)。北魏末年的史官崔鸿私下撰写了纪实性著作《十六国春秋》,为留有"国书"存世、较具代表性的十六国,即成汉、前赵、后赵、前凉、前燕、前秦、后燕、后秦、西秦、后凉、南凉、西凉、北凉、南燕、北燕及夏国作纪。由此人们习惯将这段历史称为五胡十六国时期,简称十六国时期。十六国时期也有铸币的发行。

中国货币史上具有重要纪念意义的首个年号钱——"汉兴钱"就出现在成汉。汉兴钱是成汉主李寿于汉兴元年(公元338年)所铸。这种钱有横读、直读两种,直读者钱文为篆书,横读者钱文为隶书。

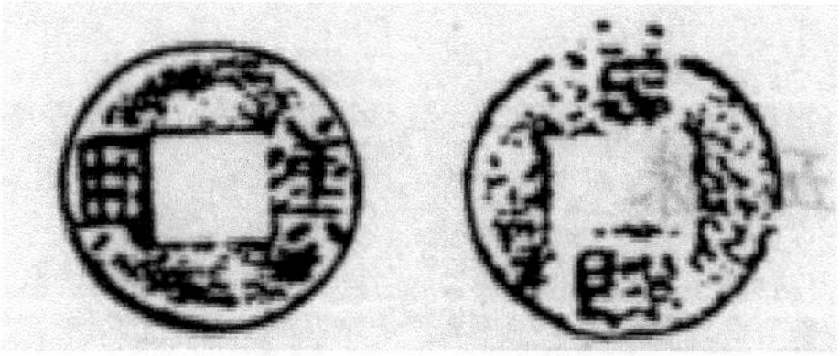

资料来源:华光普,《中国古钱大集(甲)》,湖南人民出版社2004年版。

图1—11 汉兴钱(横读、直读)

后赵石勒于公元319年铸的"丰货钱",该铸币有篆书和隶书两种,其钱文从右向左横读,钱面分有内廓或无内廓,钱径多为2.4厘米,重2.1~2.8克。因为难以流通,所以一般交易仍用谷帛。

割据河西的张氏前凉王朝,在张轨当政时,曾采纳太府参军索辅建议,恢复五铢钱,铸钱"以及通便之会"。张轨死后,其子嗣为凉州牧,传至其孙张骏时,遂自称凉王,"凉造新泉"就是前凉的铸币。

南北朝时期,社会动荡较大,宋、齐、梁、陈偏安江南;北方则有五胡十六国，后有北魏、东魏、西魏、北齐、北周等朝代相继更替。由于朝代不断改换，致使货币制度各自为政，南朝的货币制度在北朝无法流通，北朝的货币制度在南朝也不能实行，所以，人们宁肯在南朝、北朝商品交换中收受谷帛，也不愿意收受货币。

（三）北朝的铸币与南朝的实物货币

北朝延续了魏晋时期的货币特点，即谷物和绢帛的实物货币交易为主；国家没有统一的铸币权；国家铸币和民间私铸并行，但反对盗铸；今钱和古钱在交易中并列。

从北魏初年到太和年间，主要实行粟帛实物交易，至孝文帝时期才下诏令全国使用钱币。太和十九年（公元 495 年），冶炼铸造钱币开始起步，新铸钱币“太和五铢”，有诏书令在京师和各州镇全面流通使用。朝廷内外各级官员的俸禄都比照原先所给绢的数额给钱，每匹绢折合钱二百：“内外百官禄皆准绢给钱，绢匹为钱二百。”[①]各地放遣铸钱工自备冶铸炉具，民众有愿意铸钱的，听任他们铸造，但用铜必须精炼，不得掺和杂料。宣武帝永平三年（公元 510 年）冬，又铸造五铢钱。到孝明帝初年，京师和各州镇有的铸造新钱，有的不铸造，有的只使用古钱，不使用新铸的钱，以致商货不能流通，贸易受到严重影响。“致商货不通，贸迁颇隔。”[②]

熙平元年（公元 516 年），尚书令、任城王元澄提出他的货币主张并得到皇帝的批准。王元澄肯定用钱比谷帛为币的便利，说：“布帛不可尺寸而裂，五谷则有负担之难，钱之为用，贯繦相属，不假斗斛之器，不劳秤尺之平，济世之宜，谓为深允。”[③]对于各地钱币流通的不统一，元澄主张从实际出发，除鸡眼、镮凿等恶钱外均可流通，币值让市场自发定价：“请并下诸方州镇，其太和及新铸五铢并古钱内外全好者，不限大小，悉听行之。”[④]熙平二年（公元 517 年）冬，皇帝下诏同意度支尚书崔亮重开铜矿奏章：“南青州苑烛山、齐州商山并是往昔铜官，旧迹见在。谨按铸钱方

① 《魏书·食货志》。
② 《魏书·食货志》。
③ 《魏书·食货志》。
④ 《魏书·食货志》。

兴,用铜处广,既有治利,并宜开铸”。诏从之。自后所行之钱,民多私铸,稍就小薄,价用弥贱。[①] 但随之而来的就是不足重的私铸钱的泛滥。

随后,北魏孝庄帝建义初期(公元528年),加大力度执行对打击盗铸的禁令,制定了对举报盗铸者进行奖赏的条例。到永安二年(公元529年)秋,诏令改铸新钱,钱文为“永安五铢”。由官府自设冶炉铸造,铸造时间从永安二年九月起到三年正月止。官府想提高钱币币值,调拨府库所储藏的绢,分别派人拿到洛阳城西大市和城东小市出卖,每匹绢只卖二百钱,而市场上私市的绢每匹仍卖三百钱。官府想通过分割实物货币和铸币的币值,通过压低实物货币的价值,从而抬升钱币的价值。这一措施确实带来了永安五铢币值的提升。

然而,钱币的币值提高,使得盗铸有利可图,于是盗铸钱者就更多,民间盗铸的奸巧伪劣的钱币增多以后,钱币轻重自然不一,各地方州镇使用的钱币也就五花八门。“迁邺之后,轻滥尤多。武定初,齐文襄王奏革其弊。于是诏遣使人诣诸州镇,收铜及钱,悉更改铸,其文仍旧。然奸侥之徒,越法趋利,未几之间,渐复细薄。”[②]虽然朝廷采纳了齐文襄王高澄的意见,从民间收购轻薄的不足值钱币,融化改铸成足值钱,但依然无法控制。东魏武定六年(公元548年),“六年,文襄王以钱文五铢,名须称实,宜称钱一文重五铢者,听入市用”。主张在各大交易市“各置二秤,悬于市门,私民所用之秤,皆准市秤以定轻重”。用标准秤来衡量钱重,凡“重不五铢,或虽重五铢而多杂铅镴”的,都不得使用。若有“以小薄杂钱上市”,举报抓获,“其钱悉入告者”。但他的主张被群官反对而未实行。[③]

劣质钱币的泛滥,也为金银的流通创造了条件。北魏时期,金银作为货币财富,被国家重视。

“世宗延昌三年春,有司奏长安骊山有银矿,二石得银七两。其年秋,恒州又上言,白登山有银矿,八石得银七两,锡三百余斤,其色洁白,有逾上品。诏并置银官,常令采铸。又汉中旧有金户千余家,常于汉水沙淘

---

① 《魏书·食货志》。
② 《魏书·食货志》。
③ 《魏书·食货志》。

金,年终总输。后临淮王彧为梁州刺史,奏罢之。其铸铁为农器、兵刃,在所有之,然以相州牵口冶为工,故常炼锻为刀,送于武库。”①

混乱的币制背后,就是劣币的盛行,甚至粟帛的实物货币都不能幸免,多个王朝多次下令规范实物货币绢帛的尺寸。

“旧制,民间所织绢、布,皆幅广二尺二寸,长四十尺为一匹,六十尺为一端,令任服用。后乃渐至滥恶,不依尺度。高祖延兴三年秋七月,更立严制。令一准前式,违者罪各有差,有司不检察与同罪。”“时诸州调绢不依旧式,齐献武王以其害民,兴和三年冬,请班海内,悉以四十尺为度。天下利焉。”②

北齐建立之初,继承了北魏时期的永安五铢钱。但由于放开私铸,导致大量劣钱进入市场,甚至出现以私铸地名命名的劣钱,五花八门。

“齐神武霸政之初,承魏犹用永安五铢。迁邺以后,百姓私铸,体制渐别,遂各以为名。有雍州青赤,梁州生厚、紧钱、吉钱,河阳生涩、天柱、赤牵之称。冀州之北,钱皆不行,交贸者皆以绢布。神武帝乃收境内之铜及钱,仍依旧文更铸,流之四境。未几之间,渐复细薄,奸伪竞起。”③

为了打击私铸的永安五铢钱,齐朝后改铸常平五铢钱,但依然摆脱不了私铸带来的厄运。

“文宣受禅,除永安之钱,改铸常平五铢,重如其文。其钱甚贵,且制造甚精。至乾明、皇建之间,往往私铸。邺中用钱,有赤熟、青熟、细眉、赤生之异。河南所用,有青薄铅锡之别。青、齐、徐、兖、梁、豫州,辈类各殊。武平以后,私铸转甚,或以生铁和铜。至于齐亡,卒不能禁。”④

北周武帝宇文邕是一个颇有作为的皇帝,他统一北方之前仍是沿用西魏五铢,其后则三次铸钱。公元 561 年铸“布泉”;公元 574 年铸“五行大布”和“永通万国”。

“后周之初,尚用魏钱。及武帝保定元年七月,及更铸布泉之钱,以一当五,与五铢并行。……建德三年六月,更铸五行大布钱,以一当十,大收

① 《魏书·食货志》。
② 《魏书·食货志》。
③ 《隋书·食货志》。
④ 《隋书·食货志》。

商估之利,与布泉钱并行。……至宣帝大成元年十一月,又铸永通万国钱,以一当十,与五行大布及五铢,凡三品并用。”①

这三种钱在货币史上被统称为“北周三品”,为六朝钱币之冠,在我国和世界的铸币史上均占有重要地位。北周三品为方孔圆钱,钱文“布泉”“五行大布”“永通万国”均为玉箸篆,笔画肥瘦均匀,末端不出笔锋,就像是用玉石制成的筷子写成的,肥满、圆润、温厚、匀称。这种钱币篆法绝工,人见人爱,说明北周时期书法艺术和铸造工艺均已发展到相当高的水平。

由于连年战乱,货币的流通被割裂。不同地域使用不同的货币,对外贸易则使用保值程度较高的金银钱币。“时梁、益之境,又杂用古钱交易。河西诸郡,或用西域金银之钱,而官不禁。”②优质的“北周三品”最终也没能逃脱被盗铸的厄运,官钱即使被禁止带出境,也无济于事。境内劣币冲击良币,布泉终至被废。“四年七月,又以边境之上,人多盗铸,乃禁五行大布,不得出入四关,布泉之钱,听入而不听出。五年正月,以布泉渐贱而人不用,遂废之。初令私铸者绞,从者远配为户。齐平以后,山东之人,犹杂用齐氏旧钱。”③北周的山东地区还是沿用了北齐的旧钱。

北朝时期,在没有铸造新币前,官员薪俸都是以实物支付:“太和八年,始准古班百官之禄,以品第各有差。先是,天下户以九品混通,户调帛二匹、絮二斤、丝一斤、粟二十石;又入帛一匹二丈,委之州库,以供调外之费。至是,户增帛三匹,粟二石九斗,以为官司之禄。”④北朝后期,随着吏治的腐败,政治动荡,皇帝甚至明令可以纳粮以买官拜爵:“庄帝初,承丧乱之后,仓廪虚罄,遂班入粟之制。输粟八千石,赏散侯;六千石,散伯。”⑤北朝时期货币经济的倒退可见一斑。

南朝刘宋时,铸造四铢钱,但民间盗铸者多,或剪凿古钱取铜。孝武帝孝建元年(公元454年)时,铸造“孝建四铢钱”,为中国钱币史上第二个

---

① 《隋书·食货志》。
② 《隋书·食货志》。
③ 《隋书·食货志》。
④ 《魏书·食货志》。
⑤ 《魏书·食货志》。

镌刻年号的年号钱。此钱形式小而轻，并非刘宋时期之佳币，其佳者当为“四铢钱”及“当两五铢钱”，最劣者为“鹅眼钱”及“线环钱”。

南齐继刘宋之后，经济形势严峻，一直实行货币紧缩政策，很少铸钱。南齐高帝萧道成建元四年（公元 482 年），曾计划铸钱，但没有施行。齐武帝萧颐永明八年（公元 490 年），派人到四川在西汉邓通铸钱的旧址鼓铸铜钱一千多万钱，后因成本过高而停止。

梁朝时期，初期依然是以谷帛的实物货币为主要支付手段；南部则以金银为主要支付货币；京师及三吴、荆、郢、江、湘、梁、益几个州郡使用钱币交易，而钱币主要是古钱，新莽时期和三国时期的钱币民间都有流通。

“梁初，唯京师及三吴、荆、郢、江、湘、梁、益用钱。其余州郡，则杂以谷帛交易。交、广之域，全以金银为货。武帝乃铸钱，肉好周廓，文曰‘五铢’，重如其文。而又别铸，除其肉廓，谓之女钱。二品并行。百姓或私以古钱交易，有直百五铢、五铢、女钱、太平百钱、定平一百、五铢雉钱、五铢对文等号。轻重不一。天子频下诏书，非新铸二种之钱，并不许用。而趣利之徒，私用转甚。”①

由于社会稳定，梁朝时期江南地区的商品交易活跃，长江上甚至出现了载重量达到两万斛的船只往来。然而，南朝货币的供应量却严重不足，制造铜钱所需的原材料铜相当匮乏，铜价日益上涨。为了彻底解决铜材的短缺，南梁武帝萧衍普通四年（公元 523 年），开始大规模铸行铁五铢钱，史称“梁铁五铢”，官员的俸禄即由铁钱支付。

“至普通中，乃议尽罢铜钱，更铸铁钱。人以铁贱易得，并皆私铸。及大同以后，所在铁钱，遂如丘山，物价腾贵。交易者以车载钱，不复计数，而唯论贯。商旅奸诈，因之以求利，自破岭以东，八十为百，名曰东钱。江、郢已上，七十为百，名曰西钱。京师以九十为百，名曰长钱。中大同元年，天子乃诏通用足陌。诏下而人不从，钱陌益少。至于末年，遂以三十五为百云。”②

南梁武帝萧衍普通四年（公元 523 年）新铸行的铁五铢钱，是我国历

① 《隋书·食货志》。
② 《隋书·食货志》。

史上第一次由政府大规模铸造行用铁钱。铁钱的铸行对南梁社会经济的迅速发展及其货币制度的改革的确起了一定的作用,在其使用之初也弥补了货币的不足。但是,它所带来的恶果却更加明显。由于铁材易得,私铸利润大,因此民间私铸纷起,公私铁钱充斥市场,导致物价飙升,币值跌落不已。人们交易要用车辆装载铁钱,不再一个个计数,而是直接数贯。很多商人跨地域进行铜钱与铁钱的套利,皇帝都无法禁止。梁武帝末年发生了侯景之乱(公元548年),铁钱极度贬值,物价疯狂上涨,铜钱从初期的九十文当百使用,在梁末时升值到了三十五当百。"米一斗八十万""卖一狗得钱二十万"[①]。这是历史上第一次大规模铸造铁钱造成的恶果。

陈朝初期,梁朝崩塌以后,铁钱的泛滥和价值严重贬值,陈朝不再流通梁的铁五铢。梁末发行的两柱钱和鹅眼钱继续在陈朝流通使用,但是由于面值一样,二两柱钱较重,民间多熔化两柱钱后添加锡和铁,重新铸造鹅眼钱,同时粟帛实物货币并行。"至文帝天嘉五年,改铸五铢。初出,一当鹅眼之十。宣帝太建十一年,又铸大货六铢,以一当五铢之十,与五铢并行。后还当一,人皆不便。乃相与讹言曰:'六铢钱有不利县官之象。'未几而帝崩,遂废六铢而行五铢。竟至陈亡。其岭南诸州,多以盐米布交易,俱不用钱云。"[②]陈朝灭亡的一个重要原因就是私铸,大量劣质钱币的流通以及大钱的发行带来了混乱的货币换算、商品经济的严重倒退,国家回归到实物货币交换时代。

第五节　铜钱王国的确立

一、隋代货币的统一

隋代的货币经历了三个阶段。第一个阶段,立国之初铸造新钱——隋五铢。因为钱币足重,民间有私下熔铸。

① 《隋书·食货志》。
② 《隋书·食货志》。

“高祖既受周禅，以天下钱货轻重不等，乃更铸新钱。背面肉好，皆有周郭，文曰‘五铢’，而重如其文。每钱一千重四斤二两。是时钱既新出，百姓或私有熔铸。”①

第二个阶段，推广隋五铢，统一货币流通。由于民间交易习惯，新钱并没有全国通用，为了推广新钱，各个关卡在交易时进行检查，与新钱不符合的一律充公。另外，皇帝下诏书对于不能禁止前朝旧钱流通的县令，采取罚俸半年的处罚，最终隋朝的货币被统一到隋五铢上，百姓也习惯使用，经济得到了恢复和发展。

“三年四月，诏四面诸关，各付百钱为样。从关外来，勘样相似，然后得过。样不同者，即坏以为铜，入官。诏行新钱以后，前代旧钱，有五行大布、永通万国及齐常平，所在用以贸易不止。四年，诏仍依旧不禁者，县令夺半年禄。然百姓习用既久，尚犹不绝。五年正月，诏又严其制。自是钱货始一，所在流布，百姓便之。”②

第三个阶段，私铸反复发生，劣币冲击良币，在隋大业后，由于纲纪松弛，最终导致亡国。其间，为了打击私铸，解决部分地区货贵物贱的问题，隋文帝曾命晋王广、汉王谅、蜀王秀分别在扬州、并州、益州设炉铸钱。官府设立钱样，不符合钱样的钱币不能入市流通。

“是时见用之钱，皆须和以锡镴。锡镴既贱，求利者多，私铸之钱，不可禁约。其年，诏乃禁出锡镴之处，并不得私有采取。十年，诏晋王广听于扬州立五炉铸钱。其后奸狡稍渐磨鑢钱郭，取铜私铸，又杂以锡钱。递相放效，钱遂轻薄。乃下恶钱之禁。京师及诸州邸肆之上，皆令立榜，置样为准。不中样者，不入于市。十八年，诏汉王谅听于并州立五炉铸钱。是时江南人间钱少，晋王广又听于鄂州白纻山有铜茆处，锢铜铸钱。于是诏听置十炉铸钱。又诏蜀王秀听于益州立五炉铸钱。”③

同时对于非官铸钱，一律没收并销毁，收回的铜材交到入官。在京师抓到以劣钱贸易的，重罚，甚至杀头，从而遏制住了私铸。“是时钱益滥

① 《隋书·食货志》。
② 《隋书·食货志》。
③ 《隋书·食货志》。

恶,乃令有司,括天下邸肆见钱,非官铸者皆毁之,其铜入官。而京师以恶钱贸易,为吏所执,有死者。数年之间,私铸颇息。”[①]但是“大业以后,王纲弛紊,巨奸大猾,遂多私铸,钱转薄恶。初每千犹重二斤,后渐轻至一斤。或翦铁鍱,裁皮糊纸以为钱,相杂用之。货贱物贵,以至于亡”[②]。

“隋大业七年,米一斗卖至数百钱”[③],不到几年时间就“米斛万钱”[④],即每斗一千文。到隋恭帝义宁元年(公元617年)时候,加上自然灾害,米价更高到三千文一斗,“东都米斗三千,人饿死者十二三”[⑤]。

资料来源:国家文物局中国古钱谱编纂组,《中国古钱谱》,文物出版社1989年版。

图1—12 隋五铢

二、开元通宝的诞生及其在中国货币史上的历史意义

(一)唐代初期的币制

“唐代的币制,是承袭两晋南北朝的传统,流通手段以钱帛为主,黄金除宝藏手段外,有时也用作价值尺度和支付手段,白银在唐末五代渐占优势。”[⑥]虽然为中国历史上有名的盛世,但唐代的货币制度依然没有摆脱金属钱币与实物货币并存、私铸和恶钱屡禁不绝的历史宿命。

唐代初期,经济中流通的钱币主要是隋代的五铢钱和民间的线环钱等恶钱。

① 《隋书·食货志》。
② 《隋书·食货志》。
③ 《资治通鉴》卷一百八十一。
④ 《太平广记》卷二百六十七。
⑤ 《资治通鉴》卷一百八十四。
⑥ 彭信威:《中国货币史》,上海人民出版社2015年版,第214页。

“隋末行五铢白钱，天下盗起，私铸钱行。千钱初重二斤，其后愈轻，不及一斤，铁叶、皮纸皆以为钱。高祖入长安，民间行线环钱，其制轻小，凡八九万才满半斛。”①

甚至在唐高祖李渊即位初期，仍旧沿用旧钱，“高祖即位，仍用隋之五铢钱”②。因为隋末以来的钱币品质太劣，在市场交易中很多用绢布代替。当时唐高祖统治的区域尚属有限，为了要扫灭群雄，完成他的统一大业，因此大规模地用兵，从而导致农业生产保障不足，农产品供应缺乏，价格昂贵。

“十一月己酉，以京师谷贵，令四面入关者车马牛驴各给课米，充其自食。”③

“武德年中，革车屡动，继以灾歉，人多流离。贞观之初，荐属霜旱，自关辅绵及三河之地，米价腾贵，斗易一缣。道路之间，馁殍相藉。”④

唐高祖武德四年（公元621年），李渊开始铸造唐朝的一种金属货币，即开元通宝，这也是中国货币史上具有划时代意义的货币。

“武德四年七月，废五铢钱，行开元通宝钱，径八分，重二铢四絫，积十文重一两。一千文重六斤四两。仍置钱监于洛、并、幽、益等州。秦王、齐王各赐三炉铸钱，右仆射裴寂赐一炉。敢有盗铸者身死，家口配没。五年五月，又于桂州置监。议者以新钱轻重大小最为折中，远近甚便之。”⑤

开元通宝，由文学家和书法家欧阳询制词及书写，上下右左顺序读作“开元通宝”，从上右下左回环读，则为“开通元宝”。早期的开元通宝背面还有指甲的掐痕，因此留下不少美丽的传说。

除铜质开元通宝外，唐朝也铸造过金、银质开元通宝（另外还有玳瑁、铁、铅等材质），但并没有进入钱币流通领域，可能是作为皇帝的赏赐钱币用。有诗曰：“开元皇帝掌中怜，流落人间二十年，长说承天门上宴，百官楼下拾金钱。”⑥1970年10月，西安何家村窖藏出土了30枚金开元通宝。

---

① 《新唐书·食货四》。
② 《新唐书·食货四》。
③ 《旧唐书·高祖纪》。
④ 《全唐文》卷四百六十五。
⑤ 《旧唐书·食货志上》。
⑥ （唐）张祜：《退宫人二首》，《全唐诗》。

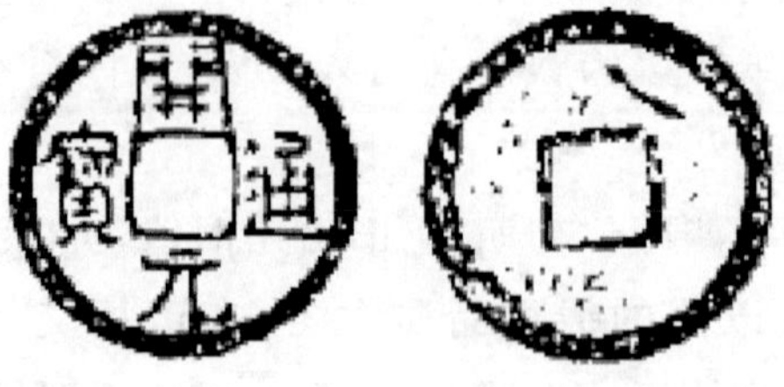

资料来源:国家文物局中国古钱谱编纂组,《中国古钱谱》,文物出版社1989年版。

图1—13 铜制开元通宝(背面斜月纹)

(二)开元通宝铸造流通的历史意义

开元通宝在我国货币史上具有划时代的意义和作用,主要体现在以下几个方面:

第一,对我国度量衡制度的完善。在唐代之前的钱币,都是面文标识的重量钱,进位制为二十四,即二十四铢为一两;而开元通宝铸造则十钱为一两,中国衡制中的一两十钱便由此产生,中国度量衡正式进入十进制。钱币的实际重量也不再以锱、铢计量,而是以两、钱、分、厘十进位法计量。开元通宝成为唐代以后各朝代铜钱进位制的标准。随着十进制的盛行、钱币流通的便捷,后世中的货币单位"钱",反而又成为重量单位。

第二,在钱币的形制上开启了新的时代。开元通宝的铸造终结了自秦以来流通了八百多年的铢两货币,但又继承了秦方孔圆钱的形制。开元通宝的钱币形制成为后世小平钱的基本铸造模式,被沿袭了一千三百年之久。我国的方孔圆钱自此多以通宝、元宝相称,亦即宝文钱。此后,开元通宝钱便成为各朝各代铸钱的标准,一直延续到"中华民国"。它的文字、重量、形制均成为后世铸钱的楷模,如五代的周元通宝、宋代的宋元通宝都模仿了开元通宝的文字形制。

第三,开元通宝的铸造将中国钱币带到了亚洲其他地区,成为第一个影响范围广泛的世界级货币形制。日本、越南、朝鲜以及中西亚地区包括萨曼王朝(阿富汗)都有开元通宝的仿制。开元通宝的铸造构建了东亚地区以开元通宝为核心的货币体系。①

第四，铸币全面标准化。除了继承了半两钱的形制并对铸币重量有要求外，自开元通宝起，铸币材质严格实行标准化，所用各种金属的比例有所定制。根据《新唐书·食货四》记载，唐代以前，我国铜钱铸造的成色是没有标准的，汉代还盛行“即山铸钱”的办法，即用矿山开采的原铜来铸钱。到唐代，对于铜钱的成色开始规范，如天宝年间规定铜钱的成分是铜83.32%、白镴14.56%、黑锡12%，这是铸钱制定上的一个明显进步。在铸币技术上，唐代以前的铸钱基本采用泥陶范、石范、铜范浇铸铜钱，从唐代开始才采用先进的翻砂法铸钱，大大提高了铸钱的产量和质量。开元通宝能成为金属货币的划时代品种和国际性货币，与铸币标准化和铸造技术密切相关。

唐初物价的上涨时期，随着开元通宝的大规模流通，隋末的劣钱逐步退出流通领域，到贞观初年物价已经趋于稳定，中国历史上出现了少有的良币驱逐劣币现象。贞观三年（公元629年）始，随着生产的恢复和农产品的连续丰收，物价开始急剧下降。贞观年间，物价非常低廉。就米价来说，每斗只卖钱四五文，或甚至两三文。

“至贞观三年，关中丰熟。……又频致丰稔，米斗三四钱。行旅自京师至于岭表，自山东至于沧海，皆不赍粮，取给于路。入山东村落，行客经过者，必厚加以供待，或发时有赠遗。此皆古昔未有也。”②

物价大幅度下降的背后，是社会的稳定，经济发展进入良性循环，最终为开元盛世的到来打下了坚实的基础。开元通宝的铸造与流通，对唐代社会经济、贸易的发展起到了重大的促进作用。

（三）年号钱时代的开启

就开元通宝的铸造历史意义，有学者认为，开元通宝改变了过去流行八百年之久的铜钱重量钱为年号钱。这一观点值得商榷。所谓“开元”，典出《汉书》作者班固的《东都赋》“夫大汉之开元也，夺布衣以登皇位”，意思是开辟新纪元，建立新朝代。开元通宝的首次铸造，是在唐高祖李渊武

① 王钊：《开元通宝的产生及意义》，《西安金融》2003年第7期。
② 《贞观政要》卷一《政体》。

德四年(公元621年),李渊正是唐朝第一位皇帝,是"开元"君主,铸造这种铭文制钱,比较符合其开辟新时代的政治理想;而开元通宝与李隆基年号雷同,纯属巧合,李隆基生于公元685年,比开元通宝初次铸造晚了64年。从武德四年开始铸造开元通宝,到唐朝灭亡,开元通宝铸造了近三百年,不仅中央铸,后期地方藩镇也铸造,这也从侧面说明开元通宝并不是帝王年号钱。

古代货币的研究专家通常将中国古代钱币形制的发展分为三大阶段:先秦纪地钱币阶段、唐开元以前的纪重钱币阶段和开元后的纪年钱币阶段。但实际上,年号钱始于十六国时期汉李寿所铸的汉兴钱。

北魏史学家崔鸿在《十六国春秋·蜀录》中记载:成国梁州刺史汉王李寿于咸康四年(公元338年)起兵篡位,废李期,自立为帝,改国号为汉,改元"汉兴"。汉兴年号历时六年(公元338—343年),汉兴钱便铸造于这一时期,成为中国年号钱的滥觞。汉兴钱的铸行,引来了此后历代政权,特别是同李寿近似通过篡位上位的皇帝的效仿。东晋义熙三年(公元407年),匈奴贵族赫连勃勃在陕西叛后秦自立,国号"大夏";义熙十四年(公元418年),攻占长安后即皇帝位,改元"真兴"(公元419—425年),并铸行了最早的国号年号一体钱"大夏真兴"。南朝宋孝武帝刘骏登基后建元"孝建"(公元454—456年),三年后改元"大明"(公元457—464年),其间曾铸行"孝建四铢"和"大明四铢"两种钱币,都是以年号为面文、重量为背文的横向对读小钱,既有纪年又有纪重。大明八年(公元465年)五月,孝武帝去世,其子刘子业登基,建元"永光",八月又改元"景和",当年十一月刘子业即被弑身亡。其间铸行的"永光"和"景和"钱,则从纪重过渡到纪年。南朝梁武帝萧衍的最后一个年号为"太清"(公元541—549年),其间曾铸行"太清丰乐"年号钱。北朝的年号钱则有:北魏孝文帝"太和"年间(公元477—499年)铸行的"太和五铢",北魏孝庄帝元子攸"永安"时期(公元528—530年)铸行的"永安五铢"。北朝的年号钱也是纪年和纪重并行。

从汉兴钱铸行开始,年号钱就多见于史册。南北朝和十六国时期的年号钱为秦汉时期的纪重钱币向纪年钱币过渡的历史特征较为明显,因为这一时期所铸年号钱大小不一、形式多样，纪年与纪重并行较多，年号钱还没有形成标准的铸币形式和钱文内容。年号钱在这一历史时期出现，与当时王权更迭频繁、篡位频发、社会动荡不安有很大关系。铸行年号钱成为宣传“天授皇权”、宣扬皇位正统的最佳选择。

在开元通宝之后，年号钱开始进入规范化阶段。主要有：高宗李治乾封年间（公元 666—668 年）铸行的“乾封泉宝”，肃宗李亨乾元年间（公元 758—760 年）铸行的“乾元重宝”，代宗李豫大历年间（公元 766—779 年）铸行的“大历元宝”，德宗李适建中年间（公元 780—783 年）铸行的“建中通宝”，懿宗李漼咸通年间（公元 860—874 年）铸行的“咸通玄宝”等。这一时期的年号钱已经形成了规范的形制和钱文内容，不再有纪重，为后世铸行年号钱提供了基本样式。五代前期，后梁、后唐、后晋都延续了唐代的年号钱铸币体制。

年号钱的集大成者为宋代。“国初，钱文曰‘宋元通宝’，又改铸淳化元宝钱，上亲书其文，作真、草、行三体。自后每改元，必更铸，以年号元宝为文。”[①]由于宋代年号更改频繁，很多皇帝更改一次年号，就铸一次年号钱。北宋九帝，改了 35 次年号，铸有 27 种年号钱和 3 种国号钱；其中，宋仁宗改元 9 次，铸 9 种年号钱；宋徽宗改元 6 次，铸 6 种年号钱；宋理宗改元 8 次，8 次改铸年号钱。

中国历史上，在汉武帝之前没有年号，帝王只有纪年。汉武帝即位后首创年号，使用的第一个年号为“建元”。自此，建立年号成为皇权正统的标志，此后，历代帝王凡遇到“天降祥瑞”或吉庆、忧患等大事，都要改元纪念。一个皇帝所用年号少则一个，多则近十个。帝王建元、改元被认为是正统的标志，而使用这些年号的地方政权则被称为“奉正朔”，被认为是藩属、臣服的标志。因此，少数民族政权、农民造反起义政权、甚至地方割据势力也都要自立年号纪年。而皇帝也把建元、改元当作国家的头等大事来宣传，载入史册。但是，古代消息闭塞，没有便捷的传媒手段，通过发行年号钱币流通天下以广而告之就成为最有效的宣传手段。同时，鉴于年

① 《宋史》卷四。

号钱始于十六国时期的篡位王朝成汉,在篡位频发的五代十国时期又开始被大量频繁地使用,后朝皇帝为了证明自己皇位的合法性,在改变年号或国号之后,都开始铸造自己所用年号的宝文钱,从而逐渐成为一种钱币制度,因此,年号钱盛行的另外一个原因就是皇帝,特别是篡位者宣扬皇权正统的重要手段。总而言之,纪重钱转变为纪年的年号钱,实质是经济领域交换媒介为政治服务的产物。

(四)两税法对货币供应的影响

唐初,征收赋税实行租庸调制,即以均田人户,不论其家授田是多少,均按丁缴纳定额的实物赋税(谷物、布匹)并服一定的徭役。但是,随着土地兼并愈演愈烈,安史之乱后失去土地而逃亡的农民不断增多。农民逃亡,官府往往责成邻保代纳租庸调,结果迫使更多的农民逃亡,租庸调制的维持已经十分困难。与此同时,按垦田面积征收的地税和按贫富等级征收的户税逐渐重要起来。

唐德宗建中元年(公元780年),在宰相杨炎的建议下,两税法开始实施。两税法是以原有的地税和户税为主,统一各项税收而制定的新税法,由于分夏、秋两季征收,所以称为两税法。两税法是对当时租庸调制赋役制度全面的改革。主要内容包括:根据国家财政支出定出的总税额,根据各地人户数目,分配到地方的,按户征收;主户和客户,都编入现居州县的户籍,依照丁壮和财产的多少定出户等;分夏、秋两次征收,依户等纳钱,依田亩纳米粟,田亩税以大历十四年(公元779年)的垦田数为准,均平征收;"租庸调"和一切杂捐、杂税全部取消,但丁额不废;没有固定住处的商人,所在州县依照其收入征收三十分之一的税;凡鳏寡孤独不济者,可以免税。

两税法的核心就是以钱币代替实物征税。实行两税法后,政府财政收入每年达到3 000万贯以上,比之前增加了一倍以上,改变了安史之乱后唐朝政府财政上长期窘困的状况。两税法的实施对这一时期的货币供应也产生了巨大的影响。因为以钱币代替实物纳税,这样一来,国家府库储积的钱自然增多,而在市面上流通的钱则相应减少,所以"钱贵物贱"的现象就出现了。

“盖自建中定两税，而物轻钱重，民以为患，至是四十年。当时为绢二匹半者为八匹，大率加三倍。豪家大商，积钱以逐轻重，故农人日困，末业日增。帝亦以货轻钱重，民困而用不充，诏百官议革其弊。而议者多请重挟铜之律。户部尚书杨于陵曰：‘王者制钱以权百货，贸迁有无，变通不倦，使物无甚贵甚贱，其术非他，在上而已。何则？上之所重，人必从之。古者权之于上，今索之于下；昔散之四方，今藏之公府；昔广铸以资用，今减炉以废功；昔行之于中原，今泄之于边裔。又有闾井送终之啥，商贾贷举之积，江湖压覆之耗，则钱焉得不重，货焉得不轻？’”①

两税法实行后，除了官府收钱入库，很多富商大贾、达官贵人，看见钱因两税法的实行而价值增长，遂凭借个人雄厚的财力，大量囤积现钱，造成钱币供应更加不足、物价更加低落。“由是豪家大商，皆多积钱以逐轻重，故农人日困，末业日增，一年水旱，百姓菜色，家无满岁之食，况有三年之蓄乎？”②德宗建中元年（公元 780 年），米价较上年的每斗千文，跌落到每斗二百文。以至于唐王朝不得不一方面开始禁铜，另一方面出库钱收储粮食和布帛，比市场价高 10%，以免谷贱伤农。唐宪宗元和年间（公元 806—820 年）：

“八年四月丙戌，以钱重货轻，出库钱五十万贯，令两常平仓收市布帛，每段匹于旧估加十之一。”③

“丨二年正月，敕：‘泉货之设，古有常规：将使重轻得宜，是资敛散有节。必通其变，以利于人。今缯帛转贱，公私俱弊。宜出见钱五十万贯，令京兆尹拣择要便处开场，依市价交易；选择清强官吏，专切勾当。仍各委本司先作处置条件闻奏。必使事堪经久，法可通行。’”④

唐德宗时期，“江淮多铅锡钱，以铜荡外，不盈斤两，帛价益贵。销千钱为铜六斤，铸器则斤得钱六百，故销铸者多，而钱益耗。……贞元初，骆谷、散关禁行人以一钱出者。诸道盐铁使张滂奏禁江淮铸铜为器，惟铸鉴而已。……然而民间钱益少，缯帛价轻，州县禁钱不出境，商贾皆绝。浙

① 《新唐书·食货二》
② 《全唐文》卷六百三十四。
③ 《旧唐书·宪宗纪》。
④ 《唐会要》卷八十九。

西观察使李若初请通钱往来，而京师商贾赍钱四方贸易者不可胜计。诏复禁之。……元和四年，……复诏采五岭银坑，禁钱出岭。……宪宗以钱少，复禁用铜器。”[①]唐德宗和唐宪宗时期都是禁用铸造铜器，唐德宗时期甚者禁止钱币出州县境，唐宪宗元和年间亦是如此。除了禁铜，唐末甚至开始禁佛像和灭佛，以节约铜材，增加货币供应。

“宝历初，河南尹王起请销钱为佛像者以盗铸钱论。大和三年，诏佛像以铅、锡、土、木为之，饰带以金银、鍮石、乌油、蓝铁，唯鉴、磬、钉、镮、钮得用铜，余皆禁之，盗铸者死。”[②]

在禁钱出州县境（岭）之后，禁铸铜器佛像，依然无法缓解官铸钱币不足、劣钱泛滥的情况下，唐武宗会昌五年（公元846年），发动了毁佛行动。唐代中后期佛教越发兴盛，寺庙的规模很大，铜像极多，全国寺庙佛像用掉的铜就要以数十万吨计。唐武宗下令将寺庙铜像及铜制法器等熔化，铸行背记铸地名的开元通宝，称为“会昌开元”，同时禁用旧钱。

“上都、东都每街留寺二，每寺僧三十人，诸道留僧以三等，不过二十人。”[③]

“及武宗废浮屠法，永平监官李郁彦请以铜像、钟、磬、炉、铎皆归巡院，州县铜益多矣。盐铁使以工有常力，不足以加铸，许诸道观察使皆得置钱坊。淮南节度使李绅请天下以州名铸钱，京师为京钱，大小径寸，如开元通宝，交易禁用旧钱。会宣宗即位，尽黜会昌之政，新钱以字可辨，复铸为像。”[④]

禁铜和灭佛行动，并没有从根本上对冲两税法对货币供应的巨大影响。这种钱重物轻的情形，谷贱伤农，导致实物货币不得不重新回到货币流通领域。唐德宗“二十年，命市井交易，以绫、罗、绢、布、杂货与钱兼用”；唐宪宗“六年，贸易钱十缗以上者，参用布帛”[⑤]。以绢、布帛、杂货等实物货币与金属钱币兼用，相对于开元通宝的盛世，可谓是严重货币倒

① 《新唐书·食货四》。
② 《新唐书·食货四》。
③ 《新唐书·食货二》。
④ 《新唐书·食货四》。
⑤ 《新唐书·食货四》。

退，在货币上呈现出明显的衰败迹象。

唐代末期基本上是延续了唐肃宗以来的铸币政策和货币供给政策轮回，在钱轻、货重、铜贵的三种价值失衡中循环，货币政策对经济的调节日渐衰落，直至唐朝消亡。但实物货币的启用，实质上是延长了唐朝的消亡时间。这一点与魏晋南北朝时期货币政策倒退带来的实物货币盛行有本质不同，值得进一步研究。

（五）五代十国的铸币

五代十国是中国历史上的一段大分裂时期，约有九十年。这一称谓出自宋代欧阳修编撰的《新五代史》，是对五代（公元907—960年）与十国（公元891—979年）的合称。其中，五代是指公元907年唐朝灭亡后依次更替的位于中原地区（北方）的五个政权，即后梁、后唐、后晋、后汉与后周。公元960年，后周赵匡胤发动陈桥兵变，篡后周建立北宋，五代结束。十国是指唐末、五代及宋初，中原地区之外（主要是南方）存在过许多割据政权，其中前蜀、后蜀、吴、南唐、吴越、闽、楚、南汉、南平（荆南）、北汉等十余个割据政权被欧阳修的《新五代史》及后世史学家统称十国，北宋建立后逐步统一十国。

五代十国多个王朝曾经发行过自己的货币。五代十国的钱币种类极多，但留存下来的非常少，史籍上的记载也很少，导致目前有很多争论。唐代的开元通宝在五代十国时期依然流通。五代十国时期的货币总结起来有三个特点：一是大额铸币盛行，多为当十、当百，甚至当千的大钱；二是这个时期的铸币很多采用铁铸，私铸盛行并得到多个王朝的认可，这一时期铸币的质量普遍较差；三是基本延续了唐朝的币制，包括仿制开元通宝，禁铸铜器，禁钱输出，甚至后周时期再次出现毁佛现象。

“钱有铜铁二等。五代相承用唐钱。诸国割据者，江南曰‘唐国通宝’，又别铸如唐制而篆文。其后铸铁钱，每十钱以铁钱六权铜钱四而行，乾德后只以铁钱贸易，凡十当铜钱一。两浙、河东自铸铜钱，亦如唐制。西川、湖南、福建皆用铁钱，与铜钱兼行。湖南文曰‘乾封泉宝’，径寸，以一当十。福建如唐制。”①

第六节 铜钱的鼎盛与衰落

一、铜钱的衰落：宋元时代的铜钱

（一）宋代的铜钱

铜钱是宋代的主要铸币。宋太祖赵匡胤于建隆元年（公元960年）废除了五代时期沿用的唐代开元通宝旧钱，铸造了“宋通元宝”（直读“宋元通宝”）。宋元通宝是宋代的第一种铸钱，钱式沿袭“周元通宝”成规，为小平钱。钱文顺读，仿八分书，是国号加宝文的国号钱。宋元通宝有铜、铁两种，背有星、月纹等，铁钱十当铜钱一。宋太祖同时开始大规模打击恶钱。宋代初期的铸币，延续了唐代开元通宝的铸币形制且延续了五代的铜铁材质并用；同时划定区域，禁止新铸钱跨区域流通，禁止民间铸造铜器。此时的铜钱，主要出自江南、塞外及南部。

“钱有铜、铁二等，而折二、折三、当五、折十，则随时立制。行之久者，唯小平钱。夹锡钱最后出，宋之钱法至是而坏。盖自五代以来，相承用唐旧钱，其别铸者殊鲜。太祖初铸钱，文曰‘宋通元宝’。凡诸州轻小恶钱及铁鑞钱悉禁之，诏到限一月送官，限满不送官者罪有差，其私铸者皆弃市。铜钱阑出江南、塞外及南蕃诸国，差定其法，至二贯者徒一年，三贯以上弃市，募告者赏之。江南钱不得至江北。

蜀平，听仍用铁钱。开宝中，诏雅州百丈县置监冶铸，禁铜钱入两川。太平兴国四年，始开其禁，而铁钱不出境，令民输租及榷利，铁钱十纳铜钱一。时铜钱已竭，民甚苦之。商贾争以铜钱入川界与民互市，铜钱一得铁钱十四。”②

宋代的铁钱达到鼎盛期，但主要在川陕地区。四川铜少铁多，历来铁钱铸量颇丰，而陕西等地铜铁钱并用。一般小额交易用铁钱，大额交易用

① 《文献通考》卷九《钱币考》。
② 《宋史·食货志》。

铜钱。宋代初期，铁钱与铜钱的比值为“旧用铁钱千易铜钱四百”，到太平兴国年间比值增至10铁∶1铜，黑市比值竟高达14铁∶1铜。即使以10铁∶1铜计算，铁钱还是太重。1小铜钱重1钱，每贯重6.5斤，按同值铁钱每贯应重65斤。“川峡铁钱十直铜钱一，输租即十取二。旧用铁钱千易铜钱四百，自平蜀，沈伦等悉取铜钱上供，及增铸铁钱易民铜钱，益买金银装发，颇失裁制，物价滋长，铁钱弥贱。”①较重的铁钱，稀缺的铜钱，导致钱币套利现象出现。为了上供，官府铸造了大量铁钱，换取民间的铜钱甚至金银，导致流通中的铁钱越来越多，铁钱大规模贬值，物价飞速上升。

宋太宗赵光义即位，于淳化元年（公元990年）铸“太平通宝”，钱式同“宋元通宝”。在淳化年间将通宝改为元宝，更铸“淳化元宝”。

“初，太宗改元太平兴国，更铸‘太平通宝’，淳化更铸，又亲书‘淳化元宝’，作真、行、草三体。后改元更铸，皆曰‘元宝’，而冠以年号，至是改元宝元，文当曰‘宝元元宝’，仁宗特命以‘皇宋通宝’为文，庆历以后，复冠以年号如旧。”②

宋代在钱币流通中依然存在虚钱、实钱的情况，除了延续唐代的官铸钱大小钱之间、官铸钱与恶钱之间的兑换比例问题，还出现了铜钱与铁钱的官方与市场兑换比例差距较大的现象；其虚实钱问题更为复杂。

由于北宋时期实行铜钱和铁钱并行，不仅延续唐代以来的禁铜政策，而且限定金属铸币的区域流通，打击盗铸，虽然有虚实钱的问题，但整体上北宋时期的物价较为稳定，粮价甚至偏低。端拱二年（公元989年），国子博士李觉上言曰：“而近岁以来，都下粟麦至贱，仓庾陈陈相因，或以充赏给，斗直十钱，此工贾之利而军农之不利也。”③大中祥符二年（公元1009年），“是秋，京西、河东、陕西、江淮、荆湖路、镇、定、益、梓、邛、密等州言丰稔，京师粟斗钱三十”④。宋仁宗时期，西夏战事的展开对农业生产产生了一定影响，为解决军需，政府决定在西北的陕西以及就近的河东地区铸造大钱和铁钱，后来又决定铸造大铁钱，规定大小铁钱和大小铜钱

---

① 《宋史·食货志》。
② 《宋史·食货志》。
③ （宋）李焘：《续资治通鉴长编》卷三十。
④ （宋）李焘：《续资治通鉴长编》卷七十二。

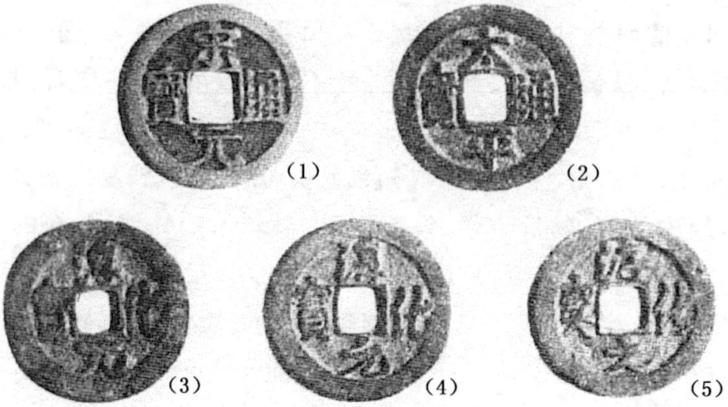

(1)宋太祖宋元通宝;(2)宋太宗太平通宝;(3)～(5)宋淳化元宝三体书

资料来源:彭信威,《中国货币史》,上海人民出版社2015年版,图版46。

图1—14 宋代的铜钱

的比价为一比十;但是因为三个小铜钱即可改铸一个大铜钱,因此可观的币种套利引发了很猛的盗铸风。政府只得不断调整比价,嘉祐二年(公元1059年)二月,诏命陕西大铜钱、大铁钱皆一当二,比价趋于合理,于是"盗铸乃止"[①]。铁钱的大规模流通,大小铁钱和大小铜钱的流通互换,货币套利的存在,直接冲击了货币体系,导致物价飞涨。米价从宋真宗时期的每石300文上涨到了600～700文,虽然涨幅有一倍之多,但毕竟受制于铸钱原材料的供应制约以及货币流通的人为限定,货币还没有到滥发的境地。政府先后采用陕西禁铜钱流通、停铸铁钱的措施来稳定铁钱的币值。

"熙、丰间铜铁钱尝并行,铜钱千易铁钱千五百,未闻轻重之弊。及后铜钱日少,铁钱滋多。绍圣初,铜钱千遂易铁钱二千五百,铁钱浸轻。元符二年,下陕西诸路安抚司博究利害。于是诏陕西悉禁铜钱。"

"置监于京城所,复徐州宝丰、卫州黎阳监,并改铸折二钱为折十,旧折二钱期一岁勿用。"

---

① (宋)李焘:《续资治通鉴长编》卷一百八十九。

“崇宁元年，前陕西转运判官都贶复请权罢陕西铸铁钱。”①

宋徽宗时期，建中靖国元年（公元1101年）开铸“圣宋元宝”，有小平、折二对钱多种。钱文以篆书、行书两种书体书写，字多变化，皆为旋读，为非年号钱。崇宁二年（公元1103年），蔡京当政，铸造“圣宋通宝”，同时禁止铜钱在陕西、河东和四川铁钱铸造之地流通。圣宋通宝有行、篆二体，行书旋读，以一当五，字体与行书圣宋元宝相同，只是“元”作“通”，形态较规则，分为小平光背、小平型背“当伍”和折二型背“当五”三种，非年号钱。现代考古发现，宋徽宗时期有银制的圣宋元宝钱币。② 宋徽宗大观年间（公元1107—1110年），铸造“大观通宝”年号钱，由宋徽宗赵佶以“玉划银勾”的瘦金体御题钱文。它有小平、折二、折三、折十等多种版式，种类上有铜钱和铁钱之分。宋徽宗政和年间（公元1111—1117年）铸造“政和通宝”。有小平、折二型铜钱及折三型铁钱，对钱，有数十种之多，篆书、隶书两种书体。特色之处是隶书中杂有楷意，有时也称作楷书，钱文为宋徽宗独创的瘦金体。材质主要为铜、铁钱，另有少量银制。

资料来源：彭信威，《中国货币史》，上海人民出版社2015年版，图版50。

图1—15　大观通宝

南宋孝宗时期，“孝宗隆兴元年，诏铸当二、小平钱，如绍兴之初。……九年，大江之西及湖、广间多毁钱，夹以沙泥重铸，号‘沙尾钱’，

① 《宋史·食货志》。

② 《苏州道路施工挖出4吨北宋古钱》，《扬子晚报》2011年6月4日。

诏严禁之"[1]。淳熙时期,"十二年,诏舒、蕲铸铁钱,并增五万贯,以'淳熙通宝'为文"[2]。

南宋理宗时期,"宝庆元年,新钱以'大宋元宝'为文。端平元年,以胆铜所铸之钱不耐久,旧钱之精致者泄于海舶,申严下海之禁。嘉熙元年,新钱当二并小平钱并以'嘉熙通宝'为文,当三钱以'嘉熙重宝'为文"。"宝祐元年,新钱以'皇宋元宝'为文。"[3]

除铜、铁钱外,南宋还铸行铜、铅两类钱牌,铜牌面值为贰佰文、叁佰文、伍佰文;铅牌面值为壹拾文、贰拾文、肆拾文。

纵观整个宋代的铸币政策,基本延续了唐代的铸币政策,包括钱币的形制和铜禁。宋代的铜禁政策包括:禁止私人采炼占有原铜;禁止私造铜器;禁铜出境,禁制黄铜,禁采炉甘石。王安石变法时虽然短暂地恢复了铜器贸易和出口,但依然保留了国家对原铜生产的垄断。[4]

(二)王安石变法对货币经济的影响

为了改变北宋建立以来积贫积弱(财政薄弱、三冗)的局面,在宋神宗的支持下,自熙宁二年(公元1069年)开始,至元丰八年(公元1085年)宋神宗去世结束,王安石以"理财""整军"为中心,进行了一系列改革,涉及政治、经济、军事、社会、文化各个方面,是中国古代历史上继商鞅变法之后又一次规模巨大的社会变革运动,也是一场全社会利益的大调整,史称熙宁变法或熙丰变法。这次变革的核心是理财,也就是增加国库收入,但实质是货币经济的大范围实施,奠定了宋代最辉煌的商业(商品经济)基础。变法涉及货币经济关系调整的主要内容包括:

一是青苗法。主要体现在以货币借贷代替物物借贷;以官府低息借贷代替豪强高利贷;以生产借贷代替救荒借贷。王安石的着眼点在于生产季节,官府以钱出贷,解决生产中急需用钱的问题。这样政府得以增加财政收入,一般老百姓又可免于豪强高利贷的盘剥。

---

① 《宋史·食货志》。
② 《宋史·食货志》。
③ 《宋史·食货志》。
④ 汪圣铎:《两宋货币史》,社会科学文献出版社2003年版,第140—150页。

二是免役法。官府的各种差役，民户不再自己服役，改由官府雇人服役。民户按贫富等级缴纳免役钱，原来不服役的官僚、地主也要交钱。以钱代役的货币赋役，实质是降低了农民对地主的人身依附关系，促进了生产，也大规模增加了钱币的流通。

三是市易、均输等法。市易法包括平准，即平衡物价、调节奇赢；赊贷，即官府贷给商人和手工业者以物资或金钱；抵当，即商人和手工业者可用物资或金钱作为担保，向官府贷钱；免行钱，即各行行户纳钱以代替原来的供官任务。至于均输法，则是在全国范围内调节奇赢、平衡物价、掌握钱与物的流通与运输，便利消费及地区的商品流动。

王安石变法一方面限制豪强兼并土地，另一方面以货币手段扶助农业、中小商业和手工业的发展，通过推动钱币的大规模流动代替劳力、物物的交易。虽然王安石变法最终失败，但不可否认的是，王安石变法促进了货币经济的发展。熙宁初年每年铸钱 160 万贯，到熙宁八年（公元 1075 年）时，铸钱达到 500 万贯，而唐代最鼎盛的开元至天宝年间，全国每年铸钱也才 327 万贯，南宋由于纸币流通，铸钱更少，只有 10 万～20 万贯。现今存世量较多的古钱币，很多是北宋时期的宋钱，其中又以熙宁、元丰两种年号钱为最多。相对应的铜矿开采，也达到历史最高峰。当时铜矿开采也较普遍，往后九十年中，没有开发过新的矿场，但是仅岭水场聚集矿工就达十余万，可说是极盛。铸钱大规模增加的背后，是国库的充盈和物价的低廉。“熙宁以来，行青苗、免役二法，至今二十余年……田日益贱，谷帛日益轻。”“今者谷贱伤农，民卖田常苦不售。……钱积于官，常苦币重。”①

二、辽金元时期的铜钱

（一）辽的铜钱

辽是中国历史上由契丹族建立的封建王朝。公元 916 年，辽太祖耶律阿保机统一契丹各部称汗，国号“契丹”，定都临潢府（今内蒙古赤峰市

① 《宋会要辑稿》。

巴林左旗南波罗城)。公元947年,辽太宗率军南下中原,攻灭五代后晋,改国号为辽。公元1125年,辽为金国所灭。

尽管作为游牧部落,早期以牛羊畜牧等实物作为交易手段,但由于拥有矿产资源,在辽建立后,也开始采用金属铸币,很快便体验到了铸钱对经济的促进作用,于是进行大规模的矿产开采和铸钱。辽以铜钱为主,铁钱为辅。

"坑冶,则自太祖始并室韦,其地产铜、铁、金、银,其人善作铜铁器。又有曷术部者多铁,'曷术',国语铁也。部置三冶:曰柳湿河,曰三黜古斯,曰手山。神册初,平渤海,得广州,本渤海铁利府,改曰铁利州,地亦多铁。东平县本汉襄平县故地,产铁矿,置采炼者三百户,随赋供纳。以诸坑冶多在国东,故东京置户部司,长春州置钱帛司。太祖征幽、蓟,师还,次山麓,得银、铁矿,命置冶。圣宗太平间,于潢河北阴山及辽河之源,各得金、银矿,兴冶采炼。自此以讫天祚,国家皆赖其利。

鼓铸之法,先代撒剌的为夷离堇,以土产多铜,始造钱币。太祖袭而用之,遂致富强,以开帝业。太宗置五冶太师,以总四方钱铁。石敬瑭又献沿边所积钱,以备军实。景宗以旧钱不足于用,始铸乾亨新钱,钱用流布。圣宗凿大安山,取刘守光所藏钱,散诸五计司,兼铸太平钱,新旧互用。由是国家之钱,演迤域中。"①

作为战略物资和币材,辽对铜铁也实施管制,禁止私铸,禁止铜铁资源卖给回鹘等西域国家,基本上采用了与北宋初期相同的货币政策。

"是时,诏禁诸路不得货铜铁,以防私铸,又禁铜铁卖入回鹘,法益严矣。道宗之世,钱有四等:曰咸雍,曰大康,曰大安,曰寿隆,皆因改元易名。其肉好、铢数亦无所考。……至其末年,经费浩穰,鼓铸仍旧,国用不给。虽以海云佛寺千万之助,受而不拒,寻禁民钱不得出境。天祚之世,更铸乾统、天庆二等新钱,而上下穷困,府库无余积。"②

辽铸造了多个新钱,除了铸造四等新币以外,另一个来源就是邻国岁币,诸属国岁贡土,主要用于军队经费。辽在中后期,铸币有所增加,但是

---

① 《辽史·食货志》。
② 《辽史·食货志》。

游牧民族的生产方式并没有给辽带来发达的商品经济。随着战争的扩展，财政压力越来越大，但是铸钱却没有做相应调整，虽然禁止钱币对外输出，却依然无法改变困窘的财政和百姓积贫的状况。

（二）金的铜钱

金的货币发展脉络清晰，具有宋辽金元时期货币演进的典型特征。其货币经历了如下几个阶段演进轮回：使用前朝旧钱→铸造新铜钱→私铸泛滥→改铸大钱→铸造铁钱补充→发行交钞→使用银货→停止铸造铜钱→发行大钞。与宋辽元不同的是，由于银矿资源丰富，金使用了白银，并且和交钞互用。

“初用辽、宋旧钱，虽刘豫所铸，豫废，亦兼用之。正隆而降，始议鼓铸，民间铜禁甚至，铜不给用……既而官不胜烦，民不胜病，乃听民冶铜造器，而官为立价以售，此铜法之变也。若钱法之变，则鼓铸未广，敛散无方，已见壅滞。初恐官库多积，钱不及民，立法广布。继恐民多匿钱，乃设存留之限，开告讦之路，犯者绳以重罚，卒莫能禁。州县钱艰，民间自铸，私钱苦恶特甚。乃以官钱五百易其一千，其策愈下。及改铸大钱，所准加重，百计流通，卒莫获效。济以铁钱，铁不可用，权以交钞，钱重钞轻，相去悬绝，物价腾涌，钞至不行。权以银货，银弊又滋，救亦无策，遂罢铜钱，专用交钞、银货。然而二者之弊乃甚于钱，在官利于用大钞，而大钞出多，民益见轻。在私利于得小钞，而小钞入多，国亦无补。于是，禁官不得用大钞，已而恐民用银而不用钞，则又责民以钞纳官，以示必用。……其间，易交钞为宝券，宝券未久更作通宝，准银并用。通宝未久复作宝泉，宝泉未久织绫印钞，名曰珍货。珍货未久复作宝会，讫无定制，而金祚讫矣。”①

金属铸币方面，金初用辽、宋旧钱，到金太宗天会末期，伪帝刘豫时期铸造的“阜昌元宝”“阜昌重宝”依然流通。正隆二年（公元 1157 年），开始铸造“正隆通宝”，轻重如宋小平钱，而肉好字文峻整过之，与旧钱通用。

金世宗大定十三年（公元 1173 年），命非屯兵之州府，以钱市易金帛，运致京师，使钱币流通，以济民用。大定十八年（公元 1178 年），代州立监

① 《金史·食货志》。

铸钱，先命震武军节度使李天吉、知保德军事高季孙监督铸造新钱，后改为工部郎中张大节、吏部员外郎麻珪监铸，钱文曰“大定通宝”，“字文肉好又胜正隆之制，世传其钱料微用银云”①。相传铜币中加了银，仿制正隆通宝钱制。

金随着政治上的稳定，铜资源仍相对匮乏，新旧通用，唐代延续的币值虚实问题依然存在。“初，新钱之未行也，以宋大观钱作当五用之。……时民间以八十为陌，谓之短钱，官用足陌，谓之长钱。大名男子斡鲁补者上言，谓官私所用钱皆当以八十为陌，遂为定制。”②这也是古代金融史上第二个由官方确定虚钱比价的朝代。官方认定的比价为八十当一百。

金卫绍王崇庆元年（公元1212年）铸行“崇庆通宝”“崇庆元宝”，通宝钱有小平、折二两种币值，钱文真书。元宝钱仅见折五一种，篆书，卫绍王至宁元年（公元1213年）铸行“至宁元宝”，实物仅见折五钱一种币值。金宣宗贞祐年间（公元1213—1217年）铸行“贞祐通宝”“贞祐元宝”。通宝钱有小平、折二、折三共三种币值，其中折三钱有铁钱。贞祐通宝为大钱，“未几，竟用惠吉言，造‘贞祐通宝’。兴定元年二月，始诏行之，凡一贯当千贯，增重伪造沮阻罪及捕获之赏”③。

（三）元代的铜钱

元初，铸造了一些以前代货币为范而又加以改造的货币，如用宋代的大观通宝加铸半分，用金的大定通宝改铸大朝通宝银钱等。忽必烈中统年间（公元1260—1264年）开始铸造元代第一种正式使用的金属铸币“中统元宝”。这是一种楷书和篆书的对钱，直或旋读，背可见星纹，平钱。至正二十二年（公元1362年）铸造了“至正通宝”，用汉文和蒙古八思巴文铸造。元成宗时期铸造了“大德通宝”和“贞元通宝”，上述几种铸币，存世很少。元武宗至大二年（公元1309年）发行了至大银钞，至大三年为此先后铸造了汉文的“至大通宝”“至大元宝”，小平、折二钱；汉文“大元通宝”，小

---

① 《金史·食货志》。
② 《金史·食货志》。
③ 《金史·食货志》。

平、当十钱；以及蒙古八思巴文“大元通宝”，当十钱。八思巴文的大元通宝存世数量较多。

“若钱，自九府圜法行于成周，历代未尝或废。元之交钞、宝钞虽皆以钱为文，而钱则弗之铸也。武宗至大三年，初行钱法，立资国院、泉货监以领之。其钱曰至大通宝者，一文准至大银钞一厘；曰大元通宝者，一文准至大通宝钱一十文。历代铜钱，悉依古例，与至大钱通用。其当五、当三、折二，并以旧数用之。明年，仁宗复下诏，以鼓铸弗给，新旧资用，其弊滋甚，与银钞皆废不行，所立院、监亦皆罢革，而专用至元、中统钞云。”①

元顺帝至正年间（公元1341—1368年），开始大量铸造“至正通宝”。这种钱的种类很多，可以分为以下三种：第一种是地支纪年钱，有五种三类共十五个品种。钱文上有八思巴文的纪年符号，分小平、折二、折三共三种。第二种是记值钱，有汉文和八思巴文两种文字，十分复杂。第三种是权钞钱，也就是用铜钱来标明纸钞，称“至正之宝”，又称“至正权钞”。钱币背面还有一个吉字，代表吉安路，钱背穿左有“权钞”二字，穿右为币值银重，所见有伍分、壹钱、壹钱伍分、贰钱伍分及伍钱五种，主要是配合至正宝钞的发行。

“至正十年，其以中统交钞壹贯文省权铜钱一千文，准至元宝钞二贯，仍铸至正通宝钱与历代铜钱并用，以实钞法。至元宝钞，通行如故。子母相权，新旧相济，上副世祖立法之初意。”②

元代还铸造了大量的寺庙供养钱。供养钱一般较小，分为两种：一种上面的文字与正式流通的货币文字差不多；另一种用寺庙或佛名为币名，如大帝觉寺、大普庆寺、大悲神咒大慈观音等。元末，群雄四起，爆发了多起大规模的农民起义，包括韩林儿、徐寿辉和陈友谅、张士诚等都先后立国，并铸造铜钱。徐寿辉建国号天完，铸造过“天启通宝”和“天定通宝”；陈友谅后来立国号为汉，铸造过“大义通宝”；张士诚建大周，铸造过“天佑通宝”；四川的明玉珍和田九成铸有“天统钱”和有新月形的“龙凤钱”。

---

① 《元史·食货志》。

② 《元史·食货志》。

资料来源:华光普,《中国古钱新品集》,湖南人民出版社2008年版。

图1—16 至正通宝(背十钱)

三、铜钱的回归:明代的铜钱

明代,一改元代的纸钞通行天下的格局,开始恢复铜钱的地位。明代的铜钱在货币流通领域的地位甚至超过了南宋时期的铜钱。究其原因,一方面是由元末开始的大规模战乱、饥荒导致的;另一方面,元朝灭亡前毫无节制地发行纸钞造成的恶性通货膨胀,是铜钱恢复流通的根本原因。

明代的铜钱使用贯穿了整个大明王朝,无论是明朝建立前以铜钱为主要流通货币,还是钱钞通行时期,甚至白银时代的到来,都没有磨灭铜钱在明代的货币地位。自明代始,官制铜钱称为"制钱"。但是与南宋之前不同的是,明朝建立初期,铜钱的使用一直处于辅币的地位。明代铜钱的铸行大致可分为三个阶段:

从明太祖洪武至穆宗隆庆时期,作为纸币的辅币阶段。这一阶段的二百余年中,共经历了十二位帝王,其中只有六位铸钱,且数量有限。因大力奉行宝钞政策,故对铜钱控制严格,经常发生停铸、禁用现象。即使开禁也有限制,或者就收入内库,充作库存,从而导致民间私铸猖獗。由于私铸本朝钱币刑罚很重,民间又因铜材缺乏,因此就用古钱或私铸古钱以作流通。自神宗万历年间开始,到明熹宗天启年初期,由于纸币信用的衰落而逐步退出流通领域,铸钱大量出现,铜钱地位直线上升,进入快速发展阶段。原来户部管理纸钞、工部管理铸钱转变为户部管理铸钱、两京及全国各省负责铸行制钱。由于铸量明显增加,而铜材不足,铜价上涨,因此许多临时官炉无利可图,开炉不久即关门大吉,民间低劣的私铸开始大量出现。到明熹宗开始收拢铸币权，主要用于军需的军队的铸钱炉只保留西北三镇，东南的一律取消，国家的铸钱分别由两京及四川地区的三个全国造币中心统筹安排。而进入明思宗崇祯时期的铜钱，则最终落魄。为了补充军需和崩溃的财政，各地钱局大肆滥铸，制钱文字、大小、轻重不一，相差很大，背文更为繁杂多样，大钱出现，盗铸和私铸泛滥，铜钱大幅度贬值。与此同时，明代中期开始白银在经济生活中的地位逐步上升，更是严重打击了铜钱的地位，甚至作为白银的辅币。明朝最终也没有摆脱历朝历代所经历的“铜钱宿命”。

明代的铜钱铸造和使用在明朝建立前就已经开始。朱元璋未称帝之前，公元 1356 年占领应天（南京）后，设置宝源局铸造“大中通宝”，平定陈友谅后又将大中通宝推广至江西，通过在江西行省设立货泉局铸造并将大中通宝细分为五种。大中通宝与过去朝代的铸币同时流通。明朝建立后，洪武元年（公元 1368 年），铸造“洪武通宝”，主要为大钱。各个行省都仿照江西设立宝泉局，与京都的宝源局并行铸钱，禁止私铸。洪武四年（公元 1371 年），将地方铸造的大中通宝和洪武通宝的钱币改铸为小钱，以配合宝源局早先铸造的大中通宝和洪武通宝作为大钱使用。洪武通宝年鼓铸量约 19 万贯，其中洪武五年（公元 1372 年）时铸钱最多。洪武《铸钱则例》规定，铸钱应用生铜。但当时由于铜材稀缺，所以就普遍使用废钱和旧铜铸造，导致铸币成色不一。

“太祖初置宝源局于应天，铸‘大中通宝’钱，与历代钱兼行。以四百文为一贯，四十文为一两，四文为一钱。及平陈友谅，命江西行省置货泉局，颁大中通宝钱，大小五等钱式。即位，颁‘洪武通宝’钱，其制凡五等：曰‘当十’‘当五’‘当三’‘当二’‘当一’。‘当十’钱重一两，馀递降至重一钱止。各行省皆设宝泉局，与宝源局并铸，而严私铸之禁。洪武四年改铸大中、洪武通宝大钱为小钱。初，宝源局钱铸‘京’字于背，后多不铸，民间无‘京’字者不行，故改铸小钱以便之。”①

洪武七年（公元 1374 年），发行“大明宝钞”纸钞，规定大明宝钞每贯

① 《明史·食货志》。

资料来源:彭信威,《中国货币史》,上海人民出版社 2015 年版,图版 72。

图 1—17 洪武通宝(背一钱)

合铜钱 1 000 文或值银 1 两,宝钞 4 贯合黄金 1 两,实行铜钱与宝钞并用。禁止金银流通,只能向政府兑换。为了推动纸钞的流通,“遂罢宝源、宝泉局。越二年,复设宝泉局……会中书省废,乃以造钞属户部,铸钱属工部”[①]。当年就停止了京师宝源局和地方宝泉局(货泉局)的铸钱。洪武十年(公元 1377 年),又恢复宝源局与地方宝泉局铸小钱,至洪武二十年(公元 1387 年)后又停铸。洪武二十二年(公元 1389 年)更定钱式,重新铸五等的洪武通宝钱:“生铜一斤,铸小钱百六十,折二钱半之,‘当三’至‘当十’,准是为差。”[②]洪武二十六年(公元 1393 年)七月,只准京师宝源局铸钱,地方宝泉局再次停铸。

“成祖九年铸永乐钱。宣德九年铸宣德钱。弘治十六年以后,铸弘治钱。”[③]明宣宗宣德八年(公元 1432 年)开铸“宣德通宝”,形制基本延续永乐通宝的规格,为小平钱,光背无文,真书直读。宣德钱只是两京宝源局及浙江、江西、广东、福建四省宝泉局铸行了 10 万贯,数量不多。

自宣德末(公元 1435 年)至孝宗弘治十六年(公元 1503 年),六十八年间明王朝未再铸钱。弘治十六年,皇帝遂命令两京及全国十三省开炉鼓铸“弘治通宝”。弘治通宝为小平钱,光背无文,真书直读,版本较多,各地所铸,略有差异。“户部请鼓铸,乃复开局铸钱。凡纳赎收税,历代钱、制钱各收其半;无制钱即收旧钱,二以当一。制钱者,国朝钱也。”[④]制钱的名称始于弘治时期,并延续到清代。

---

① 《明史·食货志》。
② 《明史·食货志》。
③ 《明史·食货志》。
④ 《明史·食货志》。

世宗嘉靖六年(公元1526年),“大铸嘉靖钱。每文重一钱三分,且补铸累朝未铸者。三十二年铸洪武至正德九号钱,每号百万锭,嘉靖钱千万锭,一锭五千文”①。嘉靖时期,发行“嘉靖通宝”并开始加大鼓铸量,以补铸明代洪武至正德时期的铜钱。为防止私铸,还提高了铸钱工艺,嘉靖通宝于嘉靖四十三年(公元1563年)开始采用黄铜铸钱,同时鼓铸火漆、碹边、金背等钱。火漆就是二次熔炼;旋边就是用旋车锉磨边缘;金背是指经四火熔炼之黄铜,俗称“四火黄铜”。

嘉靖时期,铜钱供应已经无法满足经济活动需要。

“民患钱少,乃发内库新旧钱八千一百万文折给俸粮。又令通行历代钱,有销新旧钱及以铜造像制器者,罪比盗铸。先是,民间行滥恶钱,率以三四十钱当银一分。后益杂铅锡,薄劣无形制,至以六七十文当银一分。翦楮夹其中,不可辨。”②

明代铜钱的铸造使用这一阶段,因大力推行宝钞,所以对铜钱控制严格,三番两次停铸、禁用,即使开禁也有限制;同时铜价高昂,铸钱无利,导致制钱的发行量远远满足不了流通的需要,民间私铸猖獗。而随着纸钞的大幅度贬值,铜钱匮乏,只能容许古钱和制钱同时流通使用,而古钱的大量使用带来了私铸的劣质古钱大量出现,导致“奸伪仿效,盗铸日滋,金背钱反阻不行。死罪日报,终不能止”,最终到隆庆朝“隆庆初,钱法不行”③。

穆宗隆庆四年(公元1569年),鼓铸“隆庆通宝”,并以新钱支付京官薪俸。隆庆通宝延续了嘉靖通宝形制,为小平钱,光背无文,真书直读。隆庆通宝钱制每文重一钱三分,有金背、火漆。隆庆时期铸钱比嘉靖时减少,当年两京铸钱仅2万贯,只有嘉靖时两京宝源局铸量的一半。

为了缓解铜钱的紧缺,明神宗万历时期开始加大铜钱鼓铸量,成为明代铸钱的转折时期,也是明代由盛转衰的转折点。

“万历四年命户工二部,准嘉靖钱式铸‘万历通宝’金背及火漆钱,一

---

① 《明史·食货志》。
② 《明史·食货志》。
③ 《明史·食货志》。

文重一钱二分五厘，又铸镟边钱，一文重一钱三分，颁行天下，俸粮皆银钱兼给。”①

“万历通宝”由两京及全国各省铸钱局铸造，两京铸金背、火漆，其他各地只许铸镟边。由于此时宝钞已停止流通，因此户部在负责发行流通货币的原有职能基础上，也增加了铸币职能。万历朝初期，铸钱量并不大，万历二十年(公元1591年)以前，全国铸钱局的钱炉总共也只有20个。但随着万历三大征，即宁夏战争、援朝抗日、播州战役的相继发生，明政府的财政状况几近崩溃。

“二十年，宁夏用兵，费帑金二百余万。其冬，朝鲜用兵，首尾八年，费帑金七百余万。二十七年，播州用兵，又费帑金二三百万。三大征踵接，国用大匮。”②

为了快速弥补财政的匮乏，铸钱进程被大幅度加快。万历二十年(公元1591年)时，全国官办钱炉增加到100个;万历三十年(公元1601年)，一年便增加350炉。

由于铸量明显增加，而铜材缺乏，导致铜价大幅度上涨，大量临时增加的官炉无利可图，于是各种形制的劣质制钱被鼓铸出来，民间私铸也随之泛滥，特别是经济比较发达的江南地区。当时私钱名称很多，像歪脖、尖脚、胖头等，流传很广，直至崇祯时期。万历朝后半期，地方钱法壅滞不行。万历三十九年(公元1610年)，爆发反对官府禁止私铸推行制钱的“留都(南京)铸钱事件”③。对于是否减少钱炉，京师各部门意见也无法统一。

明光宗在位仅仅一个月，未及铸钱。光宗之子明熹宗于天启元年(公元1621年)继位，补铸以其父年号“泰昌”为名的“泰昌通宝”。一年后便开铸本朝年号钱“天启通宝”，并开始调整铸钱的管理机关，减少铸炉数量。铸钱重回户部掌管，大规模削减地方铸钱局，军队的铸钱炉只保留西北三镇，东南的一律取消，以两京及四川地区三个地方为主要鼓铸地，但

① 《明史·食货志》。
② 《明史·食货志》。
③ 黄阿明:《万历三十九年留都铸钱事件与两京应对》，《苏州科技学院学报》2011年第5期。

天启三年(公元1623年),宦官魏忠贤专权,为了弥补财政的亏空和聚敛财富,地方钱局大量重新开铸,滥铸情况重现。为了赚取铸钱利润,全国各省钱局铸造滥钱恶钱,大量的轻劣钱掺入官钱充数,“兵部尚书王象乾,请铸当十、当百、当千三等大钱,用龙文,略仿白金三品之制,于是两京皆铸大钱”[①]。天启五年(公元1625年),因官私所铸大钱过多过劣,“后有言大钱之弊者,诏两京停铸大钱,收大钱发局改铸。当是时,开局遍天下,重课钱息”[②]。天启通宝钱重原定一钱三分,后来由于官铸过于轻劣,小钱仅重七分,含铜量不足三成。

明思宗朱由检即位,于崇祯元年(公元1628年)开铸“崇祯通宝”,“遂定钱式,每文重一钱,每千直银一两。南都钱轻薄,屡旨严饬,乃定每文重八分”[③]。因为明末社会弊端严重,政府财政几近崩溃。各地钱局大肆滥铸,所铸之钱,文字、大小、轻重不一。在崇祯后期,铸钱已经缺乏本金了,不得不用少量银两和铜材作为铸钱本金。

“崇祯元年,南京铸本七万九千余两,获息银三万九千有奇;户部铸钱获息银二万六千有奇。……宝泉局铜本四十万两,旧例钱成还本太仓,次年再借,至是令永作铸本。”[④]

从明万历朝开始,明代的铸钱经历了巨大的转折,一改明代前中期时的铜钱匮乏、钱币发行不足,为弥补财政困难,导致私铸、盗铸泛滥,铜钱经历了又一轮宿命轮回。

“初,嘉靖钱最工,隆、万钱加重半铢,自启、祯新铸出,旧钱悉弃置。然日以恶薄,大半杂铅砂,百不盈寸,捽掷辄破碎。末年敕铸当五钱,不及铸而明亡。”[⑤]

明代铜钱的铸造和流通,依然没有摆脱中国历史上的“铜钱宿命”。在明代初期,铜钱的铸造更多的是象征意义,年号钱象征的是新皇帝带来的新气象。明代初期的铜钱铸造流通,一开始为配合大明宝钞作为主币

① 《明史·食货志》。
② 《明史·食货志》。
③ 《明史·食货志》。
④ 《明史·食货志》。
⑤ 《明史·食货志》。

流通而居于辅币的从属地位，大额用宝钞，小额用铜钱。因此直至明代中期，铜钱的流通都是小平钱。铜钱地位并没有提升到一个高度，甚至还不如北宋时期的铜钱在经济生活中的重要程度。这也可从明代初期到中期，年号钱之少、铸钱量之低两个方面判断出。甚至宣德至弘治时期的六十八年间没有铸钱，更能说明明朝政府对铜钱铸造的不重视。考虑到当时明朝的具体情况，铜钱在明代早中期不受重视的主要原因可能源于以下几点：

第一，历经战乱后，铜矿的开采受到很大影响。元代通行宝钞，白银开始进入流通领域，铜矿开采不再受重视，这一现象延续到明代。朱元璋从龙脉风水和社会稳定的角度，甚至禁止铜矿开采。铜材的紧缺导致明朝多个皇帝在需要铸钱时不得不颁布了禁铜令，强制民间向中央政府输铜。

"明初，惟江西德兴、铅山。其后四川梁山，山西五台，陕西宁羌、略阳及云南皆采水银、青绿。太祖时，廉州巡检言：'阶州界西戎，有水银坑冶及青绿、紫泥，愿得兵取其地。'帝不许。唯贵州大万山长官司有水银、朱砂场局，而四川东川府会川卫山产青绿、银、铜，以与外番接境，虞军民潜取生事，特禁饬之。成化十七年封闭云南路南州铜坑。弘治十八年裁革板场坑水银场局。"①

铜矿的开采直至正德以后才逐步展开。

"正德九年，军士周达请开云南诸银矿，因及铜、锡、青绿。诏可，遂次第开采。嘉靖、隆、万间，因鼓铸，屡开云南诸处铜场，久之所获渐少。"②

到明代末期，铸钱量大幅度增加，铜材缺乏，不得不"遂括古钱以供炉冶焉"③。

第二，考虑到铜钱铸造在元代断档，铜材的冶炼成本较高，铜钱铸造没有什么利润，导致政府对铸钱兴趣不大。

第三，宝钞的低成本优势，发行和携带的便捷，导致明代初期和中期

---

① 《明史·食货志》。
② 《明史·食货志》。
③ 《明史·食货志》。

一直力推宝钞，甚至不惜多个皇帝多次停铸铜钱，直至宝钞逐渐被市场拒绝接受。与此同时，大量民间的私铸和盗铸盛行，特别是私铸古钱，因为私铸本朝钱币刑罚很重，而私铸被容许流通的古钱几乎不受处罚。铜钱流通的混乱，导致国家不得不重新考虑收拢货币的发行权。铜钱在经济活动中的地位逐步在明代中期开始恢复，铜钱铸造重新被重视起来。

自永乐至宣德时期，明朝铸造年号钱更多的是为了体现新皇帝的登基，甚至从宣德到弘治十六年的六十八年间，皇帝连新钱都懒得鼓铸。弘治十六年(公元 1503 年)之前，明代的年号钱种类稀少、鼓铸数量很低，无一不说明铜钱在明朝的地位根本无法与历朝历代相提并论。

但是，乱象始生，“万历三大征”所带来的巨额财政亏空，“一条鞭法”实施后白银完全成为主导货币，为明代铜钱铸造带来了根本性改变。明代的白银自产量非常低，主要依靠日本和美洲、欧洲输入，明政府的白银铸造权无法集中统一。因此，为了快速增加财政收入，大量鼓铸铜钱成为一条捷径。

万历时期，铜钱的沉沦宿命开始。大量制钱铸造和私铸进入流通领域，统一的制钱标准开始受到挑战。“乃命南北宝源局拓地增炉鼓铸。而北钱视南钱昂值三之一，南铸大抵轻薄。然各循其旧，并行不废。”[①]铜钱的大规模鼓铸，劣质钱币进入流通领域，曾经紧缺的铜钱开始进入贬值的宿命。

四、铜钱的鼎盛时代与末路：清代的制钱

清代钱币的一个特点就是一位皇帝只用一种年号钱，虽铸量大但形制较为简单；除个别例外，所有年号钱均称通宝。清代的铜钱为制式，钱文皆为工整楷书，读法均对读，除个别例外。在铜钱的重量上，自顺治时期就明确了一钱四分的重量。这种制钱的规范保障了清代铜钱的规整，减少了劣质钱币对国家法定货币的冲击。同前朝一样，清代禁止私铸和禁铜。“自改铸一钱四分钱，奸民辄私销，乃定律罪之比私铸。遂禁造铜

---

① 《明史·食货志》。

器,为私销也。”[①]清代的铸钱以1 000个铜钱称为一串,12 000串称为一卯,每开一期的额定数称为正卯,正卯以后凡有加铸数称为加卯。因此,其铜钱的铸造采用额定数“年铸三十卯”,但随着白银的输入和对白银固定汇率的强制要求,导致加卯不断,甚至远远超过额定数。

雍正帝继位伊始,朝臣便集议指出:“钱价腾涌,总缘制钱尚少……钱多而价自平。”[②]因此,大规模增卯鼓铸,由顺治时期的30卯增加至77卯,并通过强制收缴铜器、减少制钱的含铜量来解决铜材不足问题。乾隆时期,除了进一步加大宝源局和宝泉局的鼓铸量外,还下令福建、陕西数省复炉,云南、贵州、四川、湖南、湖北、江西等多省增炉加卯。从雍正时期的年铸77卯增至152卯。[③] 可以佐证的是,铸钱量大幅度增加的同时云南产铜量的大幅度增加。根据彭泽益的《中国近代手史资料》记载:自乾隆初至嘉庆十六年(公元1811年),云南铜年产量一直在1 000万斤以上,只7个年份为900多万斤。[④] 到乾隆三十五年(公元1770年)时,由于“官钱广铸流通”,制钱“迩年钱价平减”[⑤],铸钱最多的云南达到银一两换制钱一千一二百文,乾隆末期不得不下令一些省局减卯或停炉,直到嘉庆元年(公元1796年)才全部复炉。嘉庆四年(公元1799年)“全复旧卯”,至嘉庆十一年、十二年又增加卯数,迎来又一轮铸钱高峰。

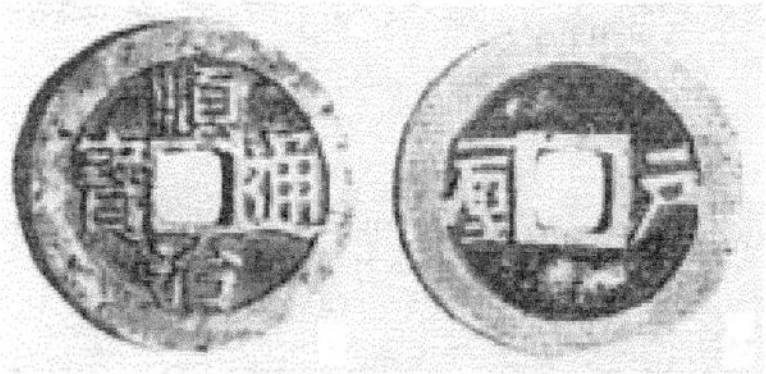

资料来源:彭信威,《中国货币史》,上海人民出版社2015年版,图版79。

图1—18 顺治通宝

① 《清史稿·食货志》。
② 《清朝通考》。
③ 《大清会典事例》卷二百一十九《户部·钱法·直省鼓铸》,《清朝文献通考》。
④ 彭泽益:《中国近代手工业史资料》第一卷,中华书局1962年版。
⑤ 《清高宗实录》。

《清史稿·食货志》记载了顺治时期开始的对清代制钱成分及铸造额定数的规定，即红铜七成、白铜（铅锌）三成，“钱千为万二千串为一卯年铸三十卯”。根据《大清会典》《清朝通考》及清代的政书中关于清代钱法的记录推断，此处的表述遗漏了一个“串”字，应当是“钱千为串，万二千串为一卯，年铸三十卯”，即 1 000 个（文）制钱为一串，12 000 串为一卯（即 1 200 万文），年铸造三十卯（36 000 万文）。

根据杜家骥的计算，乾隆二十年（公元 1755 年）左右，年铸总量为 354.946 2 万串，合 35.494 62 亿文，人均 19.12 文。“如果再加上中央及地方历年积累之铸钱，其社会流通量及人均数将大大超过上述数字。正是由于清政府固定地追求 1∶1 000 的银钱比价，在白银不断流入增加的同步过程中，不断增加制钱鼓铸量，银与钱这两种货币都呈递增趋势，在社会中的流通量都大量增加，这也是乾隆之时的物价较康熙时成倍增长、呈现较缓和的通货膨胀的重要原因。”[①]挂钩白银的固定“汇率”导致清代的铜钱和纸钞供应量达到了历史最高。

如果考虑到清代同时在流通的白银、纸钞，则清代的货币供应总量达到了中国历史上的顶峰。

表 1－1　　清末中国货币数量分类估计表

货币种类	数额	折合银圆	百分比
银币		1 297 000 000	61.85％
中国银圆	200 000 000 元	200 000 000	9.54％
外国银圆	500 000 000 元	500 000 000	23.84％
银角	250 000 000 元	250 000 000	11.92％
银锭	250 000 000 两	347 000 000	16.55％
铜币		522 253 731	24.90％
铜圆	500 000 000 000 枚	149 253 731	7.12％
铜钱	200 000 000 000 文	373 000 000	17.78％

① 杜家骥：《清中期以前的铸钱量问题——兼析所谓清代钱荒现象》，《史学集刊》1999 年第 1 期。

续表

货币种类	数额	折合银圆	百分比
纸钞		277 777 777	13.25%
银两票	20 000 000两	27 777 777	1.33%
银圆票	50 000 000元	50 000 000	2.38%
铜钱票	134 000 000吊	100 000 000	4.77%
外国钞票	100 000 000元	100 000 000	4.77%

资料来源:彭信威,《中国货币史》,上海人民出版社2015年版。

按照清末的人口计算,清末的人均货币供应量也创了历史之最。在大量货币供应产生的同时,则是清代物价的不断上涨。康熙初期1公石的米价是制钱600文左右,乾隆后期已涨至2 000多文,清末则涨至5 500文。

表1—2　　历代货币数量比较表

时期	货币数量(贯)	每人摊得数(文)	折合大米(公石)
西汉末年	35 000 000	587	0.9
唐开宝年间	42 600 000	720	2.14
宋熙丰年间	190 000 000	2 436	2.44
明末	200 000 000	3 333	2.87
清末	2 097 031 508	7 326	1.33

资料来源:彭信威,《中国货币史》,上海人民出版社2015年版。

随着洋务运动的开展,传统方孔铜钱铸币被机器所取代。两广总督张之洞于光绪十三年(公元1887年)奏准创建广东造币厂,光绪十五年(公元1889年)开始生产机制铜圆,这是我国钱币史上称作"机制币"的开始。机制币终结了两千多年来外圆内方的传统铜钱流通,也是铸币技术进步的结果。

1910年(宣统二年)4月16日,清政府决心从根本上解决币制问题,于是颁布了币制则例,在确定银本位的同时,还规定铜辅币为分币,有2分、1分、5厘和1厘四种。但这次计划尚未实施,就与清王朝一同寿终正寝了。

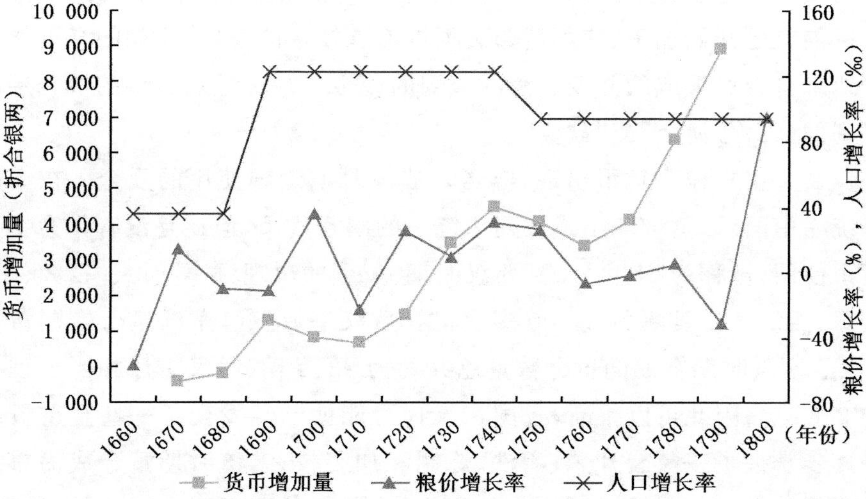

资料来源：彭凯翔，《清代以来的粮价：历史学的解释与再解释》，上海人民出版社 2006 年版。

图 1—19　18 世纪的货币、人口与粮价

资料来源：彭信威，《中国货币史》，上海人民出版社 2015 年版，图版 88。

图 1—20　广东制光绪通宝（机制币）

第七节　贵金属货币与贝壳

一、黄金货币

黄金的使用，根据现代的考古发现及古文献记载，最早出现在商代早期。如河南郑州商代早期墓葬中出土的珥形金饰，河南辉县殷代墓葬和河南安阳小屯殷墟出土的金块、金箔、金叶,都证明了我国早在三千五百年以前就已开始加工、使用黄金。根据冶炼技术的发展,当初的金可能更多地来自天然形成的并经过淘洗得到的沙金。沙金是从含金的沙砾层中得到的,古称“河金”或“麸金”。

黄金正式作为货币出现,应当是战国时期楚国使用的爰金。在秦始皇统一中国后,黄金才正式被列为统一的国家货币,但还是没有作为主要货币使用,被称为“上币”。到西汉时期,黄金的出现频率陡增。据《汉书》记载,西汉皇帝赏赐黄金100多次;据《后汉书》记载,东汉皇帝赏赐黄金9次。两汉时期赏赐的黄金数量总共约为92万斤(西汉1斤相当于现在的256克),因此可以推断,我国在汉代可能就已经发现了一些金矿资源并逐步掌握了一整套开采、淘洗、炼制和加工技艺,该时期黄金成为重要的货币和大额支付手段。但汉武帝末期,黄金的流通逐渐减少。汉昭帝以后,皇帝赏赐黄金的总额越来越少,有2万余斤,只相当于汉武帝以前皇帝赏赐黄金总额87万余斤的3%,汉昭帝以后6个皇帝在91年中赏赐黄金总额相当于汉景帝以前5个皇帝(包括吕后)在66年中赏赐黄金总额的39%。西汉后期皇帝赏赐黄金总额比西汉前期也出现了大幅度的下降。我国古代生产了多少黄金,很难推测出一个准确的数字。外国的经济学家推断,在公元500年前,中国共生产黄金约170吨。汉武帝时期,全国的黄金约有百万斤(250吨),王室的藏金约有50万斤(125吨)。[①]王莽时期,仅宫廷贮藏的黄金就在140吨以上,那时候黄金的购买力非常低(在汉朝,黄金一镒折合今天300克,只够买10袋小米),所以皇帝才舍得拿出那么多黄金来赏赐。

秦汉时期黄金的主要用途包括:皇帝和诸王的对外赏赐、买官爵、赎罪、缴纳罚金以及对西域的贸易。“汉律,三人以上无故群饮,罚金四两。”[②]黄金叶可用于清偿债务,还可以通过官府机构用铜钱置换后使用。

“有罚、赎、责(债),当入金,欲以平贾(价)入钱,及当受购、偿而毋金,及当出金、钱县官而欲以除其罚、赎、责(债),及为人除者,皆许之。各以

① 任乃强:《我国黄金铸币的历史考察》,《社会科学研究》1980年第3期。
② 《汉书·文帝纪》。

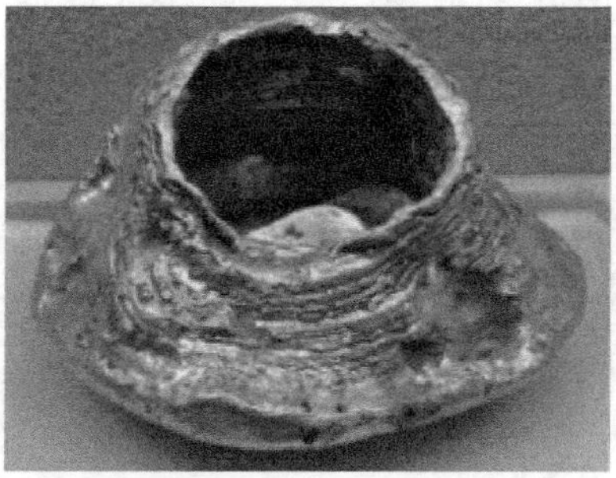

资料来源：上海博物馆历代钱币馆。

图 1－21　西汉马蹄金

其二千石官治所县十月金平贾(价)予钱，为除。”[①]

对于黄金与铜钱的比价，王莽时期规定：“黄金重一斤，直钱万。”[②]在汉代对外贸易中，也基本用金银支付。西汉张骞通西域，开辟丝绸之路，金银为通用货币。

东汉以后，帝王赐予黄金给臣民已大幅度减少，以绢代替为多。魏晋南北朝时期频发的战乱，更导致产金量减少，但民间掘金者仍多。如汉中有金户千余家，常以汉水之沙淘金，生产不断。东晋产金以梁州(陕西、西川)、益州(四川)及宁州(云南)三地为主。取金之法除了沙中淘洗外，尚有火熔法。陶弘景在《重修政和证类本草》中言：“金之所生，处处皆有。梁、益、宁三州多有，出水沙中。建平、晋安亦有金沙，出石中。”建平与晋安均在今福建省，可见除上述三州外，福建亦产金，这在《魏书》中也有提及。

太平真君五年(公元 444 年)，北魏政府下令禁止王公以下的人私养金银匠在家。[③] 同中西亚等的大宗跨国贸易往来，都是使用金银，官方虽然规定使用谷帛充当货币交易媒介，但民间私下使用金银已经较为普遍。

十六国中，产金较为积极而技术也有所提高的是前秦世祖苻坚时期，

---

① 《二年律令·金布律》。

② 《汉书·食货志》。

③ 《魏书》卷四《世祖纪》。

苻坚允许民间可以自由开采黄金白银。前秦灭前燕、前凉及代国，疆域扩展至陕、甘、冀、鲁、豫、蜀、黔、苏、皖、鄂各省，且均为古代产金之地。

除前秦外，尚有夏国世祖赫连勃勃，他曾设将作大匠，制作黄金装饰物，并曾用铜铸造大鼓、铜驼、龙兽等物，对于炼铜业和黄金加工技术均有发展。总的来说，两晋南北朝时，黄金保持了充当货币的作用，但官方仍以器饰的形式来流通。如南齐高帝萧道成建元二年（公元480年），帝赠周盘龙金钗20枚。

唐代，黄金的生产已经大规模开展。唐代采金机构分布于六州，但以南方沙金为主，黄金也没有进入货币流通领域。唐代诗人刘禹锡把生产黄金的景象写入诗中："日照澄洲江雾开，淘金女伴满江隈。美人首饰侯王印，尽是沙中浪底来。"[①]

到两宋时期，金银并提。北宋太祖开宝四年（公元971年）制定《伪黄金律》，这是两汉以来的王朝第一次视黄金为法定货币。北宋王朝历代皇帝也多有以金银铸钱的习惯，如背面为佛像的淳化元宝金币、金质宣和背陕、银质政和钱等。但金银钱基本上是作为赏赐、供奉、洗儿、婚聘、殉葬之用，直接参与流通的较少。宋代已经设有金银铺，方便金银兑换成铜钱使用，因为官府有"钱必成文，金银成钱"之规定，即金银之物可折合成铜钱来进行结算。宋代宫廷中使用金银钱的现象较为普遍，这些金银钱大多由少府监掌管的官府手工场文思院所铸。宋代张和甫所撰《张氏可书》中记有宋徽宗禅位后，曾经便装到东京街市上游玩，用10文金钱买了一个蒸饼品尝的故事。

元代，政府极力推行纸币，还屡次禁止民间金银流通和买卖，金银买卖由政府专设机构掌控。在关于元代货币的古籍文献中，鲜少提到黄金。

明代和元代一样，极力推行纸币。明代前期，朱元璋发行"大明宝钞"时禁止金银流通，金银只能卖给政府兑成纸币。明英宗正统后，大明宝钞因贬值而被弃用，白银获得主币地位，铜钱为辅，黄金在货币流通中更是不见踪迹。清代，推行白银、铜钱并行货币制，黄金也鲜少见于流通领域。

---

① 《全唐诗》卷三百六十五。

资料来源：彭信威，《中国货币史》，上海人民出版社 2015 年版，图版 57。

图 1—22　太平通宝金钱

黄金在中国古代没有成为货币进入流通，主要有如下原因：第一，佛教在中国的大规模发展，王室和权贵对金饰品的偏好，大规模挤压了黄金在货币领域的应用。金饰器物自商代开始就在贵族中流行，贯穿了整个中国古代社会。佛教始流行东汉时，黄金又被大量用于寺庙建筑、佛像、器皿，更是大规模减少了流通中的铜、金，甚至导致国家采取灭佛行动。第二，商周秦汉以来，黄金主要集中于王室贵族；王莽时期实行黄金国有，王莽之后，这些黄金也散落到少数豪强权贵阶层手中，民间富商认识到黄金的贵重性，大多将其私藏，一般不会拿出来当作货币用。第三，中国古代战乱频发，社会不稳定，导致官员、权贵及民间富豪都有囤积黄金的习惯，大量黄金被窖藏，无法进入流通领域。民间至今仍然流传“盛世的古董、乱世的黄金”一说，实则是民间经验的总结。

二、白银时代

白银作为代表货币的贡物，始于汉武帝时期的“白金三品”。王莽时期也被当作大额货币，民间有收藏白银的习俗，但当时的白银并没有进入货币流通环节，仅当作宝藏。魏晋以后，因黄金供应不足，遂用白银补充之，故用银者渐多。汉代金银的形式，除武帝的麟趾裹蹄外，就是圆形的饼，如《三国志・魏志》中所载的“赐银千饼，绢千匹”等记载甚多。南北朝时期多为模仿笏的铤形，为长方形的板，故后代称白银一铤为一笏，当时也有将金银铸成饼形的，或是铸成钱形的。《北齐书·王昕传》记载，北魏高祖孝文帝之子汝南王悦，"悦数散钱于地，令诸佐争拾之，昕独不拾"。近代在六朝墓中曾掘出银铸的五铢钱。此时的白银铸币更多的是作为皇帝的赏赐物而存在。

条形　　　　船形

资料来源：彭信威，《中国货币史》，上海人民出版社2015年版，图版35。

图1—23　汉代的银铤

（一）唐代的白银：财政税收

白银作为支付手段，首次大规模应用于货币支付，应当是首推唐朝。唐朝时期的金银业在国民经济中开始运用，特别是在税赋方面。1970年10月，陕西西安南郊何家村唐长安城兴化窖藏遗址发现了唐代的金银铸币、银饼和银铤。经过陕西历史博物馆和北京大学的学者考证，何家村窖藏的主人是唐代尚书租庸使刘震，窖藏埋藏年代应为唐德宗建中四年（公元783年）的泾原兵变时。其中发掘出的金开元通宝，为皇帝赏赐大臣所用。遗址挖掘首次发现的庸调银饼，是税银，为各地上缴王朝府库的税赋折成现银而打造的。银铤则为贡银，是大臣向皇帝进献的礼物，做成笏型。杨贵妃的堂兄杨国忠就曾经担任"专知采市银使"，即主管全国白银税收。税银银饼上錾刻地名、纪年、起源、重量、担任官员及工匠的职务、姓名，贡银银铤上錾刻进贡人的姓名、官职、年份等信息。但受制于开采冶炼水平，当时全国一年的白银产量只有两万五千余两，而且铸造出的银铤或银饼，远没有后世规范整齐，所以，现代陆续发掘出的银铤存在着同规格却轻重不一、厚薄不均的情况。

“凡天下赋调，先于输场简其合尺度斤两者，卿及御史监阅，然后纳于库藏，皆题以州县年月，所以别粗良，辨新旧。”①

另外，有何家村银饼上发现正面錾刻“东市库、郝景、五十二两四钱”。东市是唐代长安的两市之一，太府寺下设有京城和东都的都市署、平准署和左藏署。都市署掌管市场交易；平准署负责平准商品的供应；左藏署负责铸币、税银及贡银的入库保管，又下设有东库、西库、朝堂库和东都库，分设于不同地方。那么问题在于，税银如何使用呢？税银是否进入了货币流通领域？除了有记载的偶有与西域、南洋诸国做国际贸易的大商人，用白银作为支付手段，官府在平准市场采购商品的时候，是否也是以白银作为支付手段？这些有待于进一步研究发掘。

资料来源：陕西历史博物馆。

图 1－24　唐代的庸调银饼

资料来源：陕西历史博物馆。

图 1－25　唐代的银铤

（二）白银货币的发端

白银作为货币，进入经济流通，发端于金朝。金章宗承安二年（公元1197 年）十二月，铸造承安宝货银锭，“十二月，尚书省议，谓时所给官兵俸及边戍军需，皆以银钞相兼，旧例银每铤五十两，其直百贯，民间或有截凿之者，其价亦随低昂，遂改铸银名‘承安宝货’，一两至十两分五等，每两

① 《旧唐书·职官三》。

折钱二贯,公私同见钱用,仍定销铸及接受稽留罪赏格”①。这是中国官铸银锭之始,是从支付给官兵的俸禄和戍边的费用的旧例银改铸而来,主要目的是配合纸钞的使用。承安宝货是中国历史上第一个真正意义上的白银货币。

资料来源:黑龙江省博物馆。

图1—26　承安宝货银锭

(三)明代白银成为主流货币

唐代白银虽然作为地方税赋缴纳中央政府,是官员向皇帝朝贡的货币,但还没有作为日常经济生活中的钱币使用,主要一个原因就是白银产量有限。唐宣宗时期“天下岁率银二万五千两”(齐东方教授在《唐代金银器研究》中总结唐代白银产量有20万两)。但到宋代,银矿探矿、冶炼技术得到了飞跃发展。宋代《舆地纪胜》记载了脉金矿的开采过程,《本草图经》《龙泉县志》等对银矿生产中灰吹法、火爆法等技术的应用都有详细的记录。银矿开采冶炼技术的进步一方面使得更多新的银矿被发掘开采,同时也将唐代的银矿产量在宋代得到倍数级的提升。宋元丰的坑冶的收银数达到了唐宣宗时期的16.46倍②,有411 420两之巨。白银大规模进

① 《金史·食货志》。
② 王文成:《宋代白银货币化研究》,云南大学出版社、云南人民出版社2011年版,第25页。

入货币流通领域，始发于宋金时期，辽甚至以白银作为纸钞的准备金。宋代的白银流通开启了中国货币史上的一个转折时代，不仅是纸钞的发行和使用，而且体现在了白银这一贵金属货币的大量流通上，为明清时代白银作为主要货币奠定了基础。

随着白银数量的不断累积，宋代白银成为主要货币之一，参与商品交换。除了延续唐代的白银作为地方缴纳赋税和进贡实物外，白银广泛地运用于商品交换活动中。白银被强制性约定为支付购买田地的钱币之一，榷货时商人经常被要求支付一定比例的白银，粮食收购中也广泛支付白银；甚至政府在调节纸钞供应时，往往通过出售白银来回笼货币。宋辽金元的边境互市，白银也是主要的支付手段。《宋会要辑稿·食货志》中就有大量政府出售粮食、收取白银或支付白银收购粮食的记载。

明代的白银分为银锭和银钱两种，银锭又分为大锭和各种小银锭、碎银两。银锭有两种形状：一种铸成马鞍形，称为元宝；其他形状的称为银锭。大锭上都铸印有铸造地名、重量及工匠姓名，小锭上有时还铸印有年号及地名。另外，明代还铸有大小不同的银钱，如"永乐通宝""万历通宝""天启通宝"及万历年间的各种"矿银"等。明代的各种大小银锭，传世和出土的很多。

(1) 永乐通宝银钱

(2) 万历通宝矿银

(3) 崇祯银豆

资料来源：彭信威，《中国货币史》，上海人民出版社 2015 年版，图版 77。

图 1—27　明代的银钱

明英宗正统元年（公元 1436 年）下令南方各省产粮地区不通舟楫地方的米麦用白银折纳。"遂减诸纳钞者，而以米银钱当钞，弛用银之禁。

朝野率皆用银，其小者乃用钱，惟折官俸用钞，钞壅不行。”[①]这是中国历史上首次正式确立用银纳税，白银使用的官方地位被确认。但事实上，民间的白银使用已经较为普遍。傅衣凌在《明清社会经济史论文集》中提道：白银交易在正统三年（公元1438年）后大增，占契约总数的64%，实物交易在此期间仍然占有近17%的比例，说明当时正处于白银货币化过渡之中。景泰与天顺年间，民间以白银交易为主体，以白银论价并成交的交易，分别占有契约总数的90%和近94%，只残留了极个别的实物交易。至成化年间，从已经收集的90件契约来看，无一例外地使用白银进行交易，从而说明在民间交易中至此完全实现了货币白银化。[②]

在整个明代的二百七十六年间，白银经历了一个不同寻常的货币化过程。明代初期，白银并不是合法货币，明太祖、太宗、仁宗时期都禁止民间金银交易，金银与纸钞、铜钱的兑换只能向官府申请单向兑换。但到了明代中后期，白银占据了货币流通领域的主导地位。一些学者认为，主要原因为《明史》中记载的正统初年明英宗“弛用银之禁”“朝野率皆用银”，是政府法令推行的结果。然而，据学者万明等人的史料挖掘，通过对明初至成化年间徽州地区土地买卖交易中427件契约使用通货情况的分析发现：明代白银的货币化是自民间开始，到成化、弘治以后才为官方认可，自下而上地展开。其中，最重要的展开方式是赋役折银，以成化、弘治为界，白银从官方非法货币向事实上的合法货币过渡，白银货币化在整个社会全面铺开，到了嘉靖年间，这一货币化过程基本完成。[③] 明代白银时代的到来，带来了一系列制度的变迁和社会变化，使得中国第一次真正走向世界，而非仅仅局限于亚洲。

明代的商业没有宋代的发达，明代的白银产量也没有南宋时期的产量大。在洪武二十三年（公元1390年）以后的百余年间，政府每年平均银课收入约为10万两。而明代政府每年的银课收入比例，约占银矿产额的30%或以上。[④] 也就是说，明代的白银产量平均每年约为33万两。如果

---

① 《明史·食货志》。

② 傅衣凌：《明清社会经济史论文集》，中华书局2008年版，第243—253页。

③ 万明：《明代白银货币化：中国与世界连接的新视角》，《河北学刊》2004年第3期。

④ 全汉昇：《明代的银课与银产额》，《中国经济史研究》第二册，中华书局2011年版。

按照银课的收入和比例的比较推算，明代的银矿产量不如宋代。而南宋时期，白银已经进入货币领域，但是白银成为主要货币的白银时代并没有发生在南宋时期，恰恰发生在了明代。丹尼斯·弗莱恩和阿拉图罗·热拉尔德兹提出，世界贸易在公元1571年(隆庆五年)诞生。作为当时世界上最大的经济体，明朝对白银的需求，形成了以白银为轴心的世界贸易网络，产生了第一个全球贸易体系。明朝的白银时代具有举足轻重的地位。白银时代在明代中后期开启，究其原因，主要有以下几点：

1. 纸钞贬值带来白银的现实需求

明代由于政府发行宝钞并无贵金属或实物作为发钞准备，宝钞投放多而回笼少，加之宝钞制作简陋，易于伪造，纸钞充斥市场，大大超过了商品流通中所需的货币量，造成通货膨胀、宝钞贬值。而明代的宝钞没有元代换界的概念，强制推行新钞换旧钞，旧钞的跌价便更为严重。明代的货币流通量以万历年间作为分界线，纸钞贬值严重。

洪武九年(公元1376年)初行钞法时，钞一贯或银一两折米一石。到洪武三十年(公元1397年)，银一两折米四石，但钞票却要两贯五百文折米一石。这表明纸钞对白银跌价十倍。到永乐元年(公元1403年)，改为十贯一石。到洪熙元年(公元1424年)加为二十五贯一石。在不考虑米价上涨的条件下，宝钞在短短的五十年间竟跌价二十五倍。随着时间的推移，宝钞的贬值更为严重，景帝景泰三年(公元1452年)七月，令京官俸给照时价给银，五百贯钞给银一两。这就是公认宝钞对白银跌成五百分之一。正统元年(公元1436年)，银一两当钞千余贯，宝钞已贬值千倍，实际上自成化、弘治年以后，宝钞已退出了民间商品交易。大幅度不断贬值的宝钞，为白银的兴起带来了现实需求，而同期明代铜钱并没有被中央政府重视，白银当仁不让地逐步成为货币流通的主角。

2. 白银已经具备价值和流通基础

唐宋时期，跨国贸易已经采用金银结算。唐朝和西域的贸易，宋朝广东和交趾(越南)的对外贸易，浙江泉州的对外贸易都是采用白银结算，而元代纸钞的准备金也是白银。南宋、元代和明代前期的赋税征收，开始由实物向白银转移，赋税部分白银化。特别是始于明代嘉靖朝，万历年间推广至全国的“一条鞭法”的实施,把各州县的田赋、徭役以及其他杂征汇总为一条,合并征收银两,按亩折算缴纳,导致白银的需求量急剧增加。

明代社会稳定和商业的恢复,赋税的白银使用为白银流通奠定了良好的流通基础。

3. 海禁的解除,为白银流入创造了条件

洪武年间,朱元璋为防沿海军阀余党与海盗滋扰,下令实施自元代开始的海禁政策。早期海禁的主要对象是商禁,禁止明朝人赴海外经商,也限制外国商人到中国进行贸易(进贡除外)。明永乐时期,虽然有郑和下西洋的壮举,但是,放开的只是朝贡贸易,商禁依然存在。尔后随着倭寇之患,海禁政策愈加严格,嘉靖四十多年间旷日持久的所谓“倭寇之乱”实际上是严禁民间海外贸易政策的必然结果。海禁带来的倭寇之乱屡打不绝,甚至愈发严重,使明王朝消耗了大量兵力物力,成为心头之患,于是海禁被提上议事日程。

隆庆元年(公元1567年),福建巡抚涂泽民上书曰“请开市舶,易私贩为公贩”(私贩指走私商,公贩指合法商人)。同年,明穆宗宣布解除海禁,调整海外贸易政策,允许民间私人远贩东西二洋,史称“隆庆开关”。民间私人的海外贸易获得了合法的地位,民间海外贸易进入一个新时期,明朝出现一个比较全面的开放局面。中国的对外贸易方式为之改变:物物交换不再是中国对外贸易的主要方式,商品和物资的大规模出口以换取白银,成为海外贸易的时代潮流。明代的“白银推动的世界”因之开始。

4. 赋税制度改革推动了白银成为基础货币

白银在明代财政收支中主要地位的确立,经历了一个发展过程。从明英宗开始,一直到嘉靖时期,明代的赋税、盐课、茶税等商税以及关税都逐步采用白银缴纳。《明史·食货志》中有详细的记录:成化六年(公元1470年),颁布盐课“今后不许折收银米”之令,开始地方折征白银。弘治六年(公元1493年)明确要求食盐钱钞“今后每钞一贯,折征银三厘,钱七文,折银一分。当解京者,径入内帑;当存留者,留本处准官军俸粮”。而茶税改征白银始于宪宗成化三年(公元1466年),“令茶百斤,折银五分。商课折色自此始”。关税以白银征收始于弘治元年(公元1488年),“除崇文门、上新河、张家湾司局照旧钱钞兼收外，其河西务等处捌钞关并临清、淮安、扬州、苏州、杭州、刘家隔、正阳镇柒税课司局照依彼中则例，俱折收银两”。弘治六年（公元1493年）明确规定全国，“令各关照彼中则例每钞一贯折银三厘，每钱七文折银一分”。

财政支出上，官员薪俸在武宗正德三年（公元1507年）改为“……官俸，十分为率，钱一银九”。世宗嘉靖八年（公元1528年）起，才“课税、官俸且俱用银”，一应开支“应给钱者悉予银”。而军饷以白银发放，则要稍早。嘉靖三年（公元1523年），“令各卫军士，年例布花本色不足，照例每布一匹，折支银二钱五分”①。而自嘉靖中期开始，政府的各项工程营建、采买诸用，都用白银支付了。

国家赋税制度的逐步改革，使得到了嘉靖时期，白银不仅成为赋税的主要征收货币，而且在国家财政支出领域占据了主导地位。白银成为法定货币又反过来极大地促进了民间用银。明代后期，白银成了民间日常生活资料的小额零星买卖的支付手段。明朝于隆庆元年（公元1567年）颁令：“买卖货物，值银一钱以上者，银钱兼使；一钱以下者，止许用钱。”②这是明朝首次以法权形式肯定了白银是合法货币地位。

而神宗万历九年（公元1580年），首辅张居正主导的“一条鞭法”赋税改革推广至全国，把丁役土贡等项，一概归并入田赋一项而“计亩征银”，导致“民以粮易钱，以钱易银”③，不仅大大推动了商品货币经济发展，而且更将白银在明后期推广至社会各阶层、各地区，成为普遍通用的法定货币。

5. 私铸与恶钱盛行，造就了白银成为主导货币

明代是中国历史上铸钱最少的朝代之一。为了推广大明宝钞，从1368年至1572年这两百余年间总计铸造铜钱400万贯至600万贯，只是北宋熙宁变法期间一年的铸币量。④ 虽然政府一直强调禁止私铸，但随

---

① 《大明会典》卷四十《户部二十七・赏赐》。

② 《大明会典》卷三十二《户部・库藏・钱法》。

③ 《皇明经世文编》卷四百四十一。

④ 全汉昇：《自宋至明政府岁入中钱银比例的变动》，《中国经济史论丛》，中华书局2012年版，第364页。

着宝钞的不断贬值,经济发展对货币量需求的增加,导致市场交易不得不严重依赖于前朝的铜钱和白银等贵金属。与此同时,在明代大部分时期内,除规范钱币(包括前朝铜钱即"旧钱"和明代制钱)流通外,私铸、盗铸钱的风气盛行,恶钱流通以弥补货币供应的不足。《明史·食货志》对此做了详细的描述:

"弘治元年,京城税课司,顺天、山东、河南户口食盐,俱收钞,各钞关俱钱钞兼收。其后乃皆改折用银。而洪武、永乐、宣德钱积不用,诏发之,令与历代钱兼用。户部请鼓铸,乃复开局铸钱。凡纳赎收税,历代钱、制钱各收其半;无制钱即收旧钱,二以当一。……又从太监张永言,发天财库及户部布政司库钱,关给征收,每七十文征银一钱,且申私铸之禁。嘉靖四年,令宣课分司收税,钞一贯折银三厘,钱七文折银一分。是时钞久不行,钱亦大壅,益专用银矣。

……先是,民间行滥恶钱,率以三四十钱当银一分。后益杂铅锡,薄劣无形制,至以六七十文当银一分。翦楮夹其中,不可辨。

……然诸滥恶小钱,以初禁之严,虽奉旨间行,竟不复用,而民间竞私铸嘉靖通宝钱,与官钱并行焉。

时所铸钱有金背,有火漆,有镟边。议者以铸钱艰难,工匠劳费,革镟车用鑢锡。于是铸工竞杂铅锡便锉治,而轮廓粗粝,色泽黯黪。奸伪仿效,盗铸日滋,金背钱反阻不行。死罪日报,终不能止。

……

自启、祯新铸出,旧钱悉弃置。然日以恶薄,大半杂铅砂,百不盈寸,捽掷辄破碎。末年敕铸当五钱,不及铸而明亡。"

自成化末年至万历末,在近一百四十余年的时间内,明代官方规定的白银与标准铜钱(制钱)的比价维持在一个非常稳定的状态,即1两白银可兑换制钱700文或800文,更多的是700文。与明初相比,白银与铜钱的币值相对稳定。这与大明宝钞退出流通领域后白银和铜钱成为主要流通货币有密切关系。但私铸、恶钱流通后,白银和私铸铜钱市场兑换率就上涨到了1∶13至1∶21,"钱贱米贵"。正德以后京师的私铸钱更加恶烂不堪,如4枚私铸钱才可以抵得上1枚好钱,即称"倒四",而其他各种名目钱如“倒三”“倒五”“折六”“折七”也时有出现，旧钱、制钱等好钱从市场上逐渐退出流通被窖藏。嘉靖十三年（公元1534年），皇帝听闻“市中俱用私铸，前代旧钱及我朝通宝，俱沮格不行”，要求户部研究对策，最终建议是容纳样式堪看的私铸钱，以140文值银1钱（好钱是70文值银1钱）。但是两年后巡城御史就报告：“京师之钱，轻裂薄小，触手可碎，字文虽存，而点画莫辨，甚则不用铜而用铅铁，不以铸而以剪裁，每三百文才直银一钱，制钱、旧钱反为壅遏。”[①]这里流通中的私铸钱对银的比价是300文当银1钱，而到了嘉靖三十二年（公元1553年），竟有六七十文当银一分，也就是700文当银1钱。明朝最初规定银1两值铜钱1 000文（即1钱换100文），15世纪很长时间内是银1钱换80文，而私钱流通后银1钱换160文，而16世纪中叶竟然换到300～700文。[②] 从万历年间开始，到明末，国家财政出现严重危机，为了缓解财政危机，国家广开铸局，肆意鼓铸大钱，钱式混乱，制钱滥恶，钱贱极致，导致民间拒绝使用制钱。私钱对于市场交易的冲击不可谓不大，铜钱的信用被私铸和恶钱、官制大钱彻底瓦解，货币流通白银化而成为市场必然的选择。

6. 国际经贸环境成就了明代的白银

明代白银成为主要货币，离不开当时所处的国际经济贸易环境。当时的国际经济贸易环境主要体现在以下三个方面：

(1)欧洲价格革命和日本、南美白银的大量生产。

16世纪时，地理大发现为西欧国家带来了大量的金银流入，造成商品价格长时期的剧烈上涨，引发了欧洲的价格革命。从16世纪30年代起，首先是西班牙和葡萄牙，农产品和手工业产品的价格都有大幅度的提高。到16世纪中期，其他欧洲国家也普遍出现了物价连续飞涨的情况。到16世纪末，欧洲国家的商品价格已经上涨了两倍以上，谷物价格上涨更甚。其中，西班牙由于掠夺的金银最多，国内物价上涨高达四倍多，其他国家如英国、法国和德国，一般也在两倍左右。

---

① 《文献通考》卷九《钱币考》。

② 转引自刘光临：《银进钱出与明代货币流通体制》，《河北大学学报(哲学社会科学版)》2011年第2期。

价格革命的背后,实质是西欧国家对海外地区大肆进行掠夺,黄金白银源源不断地流入欧洲。仅在16世纪,欧洲的黄金总量即从55万千克增加到119.2万千克,白银总量由700万千克增加到2 140万千克。大量廉价金银流入欧洲,改变了货币与一般商品交换的比例,导致物价急剧上涨。西欧输入白银的主要产地就是南美洲,主要是墨西哥,大量银矿被开采。从时间上来看,南美洲著名银矿波托西是在公元1545年开始开采的,最初发展缓慢;萨卡特卡斯和瓜纳华托则分别在公元1548年和1558年开始开采,产量在16世纪逐渐增加,并且达到一个相当大的数量。

南美洲白银开采数量的激增,正是在墨西哥的阿卡普尔科和菲律宾的马尼拉建立起联系以后。据长期从事明清白银流入中国问题研究的美国学者艾维斯估计,在16世纪末至17世纪初的时间段内,从阿卡普尔科运到马尼拉的白银平均每年为143吨,仅1597年一年就有345吨。每年经过菲律宾流入中国的南美洲白银达到57 500～86 250千克。南美洲白银不仅从马尼拉流向中国,带动了整个东南亚贸易,而且在运至塞维利亚后通过欧洲途径运至印度的果阿,再流入中国;之后来东方的荷兰人、英国人则直接将白银从产地运往中国,以换取中国的商品。即使是从南美洲运到欧洲的白银,也辗转输入亚洲,然后大部分进入了中国。

明代白银的另一个主要输入来源地是日本。日本白银的大量开采和出口,是在16世纪40年代以后,也就是嘉靖年间。日本学者小叶田淳认为,日本金银矿山开发在16世纪中叶出现激增;从那时开始,到17世纪前半期的一百多年里,是明治以前日本金银产额最多的时代,其中以银的增产最为显著。在16世纪后半叶日本的输出品中,白银据有独占的地位。[①] 据另一位日本学者岩生成一统计,在明嘉靖三十九年至万历二十八年(公元1560—1600年)的四十年里,日本白银每年出口额是33.75～48.75吨(包括葡萄牙人参与的明朝和日本之间的生丝和白银贸易);到17世纪初年,达到130～160吨,约占世界白银产量的1/4～1/3,大部分

① (日)小叶田淳:《金银贸易史研究》,东京法政大学出版局1976年版;转引自万明:《明代白银货币化:中国与世界连接的新视角》,《河北学刊》2004年第3期。

流入中国。[①]

美国学者魏斐德在其著作中写道：在17世纪的前30多年中，每年流入中国的白银，约25万～26.5万千克。从嘉靖朝中期到万历时期的80多年里，日本白银产量的大部分(约25 000万两)，美洲白银产量的1/3～1/2(约11 000万两)[②]流入明朝。

(2)明代商品的竞争力和贸易顺差。

价格革命大大削弱了欧洲各国商品的市场竞争力，尤其是西班牙、葡萄牙两国商品的市场竞争力。相对于欧洲各国，中国商品以白银计价的商品，特别是明朝的特色商品，在欧洲人看来则较为便宜，在国际市场上具有极大的价格优势。

当时国际市场上中国主要大宗出口商品与外国同类产品价格对比如下：中国丝织品价格是西班牙同类产品的1/3，麻织品价格是欧洲同类产品的1/8；在菲律宾市场，中国铁钉价格为西班牙同类产品的1/4；肉类、蔬菜、水果被当时的西班牙神父马丁德拉达惊叹为价格低得像是分文不取一样。[③] 香料、药材、茶叶、瓷器、丝绸等深受西欧人的欢迎。质优价廉的中国商品在与欧洲、美洲(主要是西班牙的殖民地墨西哥)各地商品的较量中势如破竹。中国与欧洲、美洲海上贸易航路的开辟，为中国日用消费品获得了广阔的国际市场。输入马尼拉的中国货物有生丝、丝织品、天鹅绒、绫绢、绸缎、棉布、麻织品、珠宝、工艺品、钢铁锡铅制品、硝石、火药、食品、家禽、家畜等，其中纺织品为大宗商品。

由于西属美洲市场需求很大，中国丝织品和棉织品很快跃居马尼拉大商帆输往美洲货物榜首，在当时欧美人笔下，墨西哥“土著居民逐渐停止纺织”“西班牙所有的丝织工场全部毁灭了”，法国一些丝织品厂商为扩大销路甚至不得不给自己的产品印上“中国制造”字样。由于西欧各国商品难以与价廉物美的中国货物竞争，西班牙人、葡萄牙人和后来跻身对华

① Seiichi Iwao：Japanese Foreign Trade in the Sixteenth and Seventeenth Century，*Acta Asiatica*；转引自万明：《明代白银货币化：中国与世界连接的新视角》，《河北学刊》2004年第3期。

② 庄国土：《16—18世纪白银流入中国数量估算》，《中国钱币》1995年第3期。

③ 谭文熙：《中国物价史》，湖北人民出版社1994年版，第227—228页。

贸易的荷兰人、英国人大量使用白银与明朝开展贸易。

嘉靖年间,欧洲的葡萄牙人于1543年首次到达日本后,开始介入获利巨大的中日贸易,主要参与东南沿海与日本的丝银走私活动。

随着隆庆开关,中国开始了对日本、美洲和欧洲贸易的长期顺差,一直保持到西欧工业革命之后、鸦片贸易兴起前夕。大量贸易顺差最终以白银的形式留存在了明朝和清朝。因为白银的供应舒缓了,也使得明朝当时纸钞巨幅贬值带来的通货膨胀问题得到缓解,白银逐步占据了货币的主导地位。

(3)国际套汇与金银比价。

除了贸易顺差之外,世界白银流入中国的另一个原因就是明代中国的金银比价一直远低于国际水平。这种价差带来了国际套汇获利的机会。

洪武八年(公元1375年)制定金银钱钞之间的比价兑换体系时规定,1贯钞折合1 000文铜钱、1两白银以及1/4两黄金,即金银比价是1∶4。洪武十八年(公元1385年),金银比价变为1∶5。永乐十一年(公元1413年),金银比价已变成1∶7.5。永乐十三年(公元1415年)金银比价为1∶10,此后一直维持在1∶10以内,绝大部分时间在1∶7或1∶8的水平,一直持续到隆万年间。崇祯中金银比价变成1∶10,江南部分地区为1∶13,一直持续到清初。由上述金银之间的比价变动情况来看,金银比价在明代较为稳定,两百年间升值仅1.5倍。整个明代,黄金平均价格每两折合白银6两4钱7分,约等于宋元时期平均价格(10两3钱弱)的63%,最低曾达到折白银1两6钱7分。[①]

16世纪初中国金银比价是1∶6,欧洲是1∶12,日本是1∶10。当时欧洲和日本崇拜的是黄金,而非白银。因此,1492年哥伦布航行出发时,他的目的首先是寻找黄金,并不是白银。受国际套汇的驱使,日本、欧洲白银被大量运往中国,刺激了白银货币化的发展。

关于明代中叶国际间开展的套汇,亚当·斯密在《国富论》中也写道:

---

① 钱江:《十六—十八世纪国际间白银流动及其输入中国之考察》,《南洋问题研究》1988年第2期。

"当欧亚初通贸易时，亚洲各国尤其是中国与印度的金银比价，比欧洲高得多……在中国及其他大部分印度市场上，纯银与纯金的比价通常为10∶1，至多也不过12∶1，而在欧洲则为14∶1或15∶1。因此，对于航行印度的欧洲船舶，一般地说，银是最有价值的输运品。对于向马尼拉航行的阿卡普尔科船舶来说，也是如此。新大陆的银，实际就是依着这种种关系，而成为旧大陆两端通商的主要商品之一。把世界各处相隔遥远的地区联络起来的，大体上也以银的买卖为媒介。"

（四）国际环境变化对明代白银货币的冲击

公元1600年前后，西班牙无敌舰队海战战败，爆发尼德兰80年战争和欧陆30年战争，这使得作为明朝主要白银来源的西班牙必须将墨西哥银圆调回本国用于支付军费。随后，1620—1660年，欧洲市场爆发了贸易危机，以西班牙的塞维利亚为中心的世界贸易体系遭到沉重打击。1634年后，菲利浦四世采取措施限制船只从阿卡普尔科出港；1639年冬，许多中国商人在马尼拉遭到西班牙人和土著人的屠杀；1633年，日本江户幕府开始实施锁国政策，限制白银出口；1640年，日本断绝了与澳门的所有贸易往来。明朝两个主要的白银来源大幅度衰减；与此同时，美洲和日本银矿的开采量也在减少。由此，中国的白银进口量骤然跌落。在17世纪20年代欧洲贸易衰退之前，停泊于马尼拉的中国商船每年多达41艘，到1629年已降为6艘。

白银输入的骤然减少给明朝的经济带来了巨大的影响。

明末人叶梦珠在《阅世篇》卷七《食货一》中记载崇祯壬申（公元1632年）"白米每斗一百二十文，直银一钱，民间已嫌其贵"；十一、二年（公元1638、1639年）"斗米三百文，计银一钱七、八分，识者忧之"；十五年（公元1642年）春"时钱值日落，每千值银不过四钱几分。白米每石纹银五两，计钱一十二千有奇"。如以铜钱计，崇祯时十年间米价上涨了十倍，银价上涨了五倍。明末日益恶化的通货膨胀开始受到国际贸易萎缩双重叠加影响，导致以出口丝绸为主的浙江北部、湖州等地经济迅速衰落。而从1626年到1640年罕见的自然灾害又席卷中国大地，带来了粮食价格暴涨。贸易发达的江南、东南沿海等富裕地区，遭受的打击最为严重。这些地区不生产粮食，粮食要跨区域去买。因此，1640年前后，苏州地区每斤大米的价格涨到了100个铜钱，大批人饿死，许多豪宅低价出售却无人问津。而“一条鞭法”的弊端在此刻也暴露无遗，赋税和地租、偿还贷款都需要用白银支付。这意味着一旦白银流入减少，就需要支付更多的实物来兑换白银交付。就算农民大丰收，其得到的大米也不足以缴纳税款和地租。顾炎武在陕西记录的恐怖景象——陕西当年大丰收，但是，农民依然要卖儿卖女，甚至全家自杀——就是这一现象的具体体现。显然明代后期，白银流入的大幅度减少，加速了经济的崩溃。

明朝的白银时代，留给后人很多启示，值得我们去研究。特别是当前以美元为国际主要货币的时代，实施与美元挂钩货币的国家和地区（东南亚、南美等），经历过的惨痛的历史教训，与五百年前的大明王朝如出一辙。

（五）清代的白银货币——银两与银圆

清代的白银延续了明代中后期的货币地位，成为主要货币。在经历了日本幕府的贸易禁运和西班牙战争带来的白银荒后，随着康乾时期经济的恢复，商业的发展和海洋贸易的兴起，白银又开始大量输入中国。据学者庄国土的研究，公元1720—1795年，荷兰人从欧洲运送往中国的白银为1 586万两；公元1700—1823年，英国东印度公司共输出5 388万两白银到中国；公元1805—1840年，美商共运送6 148万两白银到广州；公元1719—1799年，其他欧洲大陆国家运送到中国的白银达3 854万两[①]。以上合计为16 976万两。

“时华洋互市，以货易银，番船冒禁，岁漏出以千万计，御史黄中模、章沅咸以为言。而大髻、小髻、蓬头、蝙蝠、双柱、马剑各种番银，亦潜输内地以规利，自闽、广通行至黄河以南。而洋商复挟至各省海口，阳置货而阴市银，至洋银日多，纹银日少而贵。上患之，命粤督申严禁约，然所禁不及洋银，仿铸之广板、福板、杭板、吴庄、行庄，耗华银如故。”[②]

据彭信威先生估计，当时输入的外国银圆占全国全部货币供应的

---

① 庄国土：《16—18世纪白银流入中国数量估算》，《中国钱币》1995年第3期。

② 《清史稿·食货志》。

30%。大量外国银圆的输入背后,是与本土银两套利的投机。这也是明代使用白银作为主要货币以来,用银两而非银圆的主要原因。外国输入的银圆,最具有代表性的是西班牙鹰洋,银圆主币为重七钱二分,合26.84克,成色(含银量)为89%~90%。而明清时期标准重量库平银一两在37克左右,成色为93%以上。但是在实际使用中,银两与外国银圆则是以等重量换算的,更有甚者,一枚外国银圆当一两白银使用。如果以银圆易纹银,铸银圆再易纹银,如此循环反复,就可获取高额利润。道光九年(公元1829年),御史章沅曾写奏折称:"粤洋通市。不得违例私易银钱。请旨饬议章程一摺。向来粤洋与内地通市。祇准以货易货。例禁綦严。近日夷商货物。务为奇巧。炫惑渔利。取值不啻数十百倍。据该御史奏称,该夷人赋性狡黠、纯用机心,卖物则必索官银、制钱,买物则概用番银夷钱。银低钱薄,仅当内地银钱之什七。或仍以番银给还,则断不收纳。是以番银之行日广,官银之耗日多。"①因此,大量投机者将银圆带入中国境内兑换银两,导致清朝白银大量流失,最终清末不得不开铸银圆、废除银两。

大量外来白银的输入,导致本土的纹银少而贵,铜钱兑纹银上升到了2 000文兑1两纹银。虽然清政府进行了干预,但收效甚微。同时,随着西班牙银圆和墨西哥银圆在市场上流通,咸丰年间,上海的一些银号铸造了类似银圆的银饼。官铸银圆也随着洋务运动而产生,在光绪时期被政府拟定为国币。清政府仿制西方,设立造币总厂和分厂,实行机器铸造,银制"光绪元宝"成为中国历史上首个自主发行的银币。光绪皇帝励精图治,利用洋务运动施行仿西方的货币体系,"三十二年,铸铜币当十钱,民不乐用,于是创铸银、铜圆,设置银行,思划一币制",以图"与东西洋各国相抗衡"②。

三、铜银主流货币中的异类:贝壳

在明代以前,云南并没有使用铜钱和纸钞,流通的是中国最古老的货

---

① 《清实录·道光朝实录》。
② 《清史稿·食货志》。

资料来源:彭信威,《中国货币史》,上海人民出版社 2015 年版,图版 91、89。

图 1—28　咸丰朝银锭(元宝)

资料来源:彭信威,《中国货币史》,上海人民出版社 2015 年版,图版 91、89。

图 1—29　广东制光绪元宝(机制铜圆)

币——海贝。其实,云南在唐代就已经将海贝作为货币了,“以缯帛及贝市易,贝之大若指,十六枚为一觅”①。元代云南地区民间交易继续使用海贝,政府征收赋税也以海贝折纳。至元十九年(公元 1282 年)九月己巳,“定云南赋税用金为则,以贝子折纳,每金一钱,直贝子二十索”②。

明代,海贝延续了元代的流通,民间交易以海贝为主,官府税赋,部分可以海贝缴纳。“洪武十七年,诏云南以金、贝、布、漆、丹珠、水银代秋租,于是以米麦为本色,诸折纳税粮,谓之折色。”③明万历之前,云南地区的买卖田地、借款,甚至支付官员薪俸都使用海贝。“云南俸米兼收海贝,旧时每石折海贝七十索,今米贵,宜增三十索。”④

云南的币制在中国货币史上较为特殊。因为明代云南已经开始铸钱,而且云南的铜矿开采以及向京师输入多有历史记载,但明代云南的民

① 《新唐书·南蛮上·南诏上》。
② 《元史·本纪第十二·世祖九》。
③ 《续文献通考·田赋考》。
④ 《续文献通考·钱币考》。

间交易，甚至部分赋税，却是以海贝交割。“国初京师有宝源局，各省有宝泉局，自嘉靖间省局停废，民用告匮。滇中产铜，不行鼓铸，而反以重价购海贝，非利也。”①究其原因，很可能与云南等偏远的少数民族地区经济发展滞后、民间货币使用以小额为主且商业落后有很大关系。在元明时期，云南少数民族农产品基本能自给自足，用于交换的农产品比较少，而手工业产品如铜、银、锡、铅等，尚属官营，主要用作“内廷供奉之费”，很少投入市场交换。在这种情况下，作为十分细碎的货币——海贝，便很适宜用来进行交易。②

自元代开始，海贝一直处于贬值进程。

“明初一索值白银一分，可见海贝的价值比起元初来是大跌了。元初一索值银一钱二分。百年间跌成十二分之一。明代中叶一索仅值银六厘，明末跌成二厘五。又正统元年，一石米在云南折海贝七十索，十年改为一百索，十四年又减为六十索。成化十年底，户部定折收海贝的办法，三分征本色，七分用海贝；海贝一索折钞一贯到三贯。”③

随着海贝的大幅度贬值，到明朝万历末年，海贝已逐步淡出了货币流通市场；到清初统一云南之际，废贝行钱，海贝彻底退出了历史舞台。

第八节　纸　钞

一、纸钞的缘起与发展

世界上最早的纸钞出现于北宋真宗时期（公元 997—1022 年）的四川地区，名为交子，宋徽宗大观元年（公元 1107 年）改名“钱引”。贸易的便利性需要、信用发展、造纸术和雕版印刷术的进步是交子产生的三个基础。

交子产生于益州（现成都）民间，由当地十六户富商发起，后推广至十

① 《明史・食货志》。
② 杨寿川：《论明清之际云南废贝行钱的原因》，《历史研究》1980 年第 6 期。
③ 彭信威：《中国货币史》，上海人民出版社 2015 年版，第 478 页。

余万商户连保,类似于唐代的飞钱,是一种存款凭证。交子产生后不久,就有伪造。

“始,益州豪民十余万户连保作交子,每年与官中出夏秋仓盘量人夫及出修糜枣堰、丁夫物料。诸豪以时聚首,同用一色纸印造。印文用屋木人物,铺户押字,各自隐密题号,朱墨间错,以为私记。书填贯,不限多少。收入人户见钱,便给交子,无远近行用,动及万百贯。街市交易,如将交子要取见钱,每贯割落三十文为利。每岁丝蚕米麦将熟,又印交子一两番,捷如铸钱。收买蓄积,广置邸店屋宇园田宝货;亦有诈伪者,兴行词讼不少。或人户众来要钱,聚头取索印,关闭门户不出,以至聚众争闹,官为差官拦约,每一贯多只得七八百,侵欺贫民。”①

导致交子产生的直接原因是:一方面,川陕路流通铁钱,但铁钱太重,“川界用铁钱,小钱每十贯重六十五斤,折大钱重十二斤,街市买卖至三五贯文,即难以携持”②,贸易非常不便;另一方面,当时信用制度发展迅速。随着唐代柜坊的发展,存款已经在贸易中被广泛采用,而飞钱从唐代发展至宋代兴起,则为交子的出现做了最好的铺垫。四川交子起初实质为存款凭据,同飞钱类似,可随时取现,但要交3%的手续费。

交子又称楮币,从名称可见,造纸术的发展也是交子产生的第三个基础。楮纸是用楮树皮制作的纸张,也是古法宣纸的重要原料。贾思勰在《齐民要术》中说:楮,“其皮可以为纸者也”。书中还详细记述了种植楮树的方法,但没有记载具体的楮纸工艺,其实南北朝时期已经有楮纸产生。唐宋时期,成都楮纸成了市场新宠,用途广泛,尤其是用在簿记、契约方面。费着在《笺纸谱》中说:“凡公私簿书、契券、图籍、文牒,皆取给于是。”宋代发行的这些纸钞用纸,均采用成都特制楮纸,所以宋人常将纸钞称作楮币或楮券,也简称楮。费着撰写的《楮币谱》记述了在成都官办机构印制纸钞的情形,其“所用之纸,初自置场,以交子务官兼领,后虑其有弊,以他官董其事。隆兴元年,使特置官一员莅之,移寓城西净众寺。绍熙五年,始创抄纸场于寺之旁,遣官治其中。抄匠六十一人,杂役三十人”。显

① 《宋朝事实》卷十五。
② 《宋朝事实》卷十五。

然，印制纸钞的楮纸由专门的官员监督，抄纸人员也全部纳入官府编制，仅位于成都西郊净众寺的特制楮纸工场的匠人和杂役，就有近百人之多。

雕版印刷最早出现在唐代的四川成都地区，盛行于唐代末期。宋代的川蜀地区在唐宋时期汇集了大量的文人墨客，是雕版印刷的中心。出现于宋代四川成都地区的套色印刷术就主要受到蜀锦等纺织物的套色印制影响，是印刷工艺的一项创新。最早的交子是红、墨两色套印，随后发行的官方交子，则采用铜板雕版印刷，通过六块铜板以墨、蓝、红三色套印。后期的关子、会子等也都是采用与交子相同的铜板印刷和颜色套印。元丰改制后，交子务监官由之前的一人增加到二人，且设掌典十人、贴书九人、印匠八人、雕匠六人、铸匠六人、杂役十二人。熙宁年间（公元1068—1077年）设抄纸院，专门负责印制交子的纸张制作。从印匠和雕匠的岗位设置和人数占比，足以验证造纸术和印刷术对交子产生的作用和影响。①

交子由益州民间商人创立，当时成都16户富商集资36万缗做保证金。由于其发行时存入的钱币被富商挪用投资不动产，同时交子的私记不同，因此出现伪造交子，导致很多兑付问题，有的交子只能兑付七八成，有的甚至出现发行人逃债，这对社会稳定造成很大影响。交子随后在寇瑊任职时期被官府所禁止。由于交子的便利性已经在贸易中被广泛接受，所以薛田任转运使时，重启交子，但禁止民间创设。宋仁宗天圣元年（公元1023年），政府特设益州交子务，改由官府发行，由此交子一跃成为国家货币。

“初，蜀人以铁钱重，私为券，谓之‘交子’，以便贸易，富人十六户主之。其后富人赀稍衰，不能偿所负，争讼数起。寇瑊尝守蜀，乞禁交子。薛田为转运使，议废交子则贸易不便，请官为置务，禁民私造。诏从其请，置交子务于益州。”②

益州交子务于宋仁宗天圣二年（公元1024年）二月发行官办交子，区别于民间交子，官办交子面值由临时填写改为定额，以铁钱为本位，面额

---

① 黄育玲:《纸币的产生与印刷术》,《钱币园地》2007年第3期。
② 《文献通考》卷九《钱币考》。

为1贯至10贯共十种形制。宝元二年(公元1039年)改为10贯和5贯两种,并规定发行额中,八成是10贯的,两成是5贯的。到神宗熙宁元年(公元1068年),又改为1贯和500文两种,六成为1贯的,四成为500文的。交子式样,"一依自来百姓出给者阔狭大小",上用益州铜印及字大料例、年限、背印、青面、红团等六印。交子面额大的达10贯,小的也有500文,没有数文、数十文面额的。官办交子三年为一界,到界用新交子换旧交子。每界发行1 256 340贯,准备金为36万贯铁钱,准备金率28.65%。至宋徽宗大观元年(公元1107年)为止,共发行四十二界官营交子。自四十三界起,将交子改称钱引,宝祐三年(公元1254年)又改称会子。

"神宗熙宁初,立伪造罪赏如官印文书法。河东运铁钱劳费,公私苦之。二年,乃诏置交子务于潞州。……五年,交子二十二界将易,而后界给用已多,诏更造二十五界者百二十五万,以偿二十三界之数,交子有两界自此始。时交子给多而钱不足,致价太贱,既而竟无实钱,法不可行。而措置熙河财利孙迥言:'商人买贩,牟利于官,且损钞价。'于是罢陕西交子法。绍圣以后,界率增造,以给陕西沿边籴买及募兵之用,少者数十万缗,多者或至数百万缗;而成都之用,又请印造,故每岁书放亦无定数。"①

从官办交子的发行到宋哲宗绍圣年(公元1098年)的七十四年里,由于发行量稳定、准备金充分,交子价值的变化并不大,币值比较稳定,树立了良好的信誉。民间用交子从事市场贸易,用交子缴纳租税。交子得到了市场的认可。但从宋神宗熙宁五年(公元1072年)发行两界交子,而准备金不足,导致陕西交子无法推行,对南宋后世影响较大。宋哲宗绍圣年(公元1094—1098年)后,为了满足对西夏的防卫需要,陕西、四川不断增发交子,每次几十万贯至几百万贯不等。交子发行开始进入膨胀阶段。

随着对西夏、辽的战争的延续,财政形势越发紧张。崇宁四年(公元1105年),发行四十二界交子,达2 400多万贯,相当于仁宗天圣年间(公元1023—1032年)的20多倍,且不再做准备金,导致"引法大坏,每兑界,以四引而易其一,蔡京患之"②。大观元年(公元1107年),宋徽宗进行币

① 《宋史·食货志》。
② 《朝野杂记》甲集卷十六。

制调整，改四川交子务为钱引务。大观三年（公元 1109 年），成都发行了四十四界钱引。之后的十几年里，每界钱引的发行量控制在 1 256 340 贯以内，四川钱引出现了一个相对稳定的阶段，这种局面一直持续到南宋初期。

“自朝廷取湟、廓、西宁，籍其法以助兵费，较天圣一界逾二十倍，而价愈损。及更界年，新交子一乃当旧者之四，故更张之。成都漕司奏：‘交子务已改为钱引务，欲以四十三界引准书放数，仍用旧印行之，使人不疑扰，自后并更为钱引。’从之。又诏：‘陕西、河东数路引直五千至七千，而成都才直二三百，豪右规利害法，转运司觉捕煽惑之人，准法以行。民间贸易十千以上，令钱与引半用。’言者谓钱引杂以铜、铁钱，难较其直增损。诏令以铜、铁钱随所用分数比计，作铜钱闻奏。知威州张特奏：‘钱引元价一贯，今每道止直一百文。盖必官司收受无难，自然民心不疑，便可递相转易通流，增长价例。乞先自上下请给不支见钱，并支钱引，或量支见钱一二分，任取便行，使公私不得抑勒，仍严禁止害法不行之人。’从之。大凡旧岁造一界，备本钱三十六万缗，新旧相因。大观中，不蓄本钱而增造无艺，至引一缗当钱十数。钱引，崇宁间行于京东西、淮南、京师诸路，惟福建、江、浙、湖、广不行。赵挺之以为福建，蔡京之乡里也，故免焉。”①

崇宁四年（公元 1105 年），四川以外的各路也印制纸钞，称为钱引，并逐渐推广至全国。钱引的样式比交子要美观，纸张、印刷、图画和印鉴都很精良；其以“缗”为单位，持续了一百五十多年，但它不置钞本，不许兑换。钱引最初的发行额为 25 万贯，到淳熙五年（公元 1178 年）增至 4 500 万贯，增加了 178 倍，引起严重的通货膨胀。绍兴七年（公元 1137 年），通行三界，发行数达 3 780 万余贯。绍兴末年（公元 1162 年），增至 4 147 万余贯，而所有铁钱仅 70 万贯。到宋宁宗嘉定初年（公元 1208 年），每缗值铁钱不到 400 钱，有的地方仅值 100 钱。在这种情况下，官府不得不抛售金银、空名官告、度牒等，收兑钱引。经多次抛出金银、铁钱“称提”之后，钱引价值方恢复。宋理宗赵昀时期，从交子算起，钱引共发行满九十九

① 《文献通考》卷九《钱币考》。

界，又改发三料川引。南宋后期，钱引的兑界曾一再延展。宋宁宗庆元五年（公元 1199 年），改两年一界为三年一界；宋理宗淳祐九年（公元 1249 年），改为十年一界。

宋高宗绍兴元年（公元 1131 年），出于屯兵需要，而交通不便、钱粮运输不通，宋高宗发行类似于交子的“关子”。绍兴六年（公元 1135 年），甚至停止交子发行。

“高宗绍兴元年，有司因婺州屯兵，请桩办合用钱，而路不通舟，钱重难致。乃造关子付婺州，召商人入中，执关于榷货务请钱，愿得茶、盐、香货钞引者听。于是州县以关子充籴本，未免抑配，而榷货务又止以日输三分之一偿之，人皆嗟怨。六年，诏置行在交子务。臣僚言：‘朝廷措置见钱关子，有司浸失本意，改为交子。官无本钱，民何以信？’于是罢交子务，令榷货务储见钱印造关子。二十九年，印公据、关子，付三路总领所：淮西、湖广关子各八十万缗，淮东公据四十万缗，皆自十千至百千，凡五等。内关子作三年行使，公据二年，许钱银中半入纳。”①

资料来源：彭信威，《中国货币史》，上海人民出版社 2015 年版，图版 58。

图 1—30 宋代钱引（交子）

① 《宋史·食货志》。

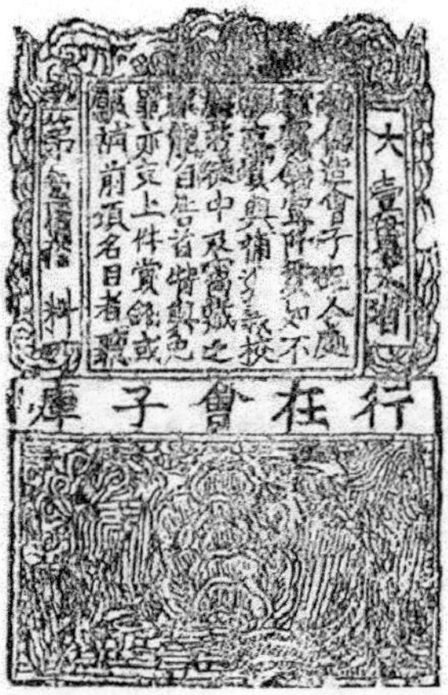

资料来源：彭信威，《中国货币史》，上海人民出版社 2015 年版，图版 59。

图 1—31 宋代会子

会子的称谓最早见于北宋时期，神宗熙宁八年（公元 1075 年），吕惠卿在讨论陕西交子时说："自可依西川法，令民间自纳钱请交子，即是会子。自家有钱，便得会子。动无钱，谁肯将钱来取会子？"①由此可知，会子即是存钱和取钱的凭证。这很可能源自唐代的寄附铺存取的凭证。北宋时寄附铺已相当普遍。寄附铺对所寄存的钱物开出凭证在北宋时期就称作"寄附钱物会子"。宋徽宗政和二年（公元 1113 年），因"诸色人多将京城内私下寄附钱物会子之类出城及于外处行使，有害钞法（盐钞法）"②，下诏禁止。显然，北宋末期的寄附钱物会子能出城行使，具有汇票的性质。绍兴末年，知徽州洪适在《户部乞免发见钱札子》中说道："小郡在山谷之间，无积镪之家，富商大贾足迹不到，货泉之流通于墉肆者甚少，民间皆是出会子往来兑使。"显然，绍兴末年的会子就是民间自发的汇票。宋高宗绍兴三十年（公元 1160 年）七月，户部侍郎钱端礼受命，将原由富户主持的便钱会子收为官营，由户部接办，于次年二月设立行在会子务进行管理。行在会子务后来改名为"行在会子库"。

① 《续资治通鉴长编》卷二百七十二。
② 《宋史·食货志》。

会子的发行借鉴了钱引制度,“悉视川钱(引)法,行之东南诸路,凡上供军需并同见钱”[①],以左藏库钱10万贯为准备金。绍兴三十一年(公元1161年)七月,将会子推广到淮、浙、湖北(治今湖北荆州)、京西(治今湖北襄樊)路各州、军行使。会子初分1贯、2贯、3贯三等,孝宗隆兴元年(公元1163年)增加500文、300文和200文三等。会子因由皇帝行在会子库发行,故称行在会子;因主要在东南流通,故又称东南会子。行在会子虽由中央政府发行,但并不是全国通用的纸钞。区别于交子的铁钱准备金制度,会子是以铜钱作为准备金的。会子印刷的纸张取自徽州、池州,开始在成都印制,后印制于皇帝行在的临安。

“三十年,户部侍郎钱端礼被旨造会子,储见钱,于城内外流转;其合发官钱,并许兑会子输左藏库。明年,诏会子务隶都茶场。三十二年,定伪造会子法。当时会纸取于徽、池,续造于成都,又造于临安。会子初行,止于两浙,后通行于淮、浙、湖北、京西。除亭户盐本用钱,其路不通舟处上供等钱,许尽输会子;其沿流州军,钱、会中半;民间典卖田宅、马牛、舟车等如之,全用会子者听。”[②]

会子,从绍兴三十年(公元1160年)到乾道二年(公元1166年)共印制了2 800万道,发行了十八界。南宋的两淮地区与北方各地接界,为防止铜钱外流,南宋政府在两淮地区推行铁钱,淮交就是这一地区推行的纸钞。淮交是一种与铁钱相配合使用的地区性纸钞,于宋孝宗乾道二年(公元1166年)正式发行。同时,在荆湖北路发行直便会子,后称为湖北会子、湖会。宋孝宗时期,会子价值较稳定,零星小额交易,用的是贱金属铸币。南宋的一些地方性纸钞也属于这种情况,例如,始用于湖北路,后通行于湖广的湖会分1贯和500文二等;流通于兴元府(今陕西汉中)的铁钱会子,分300文、200文、100文三等;用于两淮的淮交面额分四等,与会子相同。

随着军事支出带来的财政压力大增,会子的印制量也大幅度增加。会子贬值日盛,官府钱币不足也导致会子到界无法更换,不得不屡屡

① 《宋史·食货志》。
② 《宋史·食货志》。

展界。

“三年，诏造新交子一百三十万，付淮南漕司分给州军对换行使，不限以年；其运司见储交子，先付南库交收。绍熙三年，诏新造交子三百万贯，以二百万付淮东，一百万付淮西，每贯准铁钱七百七十文足，以三年为界。庆元四年，诏两淮第二界会子限满，明年六月，更展一界。嘉定十一年，造两淮交子二百万，增印三百万。十三年，印二百万，增印一百五十万。十四年、十五年，皆及三百万。自是其数日增，价亦日损，称提无术，但屡与展界而已。”①

表 1—3　北宋交子的发行情况②

发行时间	发行量(万贯)	增长指数
宋仁宗天圣元年(公元 1023 年)	125	100.0
宋神宗熙宁五年(公元 1072 年)	251	200.8
宋哲宗绍圣元年(公元 1094 年)	281	224.8
宋哲宗元符元年(公元 1098 年)	377	301.6
宋徽宗崇宁元年(公元 1102 年)	777	621.6

表 1—4　南宋纸钞(钱引、会子)发行量表

界分	发行时间	发行额(万贯)	流通期限	指数
第一界	乾道四年(公元 1168 年)	1 000	3 年	100
第二界	乾道五年(公元 1169 年)	1 000	3 年	100
第三界	乾道七年(公元 1171 年)	1 800	6 年	180
第四界	乾道九年(公元 1173 年)	1 800	6 年	180
第五界	淳熙四年(公元 1177 年)	1 800	3 年	180
第六界	淳熙六年(公元 1179 年)	1 800	6 年	180
第七界	淳熙十一年(公元 1184 年)	2 323	9 年	232.3
第八界	淳熙十三年(公元 1186 年)	2 400	9 年	240

① 《宋史·食货志》。

② 汪圣铎:《宋代财政与商品经济发展》,《宋史研究论文集》,河南人民出版社 1984 年版。

续表

界分	发行时间	发行额(万贯)	流通期限	指数
第九界	淳熙十五年(公元 1188 年)	3 000	3 年	300
第十界	绍熙元年(公元 1190 年)	4 000	9 年	400
第十一界	嘉泰元年(公元 1201 年)	3 633	9 年	363.3
第十二界	嘉泰三年(公元 1203 年)	4 759	6 年	475.9
第十三界	开禧元年(公元 1205 年)	5 548	9 年	554.8
第十四界	嘉定二年(公元 1209 年)	11 263	22 年	1 126.3
第十五界	嘉定四年(公元 1211 年)	23 000	20 年	2 300
第十六界	绍定五年(公元 1232 年)	32 900	9 年	3 290
第十七界	端平元年(公元 1234 年)	42 000	30 年	4 200
第十八界	嘉熙四年(公元 1240 年)	50 000		5 000
	淳祐六年(公元 1246 年)	65 000		6 500
	景定四年(公元 1263 年)	每日增印 15		

资料来源:全汉昇,《中国经济史论丛》,中华书局 2012 年版;刘森,《宋金纸币史》,中国金融出版社 1993 年版。

二、纸钞对经济的影响

宋代是首次使用纸钞的朝代。从过去的实物金属铸币,向以信用为基础的纸钞转变,具有划时代的意义。宋代从交子到钱引、关子、会子的演进及调节,对经济产生了深刻的影响。特别是纸钞使用带来的便利性和国家信用制度的确立,造就了宋代成为中国历史上商业经济最辉煌的时代,而纸钞这一货币的发端正是起源于民间商业的发展需要。由此可见,中国民间金融的发展创造力和生命力何其强大,但如果国家不加以管制和引导,后果也是不堪设想;或者国家没有节制地滥发,对经济的伤害就更为严重。

著名宋史研究专家漆侠先生曾指出:“特别是在两宋统治的三百年中,我国经济、文化的发展,居于世界的最前列,是当时最为先进、最为文明的国家。”[①]英国著名经济史学家麦迪森认为：根据他的测算，按1990年美元为基准，在公元10世纪(宋太宗时期)，中国人均GDP为450美元，宋末更上升至600美元，而处于中世纪黑暗中的欧洲，仅为422美元。清末时期1870年中国人均GDP为530美元。由于内战，到1950年，中国人均GDP仅为439美元，还赶不上宋朝末期的600美元，而欧洲人均却达到了4 963美元了。[②]

宋代首次开辟了“海上陶瓷之路”，宋代的“五大名瓷”誉满全球。而其商船的吨位之大、数量之多，皆为世界之首。每年进出口商品达300多种，成为当时最发达的海运国家。南宋绍兴末年(公元1162年)，仅广州、泉州、两浙三个市舶司关税收入即达200万贯，若按照7%～10%的关税计，每年仅从三个市舶司进口的纳税货物即达2 000万～3 000万贯，人均进口额为2～3贯。

宋代年财政收入最高曾达到16 000万贯，北宋中后期的一般年份也可达8 000万～9 000万贯，即使是失去了半壁江山的南宋，财政收入也高达10 000万贯。比例上，熙宁十年(公元1077年)，北宋税赋总收入共7 070万贯，其中农业的两税2 162万贯，占30%，工商税4 911万贯，占70%。南宋时期的工商税收甚至超过了税赋总收入的70%。

若将北宋张择端的《清明上河图》同南宋孟元老的《东京梦华录》图文并读，可以清楚地看到，宋朝百万人口的城市规模与商业、手工业及对外贸易等是何等繁荣。而商业繁荣的背后，与金融的发展密不可分。发行和全面使用纸钞，是宋朝经济的重要创举，“然籴本以楮，盐本以楮，百官之俸给以楮，军士支犒以楮，州县支吾无一而非楮”[③]。官办纸钞的发行，塑造了国家信用，一方面适应了工商经济的发展；另一方面，商业信用得以扩展开来，加快了工商业交易和商品贸易。纸钞在南宋金属货币极度短缺的情况下，成为商业运转中主要的交易媒介和支付工具。

但是纸钞也和铜钱一样，容易被滥发。由于纸钞发行成本更为低廉，

---

① 漆侠：《宋代经济史》上册，上海人民出版社1987年版，第2页。

② (英)安格斯·麦迪森(Angus Maddison)著，伍晓鹰等译：《世界经济千年史》，北京大学出版社2003年版，第262页。

③ 《文献通考》卷九《钱币考》。

甚至还不如铜钱那样受制于矿产资源限制。

宋代中后期，纸钞大量超常规增发，主要原因就是军事支出。宋与西夏、辽以及金、蒙古的战争不断。宋朝历史上有记载的对外战争有两百多场，特别是南宋与金、蒙古的连年战争，使军费开支不堪重负，政府财政状况日益恶化。

宋代兵费支出规模为过去历代所未有。北宋一百六十年间，禁军、厢军单兵养兵之费由低渐高，增长了四倍多，国防开支规模的增长惊人：太祖开宝年间（公元968—976年），禁、厢二军近38万人，按禁军年俸17贯、厢军年俸10贯计，兵费总额500多万贯；而英宗时禁、厢二军在116万人上下（占当时人口总数的1.2%左右），较之太祖时增加了3倍多，按禁军50贯、厢军30贯计，兵费总额已高达4 800多万贯，比太祖时增加了9倍多。如此看来，养兵之费的规模，竟是随常备军规模扩张呈几何级数增长的。神宗时大臣陈襄则奏称："臣观治平二年天下所入财用大数，都约缗钱六千余万，养兵之费约五千万，乃是六分之财，兵占其五。"及至南宋情形亦没有改变，宋孝宗传位给儿子宋光宗时就叮嘱道："当今天下财赋以十分为率，八分以上养兵，不可不知。"从不同时期的史料来看，北宋国防开支占国家财政收入的五至六成，到南宋中后期开支占其财政收入比例基本维持在财政收入的七至八成。①

日渐庞大的军费开支，南宋政府只能通过不断增发纸钞、纸钞展界予以解决，结果就是"市井视之，粪土不如，朝廷宝货，自轻太甚"②。而随着南宋大规模流通纸钞且纸钞滥发，物价的涨幅则达到了惊人的地步。宣和四年（公元1122年），"古有斗米斤盐之说，熙、丰以前，米石不过六七百，时盐价斤为钱六七十；今米价石两千五百至三千，而盐仍旧六十"③。主要原因就是交子、钱引、会子的印制没有硬性约束。南宋军事和经济双双孱弱，导致南宋最终走向灭亡。

---

① 朱舸：《兵制对北宋国防开支及军事实力的影响》，《西北师大学报（社会科学版）》2013年第3期。

② 《可斋续稿后》卷三《救蜀楮密奏》。

③ 《宋史·食货志》。

三、辽、金的纸钞发行及作用

(一)辽朝纸钞

目前无法从文献记载上，找到辽朝的纸钞印制和使用情况。但澶渊之盟后，宋辽进入相对的稳定期，边境贸易和互市的展开，难以想象宋交子不会流入辽。现代的历史遗物收集方面，吉林出土了类似宋交子的辽交子钞版实物，但无人考证。再联想到金朝发达的交钞流通，我们有理由推测，辽朝应当也有自己的纸钞使用。当然，这有待于研究者进一步挖掘。

(二)金朝纸钞

范成大《揽辔录》载："虏本无钱，惟炀王亮尝一铸正隆钱，绝不多余，悉用中国旧钱。又不欲留钱于河南，效中国楮币，于汴京置局造官会，谓之交钞，拟见钱行使。而阴收铜钱，悉运而北，过河即用钱，不用钞。"

贞元二年(公元 1154 年)，金朝开始发行交钞，以七年为一界，期满兑现或换新钞。从章宗即位时(1189 年)开始取消七年为界，以交钞字面模糊不清(残币)为限，交钞祸根就此埋下。金朝发行的交钞分大钞小钞两类，金的大钞为贯，小钞为分文，与辽、宋旧钱及后来金自己发行的铜钱并行。

"初，贞元间既行钞引法，遂设印造钞引库及交钞库，皆设使、副、判各一员，都监二员，而交钞库副则专主书押、搭印合同之事。印一贯、二贯、三贯、五贯、十贯五等，谓之大钞；一百、二百、三百、五百、七百五等，谓之小钞。与钱并行，以七年为限，纳旧易新。犹循宋张咏四川交子之法而纾其期尔，盖亦以铜少，权制之法也。时有欲罢之者，至是二监既罢，有司言：'交钞旧同见钱，商旅利于致远，往往以钱买钞，盖公私俱便之事，岂可罢去！止因有厘革年限，不能无疑，乞削七年厘革之法，令民得常用。若岁久字文磨灭，许于所在官库纳旧换新，或听便支钱。'遂罢七年厘革之限，交钞字昏方换。法自此始，而收敛无术，出多入少，民浸轻之。厥后其法屡更，而不能革，弊亦始于此焉。"[①]

金朝的交钞，外形"交钞之制，外为阑，作花纹，其上衡书贯例，左曰：'某字料。'右曰：'某字号。'料号外，篆书曰：'伪造交钞者斩，告捕者赏钱三百贯。'料号衡阑下曰：'中都交钞库，准尚书户部符，承都堂札付，户部覆点勘，令史姓名押字。'又曰：'圣旨印造逐路交钞，于某处库纳钱换钞，更许于某处库纳钞换钱，官私同见钱流转'"[②]。交钞以桑皮纸印制，又称桑皮故纸钱。金朝的交钞不限年月行用，若到库支钱，或倒换新钞，每贯收取工墨钱十五文，即1.5%的手续费。大定二十三年(公元1183年)，每张收8文，后改为12文。买盐引者，每贯收取100文。交钞发行初期以铜钱为准备金，准备金量很少，后期干脆"遂令有司籍铁钱及诸无用之物，贮于库"[③]。

金朝发行的交钞包括[④]：

(1)贞元交钞。金海陵王贞元二年(公元1154年)五月迁都燕京后，设立交钞库，发行纸钞贞元交钞。

(2)贞祐交钞、贞祐宝券。金宣宗完颜珣贞祐二年(公元1214年)发行贞祐交钞，流通三年后改交钞为贞祐宝券。金朝同时颁布"禁现钱令"，禁止铜钱流通，致使大多数铜钱流入宋境内，而市场上铜钱日少。最后宝券1贯仅值铜钱1枚。

(3)贞祐通宝钞。金宣宗兴定元年(公元1217年)二月发行，钞1贯当宝券千贯，4贯当银1两。金后期贬值到800贯当银1两。

(4)兴定宝泉钞。金宣宗兴定五年(公元1221年)二月发行。钞1贯当通宝钞400贯，2贯当银1两。但"行之未久，银价日贵，宝泉日贱，民但以银论价"[⑤]。

(5)元光重宝钞。金宣宗元光元年(公元1222年)发行。钞1贯当通宝50贯。发行两年后，原宝泉钞不再流通。

---

① 《金史·食货志》。
② 《金史·食货志》。
③ 《金史·食货志》。
④ 毛宏跃：《金代纸币流通探析》，《黑龙江史志》2010年第5期。
⑤ 《金史·食货志》。

资料来源：上海博物馆历代钱币馆。

图 1－32　金朝贞祐宝券钞版

(6)元光珍货绫钞。金宣宗元光二年(公元 1223 年)发行，用绫印制。绫钞与银并用，后逐渐被废止。

(7)天兴宝会银钞。金哀宗天兴二年(公元 1233 年)十月发行。天兴宝会钞是中国历史上最早的以银为本位计价的纸钞。银钞的面额分为 1 钱、2 钱、3 钱、4 钱共四种，与银同时流通。

在交钞的使用上，金朝照搬了宋朝的做法，甚至有过之而无不及。"官兵俸，许钱绢银钞各半之，若钱银数少，即全给交钞。"金章宗明昌四年(公元 1193 年)，官俸全发交钞。金章宗承安三年(公元 1199 年)，对外贸易和互市只能使用交钞，甚至日常商品交易中，一贯以上必须使用交钞，同时规定百姓铸币的窖藏限额。

"时交钞稍滞，命西京、北京、临潢、辽东等路一贯以上俱用银钞、宝货，不许用钱，一贯以下听民便。时既行限钱法，人多不遵……九月，以民间钞滞，尽以一贯以下交钞易钱用之，遂复减元限之数，更定官民存留钱法,三分为率,亲王、公主、品官许留一分,余皆半之,其盈余之数期五十日内尽易诸物,违者以违制论,以钱赏告者。”

“民间之交易、典质一贯以上并用交钞,毋得用钱。须立契者,三分之一用诸物。六盘山西、辽河东以五分之一用钞,东鄙屯田户以六分之一用钞。不须立契者,惟辽东钱钞从便。……商旅赍见钱不得过十贯。所司籍辨钞人以防伪冒。品官及民家存留见钱,比旧减其数,若旧有见钱多者,许送官易钞,十贯以上不得出京。”①

准备金的不足、交钞的无期限及印制的不定额,很快也给金朝的交钞币值带来了冲击。如南宋时期一样,金朝政府也不得不通过以绵绢实物、金银钱币兑换回收交钞,强制税赋中使用交钞,回收销毁大钞行小钞,甚至出让度牒和卖官来提升交钞的币值,同时增加铸造大钱。

“于两行部各置回易务,以绵绢物段易银钞,亦许本务纳银钞。赴榷货出盐引,纳钞于山东、河北、河东等路,从便易钱。各降补官及德号空敕三百、度牒一千,从两行部指定处,限四月进纳补换。……四年三月,又以银钞阻滞,乃权止山东诸路以银钞与绵绢盐引从便易钱之制。令院务诸科名钱,除京师、河南、陕西银钞从便,余路并许收银钞各半,仍于钞四分之一许纳其本路。随路所收交钞,除本路者不复支发,余通行者并循环用之。榷货所鬻盐引,收纳宝货与钞相半,银每两止折钞两贯。省许人依旧诣库纳钞,随路漕司所收,除额外羡余者,亦如之。所支官钱,亦以银钞相兼,银已零截者令交钞库不复支,若宝货数少,可浸增铸。”②

大安三年(公元1211年),元太祖攻金,拔昌、抚、桓等州及其附近堡塞。在会河川大败参知政事完颜承裕所领金兵数十万,金人精锐尽殁于此,金的灭亡始于此役。为了弥补会河川战役失败对国家财政造成的巨大影响,金宣宗贞祐二年(公元1214年)发行20贯至100贯大钞,不久又发行200贯、1 000贯大钞。发行初期,交钞价值比较稳定,但随着发行量的不断增加,很快就急剧贬值,结果每贯交钞值不到1文钱,民间交易多用现钱。

---

① 《金史·食货志》。
② 《金史·食货志》。

“是制既行之后，章宗寻崩，卫绍王继立，大安三年会河之役，至以八十四车为军赏，兵衄国残，不遑救弊，交钞之轻几于不能市易矣。至宣宗贞祐二年二月，思有以重之，乃更作二十贯至百贯例交钞，又造二百贯至千贯例者。然自泰和以来，凡更交钞，初虽重，不数年则轻而不行，至是则愈更而愈滞矣。南迁之后，国蹙民困，军旅不息，供亿无度，轻又甚焉。”①

贞祐三年（公元1215年），改交钞为贞祐宝券，同时要求民间交易必须按照宝券的面值执行，否则入罪。一时间，商人根本不敢运送货物到京师买卖，京师大量店铺关闭，物价高昂。

“近用‘贞祐宝券’以革其弊，又虑既多而民轻，与旧钞无异也，乃令民间市易悉从时估，严立罪赏，期于必行，遂使商旅不行，四方之物不敢入。夫京师百万之众，日费不赀，物价宁不日贵耶？且时估月再定之，而民间价旦暮不一，今有司强之，而市肆尽闭。”②

金宣宗元光元年（公元1222年）二月铸造兴定宝泉。“二年五月，更造每贯当通宝五十，又以绫印制‘元光珍货’，同银钞及余钞行之。行之未久，银价日贵，宝泉日贱，民但以银论价。至元光二年，宝泉几于不用，乃定法，银一两不得过宝泉三百贯，凡物可直银三两以下者不许用银，以上者三分为率，一分用银，二分用宝泉及珍货、重宝。”但结果是“市肆昼闭，商旅不行，朝廷患之，乃除市易用银及银宝泉私相易之法”。直至“义宗正大间，民间但以银市易。天兴二年十月印‘天兴宝会’于蔡州，自一钱至四钱四等，同见银流转，不数月国亡”③。

四、纸钞的巅峰王朝：元代的纸钞

元代的纸钞以元世祖忽必烈的中统朝为分水岭。中统以前，为大蒙古国时期（公元1206—1271年），以白银作为主要流通货币，地方自主发行纸钞；元世祖继位，于中统元年（公元1260年）发行中统元宝交钞始，大蒙古国规范、统一了国家纸钞的发行。元世祖于公元1271年改国号为

---

① 《金史・食货志》。
② 《金史・食货志》。
③ 《金史・食货志》。

元,元代随之成为中国历史上纸钞最盛行的朝代。

元代的纸钞形状一般为长方形,长25~26厘米,宽16~18厘米,版面的四周是花边。上方从右到左印有“××(年号)××钞”,正中为数额。分大钞,以贯为单位;小钞,以文为单位。纸钞下方印有印钞的单位、职官名称、发行年月日及伪造者处死等警告语。元代的纸钞流通主要经历了中统钞、至元钞、至正钞三个时期,其中币值最稳定的是中统钞。中统钞开始以丝和丝钞为本,后以银为本;至元钞则不可以兑换白银;至正钞是以纸为母(本)、铜钱为子,本末倒置,同时发行“至正之宝”铜钱,代表纸钞,以虚代实,以便能继续印制交钞。

(一)中统及中统以前的纸钞

元朝的前生,大蒙古国初期并没有国家发行的钱币和纸钞(除四大汗国有自己的铸币外),主要以羊马等畜产品进行物物交换。在征服中原、西域后,获得大量金银,遂以银作为主要货币,征收中原差发、税课也以银为主。

太祖成吉思汗二十二年(公元1227年),博州地方长官何实遂以丝为本发行会子(丝会)在本境行用,“民获贸迁之利”[①]。太宗窝阔台八年(公元1236年),汉人于元奏行交钞,遂下诏印造发行,并采纳耶律楚材的意见,鉴于金末钞法之弊,发行额不超过万锭(50万贯)。当时“法度未一”,除大汗诏命发行的交钞外,“诸路各行交钞,或同见银(以银为本位),或同丝绢(以丝为本位)”,于各路本地流通,不能出境,大体以二三年为界。由于没有准备金,又不能出境,交钞贬值。宪宗蒙哥继位当年(公元1251年),真定路总管史楫奏太后批准(真定路为太后封邑),立银钞相权法,用白银作为纸钞的准备,以维持交钞的稳定。“度低昂而为重轻”,真定银钞得以“变涩滞为通便”,并奉太后旨扩大流通于燕、赵、唐、邓间。同年,刘肃任邢州安抚使,也发行纸钞以通民间贸易。两年后又设立交钞提举司,专门管理纸钞发行事务。宪宗三年(公元1253年),忽必烈受京兆分地,

① 《元史·何实传》。

于京兆立交钞提举司，“印钞以佐经用”。这些也都属于地方性货币。[1]

大蒙古国早中期的货币，没有形成统一的国家规范，这一时期纸钞的特点是：仿宋、金旧制；以丝、银取代铜作为准备；纸钞仍没有统一，各地之间互不通用。[2] 而元世祖忽必烈借鉴金朝和宋朝的相关经验，于中统元年（公元1260年）发行中统元宝交钞，才开始了国家货币的规范和统一。

“世祖中统元年，始造交钞，以丝为本。每银五十两易丝钞一千两，诸物之直，并从丝例。是年十月，又造中统元宝钞。其文以十计者四：曰一十文、二十文、三十文、五十文。以百计者三：曰一百文、二百文、五百文。以贯计者二：曰一贯文、二贯文。每一贯同交钞一两，两贯同白银一两。又以文绫织为中统银货。其等有五：曰一两、二两、三两、五两、十两。每一两同白银一两，而银货盖未及行云。五年，设各路平准库，主平物价，使相依准，不至低昂，仍给钞一万二千锭，以为钞本。至元十二年，添造厘钞。其例有三：曰二文、三文、五文。初，钞印用木为版，十三年铸铜易之。十五年，以厘钞不便于民，复命罢印。”[3]

中统元宝交钞为桑树皮纸印造，钞纸长16.4厘米，宽9.4厘米，正面上下方及背面上方均盖有红色官印。正背左上方盖黑色长条形合同印。纸质柔软，颜色青黑。中统元宝交钞以丝为本钱，以两为单位，丝钞2两值白银1两。中统元宝交钞以银为本位，以贯、文为单位，面额有2贯文、1贯文、500文、200文、100文、50文、30文、20文、10文共九种。每2贯可兑换白银1两，任何人持中统元宝交钞都可按银价到官库兑换成白银。中统元宝交钞不受区域和时间限制，国家收税、俸饷、商品交易、借贷等都可使用宝钞，并允许用旧钞换新钞，不再有宋纸钞“界”的限制。中央设诸路产钞都提举司，总管货币发行事宜。地方上各路设交钞库（也称行用库）为兑换的官方机构。元世祖改大蒙古国为元后，元世祖至元二十二年（公元1285年）起，全国禁用银钱交易，中统元宝交钞成为国内唯一合法

---

① 白寿彝：《中国通史（第八卷）·中古时代·元时期》上册，上海人民出版社1997年版，第124页。

② 戴建斌：《中国货币文化史》，山东画报出版社2011年版，第149页。

③ 《元史·食货志》。

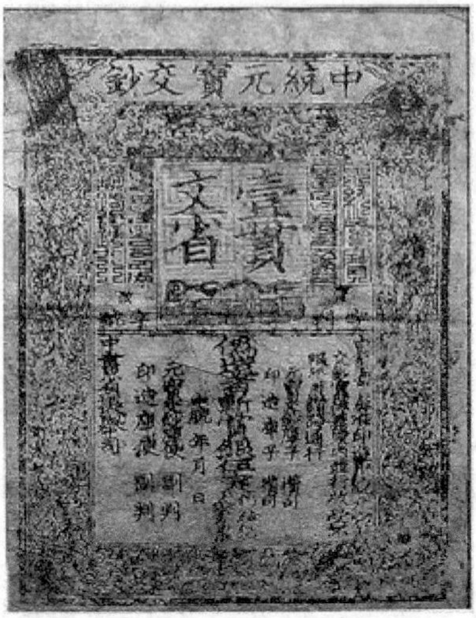

资料来源:中国钱币博物馆。

图1—33 中统元宝交钞(一贯)

的流通货币。这在世界货币史上是一个伟大创举,“这种纸币大批制造后,便流行在大汗所属的国土各处,没有人敢冒生命的危险,拒绝支付使用。所有百姓都毫不迟疑地认可了这种纸币,他们可以用它购买他们所需的商品,如珍珠、宝石、金银等。总之,用这种纸币可以买到任何物品。……如果谁想要用金银来制造东西,如制造酒杯、腰带或其他物品时,也同样可以持币前往造币厂,换取金银条。大汗的所有军队都用这种纸币发饷,他们认为它与金银等值。由于这些,可以确切地承认大汗对于财产的支配权比世界上任何君主都要大”①。

中统元宝交钞的流通领域并不只限于元王朝境内。在东南亚许多地方,直到明代仍有流通。可见,中统元宝交钞实际上在当时的国际商业交往中已成为很多国家的通用货币。当时一些国家不但欢迎中统元宝交钞在其国内流通使用,而且还仿效发行了自己的纸钞。

由于在中统元宝交钞发行初期,发行量稳定且有白银准备金,因此币值较为稳定。至元三年(公元1266年),江南米价每石600文左右,宋灭

① 梁生智译:《马可·波罗游记》,中国文史出版社2005年版,第49页。

亡时期，也没有因为战乱而出现巨大波动，每石1贯左右。中统元宝交钞的币值直至“以一当五”的至元钞发行后才被打破。

（二）中统以后的纸钞

“然元宝、交钞行之既久，物重钞轻。二十四年，遂改造至元钞，自二贯至五文，凡十有一等，与中统钞通行。每一贯文当中统钞五贯文。依中统之初，随路设立官库，贸易金银，平准钞法。每花银一两，入库其价至元钞二贯，出库二贯五分；赤金一两，入库二十贯，出库二十贯五百文。伪造钞者处死，首告者赏钞五锭，仍以犯人家产给之。其法为最善。”①

资料来源：彭信威，《中国货币史》，上海人民出版社2015年版，图版65。

图1—34　元代至元通行宝钞（贰佰文）

至元宝钞在首发的至元二十四年（公元1287年）印制了100万锭，至元二十六年（公元1289年）印制了178万锭，至元二十七年（公元1290年）起降为50万锭，至元三十年（公元1293年）再降为26万锭，至元三十一年（公元1294年）降为19万锭。钞值在至元二十四年调整以后，基本

① 《元史·食货志》。

上保持稳定,物价涨幅不大。大抵在至元宝钞颁行初期的六七年内,各钞库存有一定数量金银作本以为权衡,金银与钞的兑换制度基本上能够实行。至元宝钞的印造数得到控制,但是,这个时期国家经费支出相当大,"岁入恒不偿所出",至元二十九年(公元1292年),丞相完泽奏:"一岁天下所入,凡二百九十八万八千三百五锭……自春至今,凡出三百六十三万八千五百四十三锭,出数已逾入数六十六万二百三十八锭矣。"[①]国家财政入不敷出,就隐伏着钞法再次败坏的危机。

至元二十四年(公元1287年),江南米价由至元五年(公元1268年)的1贯上涨到了十余贯,增长十多倍。至大四年(公元1311年),官府为增加籴米的价格,每石都达到了35贯[②],这几乎与纸钞发行量增加的倍数相同。

至元三十一年(1294年)四月,成宗即位,以诸王驸马朝会,大量增加金银赏赐,导致至元宝钞准备严重不足,而对外战争的支出增长较快,做佛事、营建等项冗费远较元世祖时大量增加,冗员增长迅速,导致财政上入不敷出严重,不得不借助于增印纸钞支用,导致至元宝钞年印造数在大德三年(公元1299年)大幅度回升至93万余锭,大德六年(公元1302年)达到200万锭。实际上不能兑换的无本虚钞再度泛滥,物价踊贵,民间制作伪钞、挑钞的犯罪活动日益猖獗。据记载,大德末官府收课的银折价也定为1∶20,比至元二十四年官定比价又高出一倍,而行用钞库无本称提,加以钞日益轻,金银与钞的兑换实际上陷于停滞。大德八年(公元1304年),干脆解除了金银私下买卖的禁令,各平准行用库皆取消平准,只称行用库。

元武宗至大二年(公元1309年),乐实奏言钞法大坏,宜变更钞法,并图新钞式以进。元武宗下旨改造新钞,称"至大银钞",下诏颁行。

诏曰:"昔我世祖皇帝既登大宝,始造中统交钞,以便民用,岁久法隳,亦既更张,印造至元宝钞。逮今又复二十三年,物重钞轻,不能无弊。乃循旧典,改造至大银钞,颁行天下。至大银钞一两,准至元钞五贯,白银一

---

① 《元史·世祖纪十四》。
② 《元史·食货志》。

两，赤金一钱。随路立平准行用库，买卖金银，倒换昏钞。……金银私相买卖及海舶兴贩金、银、铜钱、丝锦、布帛下海者，并禁之。……中统交钞，诏书到日，限一百日内尽数赴库倒换。茶、盐、酒醋、商税诸色课程，如收至大银钞，以一当五。颁行至大银钞二两至一厘，定为一十三等，以便民用。”①

又下《行铜钱诏》，并命于大都设立资国院为主管机关，置山东、河东、辽阳、江淮、湖广、川汉泉货监六，各处产铜之地置提举司十九。至大三年（公元1310年）遂定行钱法，立资国院及诸处泉货监、提举司。铸造铜钱，以至大银钞与铜钱相权通行，停止印制至元宝钞。

变更钞法和行用铜钱造成货币制度更大的纷乱，导致严重的通货膨胀。至大四年（公元1311年），武宗亡，元仁宗继位后废除了至大宝钞，恢复中统交钞和至元交钞。

“至大二年，武宗复以物重钞轻，改造至大银钞，自二两至二厘定为一十三等。每一两准至元钞五贯，白银一两，赤金一钱。元之钞法，至是盖三变矣。大抵至元钞五倍于中统，至大钞又五倍于至元。然未及期年，仁宗即位，以倍数太多，轻重失宜，遂有罢银钞之诏。而中统、至元二钞，终元之世，盖常行焉。”②

表1-5　　元代纸钞发行量

发行时间	发行额（锭）	加权累积额（锭）	增长指数
中统元年（公元1260年）	73 352	73 352	100
中统三年（公元1262年）	80 000	183 382	250.0
至元元年（公元1264年）	89 208	345 010	470.3
至元三年（公元1266年）	77 252	499 021	680.3
至元七年（公元1270年）	96 768	645 804	880.4
至元十年（公元1273年）	110 192	788 249	1 074.6
至元十三年（公元1276年）	1419 665	2 697 088	3 676.9
至元十六年（公元1279年）	788 320	4 795 000	6 537.0

① 《元史·武宗纪》。
② 《元史·食货志》。

续表

发行时间	发行额(锭)	加权累积额(锭)	增长指数
至元二十年(公元1283年)	610 620	7 142 986	9 738.0
至元二十五年(公元1288年)	4 608 060	19 281 718	26 286.6
至元二十八年(公元1291年)	2 500 000	29 439 617	40 134.7
至元三十年(公元1293年)	1 300 000	30 158 755	41 115.1
元贞元年(公元1295年)	1 550 000	29 688 380	40 473.9
大德元年(公元1297年)	2 000 000	30 693 760	41 844.5
大德五年(公元1301年)	2 500 000	34 747 527	47 370.9
大德十年(公元1306年)	5 000 000	51 102 623	69 667.7
至大元年(公元1308年)	5 000 000	55 870 117	76 167.1
至大三年(公元1310年)	36 259 200	91 431 980	124 648.2
皇庆元年(公元1312年)	11 211 680	73 630 134	100 379.2
延佑元年(公元1314年)	10 100 000	84 287 521	114 908.3
延佑二年(公元1316年)	2 100 000	83 014 488	113 172.8
延佑五年(公元1318年)	2 100 000	81 363 764	110 922.4
至治元年(公元1321年)	5 050 000	87 015 184	118 626.9
至治三年(公元1323年)	3 550 000	85 918 704	117 132.1
泰定元年(公元1324年)	3 150 000	84 772 769	115 569.8
泰定三年(公元1326年)	2 100 000	80 602 423	109 884.4
天历元年(公元1328年)	1 585 110	76 323 797	104 051.4
天历二年(公元1329年)	6 000 000	80 507 607	109 755.2
至顺元年(公元1330年)	2 300 000	78 782 227	107 403.0
至顺三年(公元1332年)	4 984 000	80 317 447	109 495.9

注：(1)1锭＝50贯。

(2)加权累积额为旧钞打九五折加本年新钞数；至元宝钞和至大银钞按照比例转换成中统元宝交钞。

(3)以中统元年第一次中统元宝交钞发行额为基数100计算增长指数。

资料来源：根据彭信威《中国货币史》，上海人民出版社2015年版，第434、439、440页整理。

元末，政治已十分腐败，水灾、旱灾不断，使社会矛盾急剧激化，各处饥民、流民不时起事，国家税赋收入减少，而经费开支却愈益浩大。至正九年(公元1349年),脱脱被重新启用,任中书右丞相,为了解决财政困难,新的变更钞法被提上议事日程。至正十年(公元1350年),遂定变钞之议,奏准颁诏实行。其法为:(1)发行至正印造中统元宝交钞(据现存实物,其正面钞名仍为“中统元宝交钞”,背面印“至正印造元宝交钞”字样及交叉钱贯图形),一贯权铜钱一千文,准至元钞二贯;(2)铸造“至正通宝”钱(据现存实物,正面文为汉字楷书,背面上方有八思巴文地干纪年;又有折二、当三、当五、当十等大钱,背面有八思巴文及汉字数码),与历代铜钱并用,以实钞法;(3)至元宝钞通行如故。遂置诸路宝泉都提举司于大都(取代原诸路宝钞都提举司),下属有鼓铸局、永利库,掌鼓铸至正铜钱、印造交钞。至正十一年(公元1351年)十月,又置宝泉提举司于河南行省及济南、冀宁(太原)等处,凡九所,江浙、江西、湖广三行省各一所。①

由于旧钞依旧同行,存量太大,至正新钞推行的结果根本达不到预期。

“行之未久,物价腾涌,价逾十倍。又值海内大乱,军储供给,赏赐犒劳,每日印造,不可数计。舟车装运,轴轳相接,交料之散满人间者,无处无之。昏软者不复行用。京师料钞十锭,易斗粟不可得。既而所在郡县,皆以物货相贸易,公私所积之钞,遂俱不行,人视之若弊楮,而国用由是遂乏矣。”②

至正十年(公元1350年)至正新钞发行后,江南米价每石为旧钞六十七贯,比元初上涨了67倍。③ 至正十九年(公元1359年),在京师,十锭宝钞买不到一斗粟。④ 在纸钞对于金银的比价方面,至元十九年(公元1282年),每两花银入库价钞为二两,出库价二两五,五年后调整到入库价宝钞二贯(按照中统钞计算为十贯),出库价二贯五;至正六年(公元1346年),入库价为六十贯,上涨了30倍。至正十五年(公元1355年),钞二两五钱当实银六分五厘,纸钞相对于雪花银的价值只有2.6%,相对于中统钞发

① 《滋溪文稿》卷二十六;转引自白寿彝:《中国通史(第八卷)·中古时代·元时期》上册,上海人民出版社1997年版。

② 《元史·食货志》。

③ 《农田余话》卷上。

④ 《元史·食货志》。

行初期的比价,贬值超过90%。[①] 随着纸钞的大幅度贬值,实物货币开始大量出现,主要是以物易物和店铺自己发行的代用币,包括茶帖、面帖、竹牌、酒牌等。大量代用币的出现,影响了纸钞的流通,《元典章·钞法·杂例》就明确下令禁止这种代用币流通,但屡禁不绝。

从元武宗始,元朝就一直处于皇帝的快速更迭和印钞的快速增长。据《元史·食货志》记载,从中统元年(大蒙古国,公元1260年)至元末的天历二年(公元1329年)的一百零八年中,共发行了5 405万锭中统钞和至元宝钞,其中2 379万锭为后六十年发行。从发行数量来看,并没有扩充太多,但元朝后期货币的大幅度贬值主要原因还是商业发展停滞、交钞无金银准备、财政收入无法匹配纸钞流通量等,最终带来的是经济发展的停滞和元朝的灭亡。

五、纸钞的衰亡之路:明清的纸钞末途

(一)明代纸钞的衰落

在明朝建立初期,随着经济的恢复和发展,原有铸币已经无法满足经济活动的需要,政府一方面禁止私铸,另一方面开始要求老百姓上交铜器,增加铸币材料。但是元末的战乱,很多矿井停工,导致铸币量无法大规模提高。而元代盛行的纸钞已经被很多商贾接受并习惯,在铜钱大量缺乏的情况下,民间商贾之间的交易依然采用元宝交钞。

"寻令私铸钱作废铜送官,偿以钱。是时有司责民出铜,民毁器皿输官,颇以为苦。而商贾沿元之旧习用钞,多不便用钱。"[②]

于是,朱元璋在洪武七年(公元1374年)设立宝钞提举司,并于洪武八年(公元1375年)开始大量发行纸币,即大明通行宝钞。"帝乃设宝钞提举司。明年始诏中书省造大明宝钞,命民间通行。"明朝的纸钞延续了中统宝钞的形制。

"以桑穰为料,其制方,高一尺,广六寸,质青色,外为龙文花栏。横题

---

① 《元史·食货志》。
② 《明史·食货志》。

其额曰‘大明通行宝钞’。其内上两旁，复为篆文八字，曰‘大明宝钞，天下通行’。中图钱贯，十串为一贯。其下云‘中书省奏准印造大明宝钞与铜钱通行使用，伪造者斩，告捕者赏银二十五两，仍给犯人财产。’若五百文则画钱文为五串，馀如其制而递减之。”①

资料来源：彭信威，《中国货币史》，上海人民出版社 2015 年版，图版 71。

图 1—35　大明通行宝钞（伍拾文）

大明宝钞“其等凡六：曰一贯，曰五百文、四百文、三百文、二百文、一百文。每钞一贯，准钱千文，银一两；四贯准黄金一两。禁民间不得以金银物货交易，违者罪之；以金银易钞者听”②。为了推广宝钞，规定了宝钞与铜钱、金银的比价，并禁止民间金银交易，只能拿金银到官方换取宝钞。同时，朱元璋强制性要求大明宝钞用于支付军需、官员俸禄。“在外卫所军士，月盐皆给钞，各盐场给工本钞。十八年，天下有司官禄米皆给钞，二贯五百文准米一石。”“商税兼收钱钞，钱三钞七。十三年，以钞用久昏烂，立倒钞法，令所在置行用库，许军民商贾以昏钞纳库易新钞，量收工

① 《明史·食货志》。
② 《明史·食货志》。

墨直。"①

洪武以后的大明宝钞基本延续了洪武初期纸钞的发行和流通模式。《明史·食货志》对大明宝钞有详细的记载:

"(洪武二十二年)更造小钞,自十文至五十文。二十四年谕榷税官吏,凡钞有字贯可辩者,不问烂损,即收受解京,抑勒与伪充者罪之。二十五年设宝钞行用库于东市,凡三库,各给钞三万锭为钞本,倒收旧钞送内府。令大明宝钞与历代钱兼行,钞一贯准钱千文,提举司于三月内印造,十月内止,所造钞送内府充赏赉。明年罢行用库,又罢宝泉局。时两浙、江西、闽、广民重钱轻钞,有以钱百六十文折钞一贯者,由是物价翔贵,而钞法益坏不行。三十年乃更申交易用金银之禁。

(永乐初期)都御史陈瑛言:'比岁钞法不通,皆缘朝廷出钞太多,收敛无法,以致物重钞轻。莫若暂行户口食盐法。天下人民不下千万户,官军不下二百万家,诚令计口纳钞食盐,可收五千余万锭。'帝令户部会群臣议。大口月食盐一斤,纳钞一贯,小口半之。从其议。设北京宝钞提举司,税粮课程赃罚俱折收钞,其直视洪武初减十之九。后又令盐官纳旧钞支盐,发南京抽分场积薪、龙江提举司竹木鬻之军民,收其钞。应天岁办芦柴,征钞十之八。帝初即位,户部尚书夏原吉请更钞板篆文为'永乐'。帝命仍其旧。自后终明世皆用洪武年号云。

(仁宗)及即位,以钞不行询原吉。原吉言:'钞多则轻,少则重。民间钞不行,缘散多敛少,宜为法敛之。请市肆门摊诸税,度量轻重,加其课程。钞入官,官取昏软者悉毁之。自今官钞宜少出,民间得钞难,则自然重矣。'乃下令曰:'所增门摊课程,钞法通,即复旧,金银布帛交易者,亦暂禁止。'然是时,民卒轻钞。至宣德初,米一石用钞五十贯,乃弛布帛米麦交易之禁。凡以金银交易及匿货增值者罚钞,府县卫所仓粮积至十年以上者,盐粮悉收钞,秋粮亦折钞三分,门摊课钞增五倍,塌房、店舍月纳钞五百贯,果园、骡车并令纳钞。户部言民间交易,惟用金银,钞滞不行。乃益严其禁,交易用银一钱者,罚钞千贯,赃吏受银一两者,追钞万贯,更追

① 《明史·食货志》。

免罪钞如之。

英宗即位，收赋有米麦折银之令，遂减诸纳钞者，而以米银钱当钞，弛用银之禁。朝野率皆用银，其小者乃用钱，惟折官俸用钞，钞壅不行。十三年复申禁令，阻钞者追一万贯，全家戍边。天顺中，始弛其禁。宪宗令内外课程钱钞兼收，官俸军饷亦兼支钱钞。是时钞一贯不能直钱一文，而计钞征之民，则每贯征银二分五厘，民以大困。

弘治元年，京城税课司，顺天、山东、河南户口食盐，俱收钞，各钞关俱钱钞兼收。其后乃皆改折用银。而洪武、永乐、宣德钱积不用，诏发之，令与历代钱兼用。”

明思宗在崇祯十六年(公元1643年)采纳秀才蒋臣的建议，准备发行一种以银为本位的新纸钞来维持财政开支，计划每年发钞3 000万贯，每贯价值白银1两，商民可以白银按九七折兑换该钞票。明思宗下令宝钞局赶印了一批试发行，但因为缺乏信用，商民拒绝以白银兑换该纸币而未能推行开来。不久，北京城被大顺军攻破，明朝灭亡，蒋臣行钞遂成笑话。

明代纸钞从发行到停止流通，只有一种大明宝钞，这是前代所不具备的。最高面值为1贯，就是明代中期严重的通货膨胀时都没有发行大钞，而宋、金都有大钞，元代纸钞最高面额则为2贯。明代的大明宝钞在发行之初可兑现，但没有发行准备，后来的大部分时间里都不可兑现。该纸币的发行流通不分界、不限地区、不限时间、不改币名及形制、不定发行限额，只能以破损的旧钞换新钞，类似于元代的昏钞管理。

为了配合纸钞流通，明代一直对宝钞与铜钱、金银的比价有所规定，并禁止民间金银交易，只能拿金银到官方换取宝钞。为了推广宝钞，明确要求大明宝钞可用于支付官员俸禄、缴纳税赋。

朱元璋确定了“乃以造钞属户部，铸钱属工部。……十六年，置户部宝钞广源库、广惠库；入则广源掌之，出则广惠掌之”①的纸钞管理模式，一直延续到纸钞退出商品流通领域。

由于明代纸币只发行、不回收，这使得宝钞的发行越来越多，币值和

---

① 《明史·食货志》。

信誉下跌，进而严重影响到大明宝钞日后的流通和推广。到明代中期，许多地区已经拒用宝钞，只收银钱和粮食了。《明史·食货志》对纸钞的困顿情况，多处均有描述：

"（永乐初期）比岁钞法不通，皆缘朝廷出钞太多，收敛无法，以致物重钞轻。"

"（仁宗）及即位，以钞不行询原吉。"

"英宗即位，……朝野率皆用银，其小者乃用钱，惟折官俸用钞，钞壅不行。十三年复申禁令，阻钞者追一万贯，全家戍边。天顺中，始弛其禁。宪宗令内外课程钱钞兼收，官俸军饷亦兼支钱钞。是时钞一贯不能直钱一文，而计钞征之民，则每贯征银二分五厘，民以大困。"

"弘治元年，京城税课司，顺天、山东、河南户口食盐，俱收钞，各钞关俱钱钞兼收。其后乃皆改折用银。"

"（嘉靖四年）是时钞久不行，钱亦大壅，益专用银矣。"

虽然明朝政府始终没有明令废止宝钞，而且直至天启朝之前，仍以严重贬值的宝钞支付官俸、兵饷、买办费用和赏赐（纸币外流的渠道之一），但是宝钞实际上已经退出了市场流通。

（二）清代纸钞的彻底退出

虽然随着明代白银时代的到来，纸钞逐步退出流通，但是清代初期，顺治八年（公元1651年）清政府依然仿明制发行顺治宝钞，不过印制量很小，而且仅仅持续了十年就停止了。"钞尝行于顺治八年，岁造十二万八千有奇。十年而罢。"[①]

随着清代中期白银外流，银价大幅度上涨，为了缓解货币紧张、解决财政困顿，纸钞的发行重新被提上了议事日程。

"先是道光中叶，银外泄而贵，朝野皆欲行大钱以救之。……嘉庆间，侍讲学士蔡之定请行钞。咸丰二年，福建巡抚王懿德亦以为请。廷议以窒碍难行，却之。是时银亏钱匮重，而军需河饷糜帑二千数百万，筹国计者，率以行官票请。次年，命户部集议。惠亲等请饬部制造钱钞与银票相

---

① 《清史稿·食货志》。

辅并行。”①

鉴于白银外流及铜钱不足，为了解决军需，咸丰三年(公元1853年)五月，清政府发行户部官票，又称大清宝钞。大清宝钞与白银等额，可代替制钱使用，用于缴纳苛捐杂税。

“是时银亏钱匮重，而军需河饷糜帑二千数百万，筹国计者，率以行官票请。次年，命户部集议。惠亲等请饬部制造钱钞与银票相辅并行。票钞制以皮纸，额题‘户部官票’，左满、右汉，皆双行，中标二两平足色银若干两，下曰‘户部奏行官票’。凡原将官票兑换银钱者，与银一律，并准按部定章程，搭交官项。伪造者依律治罪。边文龙。钞额题‘大清宝钞’，汉字平列，中标准足制钱若干文，旁八字为‘天下通宝，平准出入’，下曰‘此钞即代制钱行用，并准按成交纳地丁钱粮一切税课捐项，京、外各库一概收解’。边文如票。”②

银、制钱和宝钞采用固定汇率，可直接互换，并对货币的使用和缴纳税赋时各种货币比例进行了明确的规定。

“定议票银一两抵制钱二千，钞二千抵银一两，票钞亦准是互相抵，民间完纳丁粮税课及一切官款，亦准五成，京、外应放库款如之。大钱上下通行如票钞，抵银如制钱之数，输官以三成，铁钱通用如大钱。……俾钱钞通融互易以便民，丁粮搭收票钞，零星小户银钞尾零，搭交铜铁大钱……七年，令顺天直隶各属钱粮，自本年上忙始，以实银四成、宝钞三成、当十铜铁大钱三成搭交，一切用项，亦按成搭放。寻从户部议，自本年下忙始，直隶照银七票三征收，大钱三成即纳在钞票三成内，交票交钱听便。”③

随着白银价值的上升，百姓对制钱根深蒂固的使用习惯，对宝钞的搭配使用越来越不认可。军队拒绝接受宝钞作为军饷，河工不愿意接受宝钞作为劳务报酬，甚至地方政府也有排斥。官方用宝钞采购，民间认为无用，称无货可供。商人向官号商铺申请兑换银两，也无法实现，只能兑换

① 《清史稿·食货志》。
② 《清史稿·食货志》。
③ 《清史稿·食货志》。

到大钱(制钱),后续虽然有过以七折制钱的汇兑保证发行纸钞,但效果不佳,最终宝钞无法持续发行,逐步退出流通领域。

“然钞法初行,始而军饷,继而河工,搭放皆称不便,民情疑阻。直省搭收五成,以款多抵拨既艰,搭放遂不复肯搭收。民间得钞,积为无用,京师持钞入市,非故增值,即匿货,持向官号商铺,所得皆四项大钱,不便用,故钞行而中外兵民病之。其后京师以官号七折钱发钞,直益低落,至减发亦穷应付。钞遂不能行矣。”[①]

资料来源:彭信威,《中国货币史》,上海人民出版社2015年版,图版109。

图1—36 咸丰时期的大清宝钞

① 《清史稿·食货志》。

第二章

中国古代货币的地理与技术影响

第一节　货币的地理资源决定因素

从第一章作者论述“龟贝金刀”的金，即红铜开始，钱币的起源与发展就为地理环境和技术水平所决定。我国古代货币发展由地理、技术决定的特征非常明显，主要体现在如下几个方面：一是铜矿资源分布成就了铜钱作为我国古代的主要货币；二是在社会动荡时期、国家分裂阶段，绢帛谷物实物货币盛行；三是黄金、铁钱受资源约束只能在局部区域（矿产丰富区域）成为主要货币。

一、地理资源分布决定了铜钱的地位

管仲认为，钱币的使用取决于矿山，他在《管子·地数》中记载，当时出铜之山有 467 座，出铁之山有 3 609 座，并且春秋战国时期对黄金、红铜、铅、锡、铁等金属以及伴生矿和矿脉已经有了详细的分类和描述，且视为国家财富，一为制造钱币，一为制造兵器。甚至管仲还认为黄帝与蚩尤大战的根本原因就是争夺矿产资源。

“地之东西二万八千里，南北二万六千里。其出水者八千里，受水者八千里，出铜之山四百六十七山，出铁之山三千六百九山。此之所以分壤

树谷也，戈矛之所发，刀币之所起也。能者有余，拙者不足。”

“伯高对曰：‘上有丹砂者下有黄金，上有慈石者下有铜金，上有陵石者下有铅、锡、赤铜，上有赭者下有铁，此山之见荣者也。苟山之见其荣者，君谨封而祭之。距封十里而为一坛，是则使乘者下行，行者趋。若犯令者，罪死不赦。然则与折取之远矣。’修教十年，而葛卢之山发而出水，金从之。蚩尤受而制之，以为剑、铠、矛、戟，是岁相兼者诸侯九。雍狐之山发而出水，金从之。蚩尤受而制之，以为雍狐之戟、芮戈，是岁相兼者诸侯十二。故天下之君顿戟一怒，伏尸满野。此见戈之本也。”

《山海经》记载：出金之山139处、银20处、铜30处、锡5处。说明当时有不少矿产。而考古发现，商周时期古铜矿采冶遗址主要有：内蒙古林西县的大井古铜矿、湖北大冶的铜绿山和阳新的港下古铜矿、湖南麻阳县的九曲湾古铜矿、江西瑞昌的铜岭商周铜矿、安徽铜陵和南陵的古铜矿等。而青铜铸造工艺与铜矿的发现历史一样久远。夏商周三代青铜器绝大部分是范铸而成，有制范、熔铜、浇铸等工序。在河南偃师二里头、郑州商城、安阳殷墟、陕西沣西张家坡及东周列国都城遗址都发现了铸铜作坊，出土有坩埚残块、木炭、铜锭、铜渣及大量陶范，说明王室及诸侯使用的青铜器多为就地生产。

结合夏商周和两汉时期铜钱的使用，无论是刀布、秦半两和汉半两，还是魏晋南北朝时期的各种半两钱，其使用地域均与当时的铜矿资源分布密切相关。中国铜矿分布广泛，在已查明的矿产地除天津以外的所有省、自治区、直辖市，均有不同程度的分布。结合现代普查来看，中国铜矿分布具有明显的地域差异：东部沿海地带包括辽宁、河北、北京、天津、山东、江苏、上海、浙江、福建、广东、广西、海南12个省、自治区、直辖市（未包括台湾地区）；中部地带包括黑龙江、吉林、内蒙古、山西、河南、安徽、江西、湖北、湖南9个省、自治区；西部地带包括西北地区的陕西、甘肃、宁夏、青海和新疆，西南地区的四川、重庆、贵州、云南和西藏，共10个省、自治区、直辖市。三大经济地带的储量分布比例为：东部沿海地带占9.1%，中部地带占49.6%，西部地带占41.3%。

中国铜矿资源分布具有广泛性和明显的地域性特征。清代，除了新疆地区因地使材铸造红钱(紫铜矿)外,其他省份都使用青铜制钱(青铜矿),这也说明铜钱使用贯穿中国古代各个朝代的根本决定因素就是铜矿资源的分布。而青铜技术的发展和普及,使得广泛的铜矿资源得以在技术的支撑下,成就了铜钱作为主要货币的地位。民间得以大规模使用,即使在使用白银和黄金的朝代,民间广泛流通的小钱也依然是铜钱。铜矿资源的广泛和技术成熟分布甚至为盗铸创造了先天性条件,导致我国历朝历代盗铸不断。

铜钱作为我国古代货币的基石,成就了世界上独一无二的铜钱国家,可以说铜钱是中华民族传统文化中的瑰宝。

二、谷物绢帛货币与产地

伴随铜钱广泛使用的,是充当货币的粮食和布帛。夏商周、春秋战国、秦汉、三国两晋南北朝时期,每逢国家建立初期或战乱时期,粮食和布帛就作为生活必需品被赋予了货币属性。这在三国两晋南北朝时期尤其明显。陕西、安徽、江苏、广东与广西、湖南与湖北、河南与河北、山西与山东,广人的西北地区、华东、华中、华南都是粮食种植、桑蚕养殖的兴盛之地,粮食(粟黍)种植的地域分布广泛、技术含量较低。我国以布帛作为币材,历史久远。夏商周三代和春秋战国时期,是布帛使用的全盛时代,影响深远,后来的钱也称为布或币。周朝八百年的币制,一直以布帛为本位,可以说是我国货币史上的一大特色。自秦汉开始,虽盛行金属货币,然布帛币仍照用不废,且延续了很长时间。

我国的纺织业历史悠久。早期的纺织工业主要是丝织业,其次为麻业。1958年在浙江钱山漾发掘新石器时代文化遗址,出土了不少纺织品,经初步鉴定,分别为麻、丝两种原料,包括绢片、丝带和丝线等;后经过鉴定,原料为蚕丝。我国是世界上最早开始养蚕、缫丝和织绸的国家。1926年在山西夏县阴村仰韶文化遗址中,曾发现有半个人工割裂的茧壳,由此推定那个时期的人已懂得育蚕。从挖掘的史料来看,早在五千年前,我们的祖先就已在黄河流域和长江流域养蚕织绸了。春秋时期,中国已经出现了纺织中心:一个是以临淄为主的齐鲁地区,另一个是以陈留、襄邑为主的河北平原地区。在长江流域，吴越地区以生产麻织物著称，越国都城会稽的麻纺织业兴盛，战国时期不仅能织细密平纹，而且能织斜纹、能提花；不仅能织单色和复色菱，而且能绣花。汉代我国的纺织技术已经相当发达，丝织品不仅产量大，而且花色品种丰富多样。在“缯”或“帛”的总称下，就有纨、绮、缣、绨、绸、缦、縠、素、练、绫、绢等十余个品种。马王堆一号汉墓中，出土了大量西汉初年的丝、麻织品，其中就有许多锦、绮、菱纹罗等精美的提花织物，还有由凸版彩色套印的印花纱以及多次套染的织物。

三、资源稀缺的黄金无法成为主流货币

黄金作为货币使用的历程和发展，也从另一个侧面说明了货币的地理决定特性。我国并没有像中亚及西方同时期那样，以黄金作为主要货币流通手段。中国一直是一个黄金贫乏的国家，虽然与世界其他民族一样，黄金在我国历史上也是财富的计量单位和财富象征，但由于中国黄金资源的匮乏，使得黄金很难成为货币的主角。

1976年在甘肃玉门火烧沟遗址出土的金耳环，是迄今为止我国发现最早的金器，属于夏时期。在河北省藁城县西村的商代宫殿遗址和河南省安阳殷墟中发现了有凹凸花纹的金叶和金贝币，其中的金箔厚度仅0.01毫米，是经过锤锻加工而成的，这说明商代我国黄金的加工技艺已经达到了一定水平。在河南的西周卫墓中发现的包在铜矛矛柄和车衡两端极薄的金片，说明当时已经掌握了包金技艺。春秋战国时期，已掌握了鎏金技术。随着黄金矿产的开采与黄金生产的发展，到战国中期，黄金成为货币，特别是楚国金币“郢爰”和“陈爰”开始流通使用。虽然秦国早期就已使用黄金，在陕西的秦景公墓中也出土了不少黄金饰件，但直到商鞅变法时还没有自己的黄金货币。《商君书·去强篇》云：“金一两生于产境内，粟十二石死于境外。粟十二石生于境内，金一两死于境外。”秦国用十二石粟的高价换外国的一两黄金。秦国铸造金币大约始于昭王时代建立南郡之后，秦始皇统一货币时开始把黄金列为上币。

随着时间的推移，商品交易越来越发达，作为财富象征和支付手段的

黄金显得越来越稀缺。比如在西汉，一斤黄金只能换三斤白银；到了魏晋，一斤黄金已能换十斤白银；到了北宋，一斤黄金可以换十三斤白银；而在鸦片战争前夕，一斤黄金已经能换三十斤白银了（以上金银比价均见于历代正史的《食货志》）。[①] 东汉以后，帝王赐黄金给臣民已大幅度减少，以绢代替为多，黄金逐步淡出了货币流通，变得日益稀缺。

对于黄金逐步淡出货币流通，宋太宗赵光义曾经询问虞部员外郎杜镐："西汉赐予悉用黄金，而近代为难得之货，何也？"杜镐回答说："当是时，佛事未兴，故金价甚贱。"[②]杜镐的意思是说，西汉的时候佛教还没有传入中国，所以金多价贱。佛教传入中国之后，黄金多被用于佛像和法器，所以逐渐缺乏，成为难得之货。近代学者对西汉以后黄金失踪的原因也有各种不同的解释，其中主要有五种观点：黄金散入民间、黄金进入窖藏（包括陪葬品）、黄金用于器物（王室和诸侯王用）、佛教兴起和黄金通过贸易流到外国。这也从侧面说明，由于黄金资源的匮乏和开采难度大，黄金开采与提炼技术没有本质提升有关。我国金矿较多的为复合型伴生矿，品位低、埋藏较深，而南北朝时期主要是沙金采集，显然黄金的生产无法适应经济发展对货币的需求，导致黄金作为货币很难广泛流通。

而同一时期，由于中亚地区、南洋地区的国际贸易发展，河西走廊至中亚、东南亚地区主要使用黄金货币，导致河西走廊与航海贸易中金银作为货币开始被大量使用。这一时期，由于丝绸之路上的一些国家，如大月氏、安息、大秦、南天竺、扶南等均重视使用金银，同中国的交、广地区的商贸就采用金银交易。"梁初唯京师及三吴、荆、郢、江、湘、梁、益用钱，其余州郡则杂以谷帛交易，交广之域则全以金银为货。"[③]

四、铁钱的出现与使用范围

我国古代铁的使用，始于用铁陨石中的天然铁制成铁器。目前，中国最早的陨铁文物是1972年在河北藁城台西村商代中期遗址中发现的铁

---

① 李开周：《揭秘：中国古代的黄金储备曾经很惊人》，《中国经营报》2013年1月6日。

② 《宋史·杜镐传》。

③ 《隋书·食货志》。

刃青铜钺,这件古兵器经全面的科学考察,确定刃部是由陨铁加热锻造而成。据《山海经·五藏山经》记载,春秋战国时期产铁之山有37处。西汉时期汉武帝在49个产铁地区设置铁官。显然,铁的运用要远远晚于青铜的运用,而铁矿的资源分布也远逊于铜矿。

由于东汉末年的战乱和董卓的滥铸小钱,货币经济遭受了一次严重的破坏。虽然初平三年(公元192年)董卓被杀,但货币经济的衰退已成定局,国家进入动荡分裂期,此后五铢钱制将在不同权势控制之下,以各种不同姿态延续出现。

在东汉历史上,也是中国货币史上具有重要意义的一件事就是铁钱的出现。东汉时期的公孙述在光武帝时期,占据益州,并于"建武元年四月,遂自立为天子,号成家。色尚白。建元曰龙兴元年。……是时,述废铜钱,置铁官钱,百姓货币不行。蜀中童谣言曰:'黄牛白腹,五铢当复'。好事者窃言王莽称'黄',述自号'白',五铢钱,汉货也,言天下并还刘氏"[①]。公孙述发行了铁钱,"公孙述后以铁钱二当铜钱一"[②],这是中国货币史上第一次有文字记载的铁钱。钱币界历来从《通典·食货》之说,认为中国的铁钱应自东汉初的公孙述在蜀铸五铢开始,实误。据大量的考古资料证实,中华人民共和国成立后在湖南长沙、资兴、衡阳以及湖北宜昌等地都出土发现了铁半两,说明我国早在西汉就已铸行铁钱了。

梁武帝萧衍于普通四年(公元523年)铸造铁五铢,这是我国历史上第一次由政府大规模铸造铁钱。铁五铢的铸行,是出于资源和经济方面的考虑。当时随着商业的发达,铜钱已经不能满足经济生活的需要,由于铜材价格日益上涨,私铸和剪凿钱币取铜的不法行为盛行,市场流通货币越来越轻薄,货币流通非常混乱,因此,梁武帝开始铸造新钱。这种铁五铢钱与普通五铢铜钱相似,正面方孔,左右铸有"五铢"二字,有外廓,部分钱币有内廓;钱背有"四出纹",即从钱背方孔的四角向外引出四道阳文直线到达外廓,类似东汉灵帝铸造的"四出五铢",故也称为"四出铁五铢"。铁五铢直径参差不一,大的超过26毫米,小的不足15毫米,轻重悬殊,重

① 《后汉书·公孙述传》。
② (清)常明修、杨芳灿:《四川通志》。

者可达5克以上，轻者不足1克。

宋代的铁钱达到鼎盛期，主要集中在川陕地区。四川铜少铁多，历来铁钱铸量颇丰，而陕西等地铜铁钱并用。行用中，一般小额交易用铁钱，大额交易用铜钱。在历史上，历代官府行用铁钱的直接原因，都是因铜材不足且铸铜钱成本往往高于币值。铁钱的传统流通区在四川。从两汉到五代十国，由于交通环境所致，四川输入铜材代价高昂，川蜀铜贵，政府无力增铸铜钱，但四川本地铁矿资源相对丰富，位列全国之首，从而使这一地区一直保持主行铁钱的局面。宋代恢复铁钱地位，也始于四川。"铁质贱甚，从古无铸钱。起于唐藩镇魏博诸地，铜货不通，始冶为之，盖斯须之计也。皇家盛时，则冶银为豆，杂伯衰时，则铸铁为钱，并志博物者感慨。"①这是对铁钱地位及铸造原因的补充说明。在宋朝初期，铁钱与铜钱的比值为"旧用铁钱千易铜钱四百"，到太平兴国年间比值增至10铁∶1铜，黑市比值高达14铁∶1铜。即使以10铁∶1铜计算，由于铁钱太重，1小铜钱重1钱，每贯重6.5斤，按同值铁钱每贯应重65斤。

"川峡铁钱十直铜钱一，输租即十取二。旧用铁钱千易铜钱四百，自平蜀，沈伦等悉取铜钱上供，及增铸铁钱易民铜钱，益买金银装发，颇失裁制，物价滋长，铁钱弥贱。"②

而最具典型代表意义的是三国魏晋南北朝时期的货币流通。三国魏晋南北朝时期的货币呈现出中国历史上比较罕见的两种现象：一种是同一时期多种币材并列流通，包括谷帛、铜钱、铁钱、金银四大类；另一种是一国之域多种币材流通、前朝和当朝货币并存。而观其成因，除了中国处于历史上最动荡、分裂的时期，单个王朝存在时间短外，这一时期货币币材的多样性，很大成因是货币形态的发展受国家、地域的地理资源、甚至是地域经济特点和货币技术手段所决定的，"就地取材，因地用材、应技而成"成为货币发展使用的原则，也可以称之为"货币的地理技术决定"。

① 《天工开物·冶铸》。
② 《宋史·食货志》。

第二节 货币演化背后的冶炼铸造技术进步

一、铜的冶炼与铸造技术发展

铜钱铸币发展背后的主要技术手段，就是铜的冶炼与铸造技术的提升。铜钱铸币的发展分为青铜铸币和黄铜铸币两个阶段。

商代早期已经掌握了火法炼制铜锡合金的青铜。冶炼青铜的过程较为复杂，大致是先把选好的矿石加入熔剂，再放入炼炉内，燃木炭熔炼，等火候成熟，取精炼铜液，弃去炼渣，即得初铜。初铜仍比较粗，需再经提炼，再加入锡、铅熔成合金，即是青铜。这一时期的青铜铸造比较简单，在铸币技术上，主要还是铜贝，没有纹饰和字样。

西周时期随着陶范铸造进一步推广，青铜铸造出现了许多新的器形、纹饰，有些器内铸有专篇铭文。由于商周时期制作陶范的泥料都由含砂黏土或用黏土和砂配制而成，而泥料具有良好的塑性和复印性，因此能翻铸出极细的花纹，甚至出现面料和背料之分。反映在铸币上，春秋时期诸侯国的铸币出现各种形状，并且有纹饰或文字，可分为范面和范背。

到了春秋时期，铜的采掘、冶炼技术有了很大发展。1974年湖北大冶铜绿山古矿井的发现，为我们提供了宝贵的实物证据。铜绿山有两处古矿井，春秋晚期一处，战国一处。在铜绿山矿区先后发现的六座属于春秋时期的炼铜竖炉之中，有三座炉基的通风沟、炉缸、金门（铜液和铜渣放置口）和通风口保存完好。

由实物分析得知，汉代钱币采用铜范、陶范浇注，合金成分相当稳定。秦汉时期的铸币多采用合筑法制作。

春秋中期以后，由于失蜡法和低熔点合金铸焊技术的发明及使用，青铜器铸造工艺有了显著的改进，从先前较为单一的范铸技术转变为浑铸、分铸、蜡铸、软焊、硬焊、锻造等多种金属工艺的综合运用。秦汉时期青铜冶铸技术继续发展，主要表现为叠铸法的技术成熟。大致到了隋唐时期，便开始采用失蜡法、翻砂法等先进技术铸造钱币。因此，隋唐以后，不再

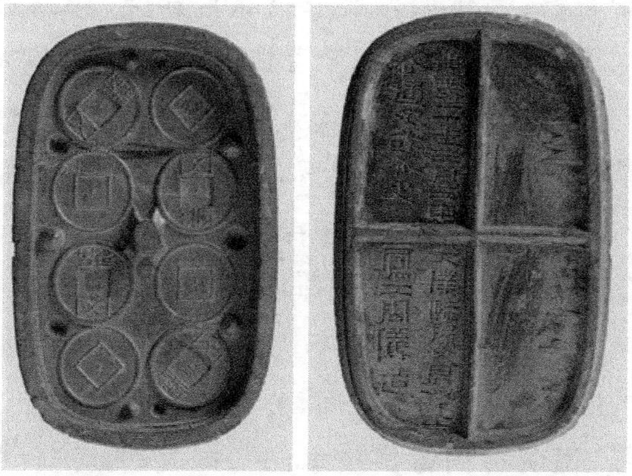

资料来源：上海博物馆。

图 2—1　东汉建武叠铸法五铢钱钱范

见有钱范遗存，取而代之的是样钱、祖钱、母钱及其他模具钱范。从效用上分，有祖范、母范、子范等；从材质上分，有泥范、石范、铜范、铁范等。在铸币金属成分方面，铜与铅锡的比例也成为良币与劣币重要的区别标志。东汉、三国魏晋南北朝以及唐后期，大部分劣钱都是铅锡比例过高、铜含量偏低。

明代黄铜（铜锌合金）冶炼技术的发展，极大地推动了黄铜铸币的发展。明代中期开始，黄铜普遍用于铸造流通货币。

虽然现存有关炼锌工艺的最早记载是明代宋应星所著《天工开物·倭铅》中的内容："每炉甘石十斤，装载入一泥罐内，封裹泥固，以渐研干，勿使见火拆裂。然后逐层用煤炭饼垫盛，其底铺薪，发火煅红，罐中炉甘石熔化成团。冷定毁罐取出，每十耗其二，即倭铅也。"但实际的技术工艺要早于书中所记载的日本炼锌工艺。陈建立的《重庆市丰都炼锌遗址群的综合研究》的考古实证表明，在明代早期，中国就开发出了较高的炼锌工艺。相应地，铜钱铸币也被这一技术发展所推动而有了新变化，锌开始成为铜钱的重要组成部分。根据铜锌比例不同，钱也有所区别。

"凡铸钱每十斤，红铜居六七，倭铅（京中名水锡）居三四，此等分大略。倭铅每见烈火必耗四分之一。我朝行用钱高色者，唯北京宝源局黄钱与广州高州炉青钱(高州钱行盛漳泉路),其价一文敌南直江、浙等二文。黄钱有分二等,四火铜所铸曰金背钱,二火铜所铸曰火锡钱。”[①]

铜钱实物的成分分析结果显示,从嘉靖通宝开始,铸造铜钱普遍使用金属锌。从文献记载和实物遗存来看,正式将黄铜用于铸钱是在明代嘉靖年间(公元1522—1566年)。周卫荣对明代76枚、清代111枚黄铜钱币进行了元素化学定量分析,对比不同年号钱币的成分,可以清楚地看出中国古代黄铜铸钱的发展过程:嘉靖中期将黄铜用于铸钱,万历中期前后大量使用高锌的四火黄铜,天启年间(公元1621—1627年)直接使用金属锌配制合金铸钱,说明黄铜铸钱技术已基本成熟。清代乾隆年间(公元1736—1796年)开始铸造多元黄铜合金的青钱,标志着中国古代黄铜铸钱技术达到了最高水平。[②]

二、冶铁技术的发展

南北朝时期铁钱流通的背后,是炼钢技术的进步。南朝在手工业方面有三个重要的进步,其中之一就是炼钢术。春秋后期,《吴越春秋》所记载的干将莫邪夫妇剪发投入炼铁炉因而制成宝剑的故事,暗示冶炼家开始摸索出渗碳钢的制炼法。战国时有钢,不仅可从文字记载上推知,而且已有实物发现。到西汉武帝时,渗碳钢炼成,钢铁武器大规模运用。特别是在当时铜矿资源不足而交通运输又不便的蜀地和湖南山区等地。虽然战国时期铁制农具被广泛使用,但还没有出现铁钱。直至西汉时期冶铁鼓风炉的被发明,不仅能锻造“熟铁”,而且能冶铸“生铁”,这是冶金史上一项重大的成就。炼成渗碳钢是一项伟大的成就,中国取得这个成就比世界上任何一个国家都早,不过渗碳钢要制为纯钢,必须锻炼数百次,费人工太多,而且越锻炼越柔软。虽然西汉文景时期、东汉光武时期都有民间私铸的铁钱,但是铁钱并没有获得官方发行的钱币身份。而东汉时期发明的水力鼓风炉(即水排),用河水冲力转动机械,使鼓风皮囊胀缩,不

① (明)宋应星:《天工开物·冶铸·钱》。

② 马越、李秀辉:《中国古代黄铜制品与冶炼技术的研究状况分析》,《中国科技史杂志》2010年第2期,第207—214页。

断给高炉加氧，则将铁冶炼技术推上了一个新的阶段。在铁器铸造方面，东汉时已熟练掌握了层叠铸造这一先进技术，与战国时期相比，东汉的叠铸技术有重大改进，它由原来的双孔浇铸改为单孔一次浇铸。[①] 这也就不难理解铁钱在西汉时期萌发，而在东汉时期被更多地特别是在缺铜多铁的益州(四川)推广使用了。

而铁钱作为国家货币并一跃成为主流，发生在南朝时期的梁朝。主要原因就是南朝的"杂炼生鍒"炼钢技术推动了铁钱的大规模运用。杂炼生鍒法所必需的鼓铸在梁朝时期大规模推行。当时的扬州就是鼓铸冶炼要地，建康有左右二冶，尚方(王室工业)有东西二冶，工人多用囚徒。铁的产量多，梁铸铁钱，堆积如丘山，市上交易，用车载钱。梁武帝用铁数千万斤塞浮山堰决口，足见南朝铁产量是丰富的，而梁朝管辖的区域也是我国铁矿资源最为丰富的第二大区域。

---

① 祝慈寿:《中国古代工业史》，学林出版社 1988 年版，第 196、205 页。

第三章

国际货币流通与国内货币比价

第一节　对外贸易中的货币

古代货币的国际贸易支付主要体现在三个层面：中国版图内的王朝贸易、陆上丝绸之路的国际贸易以及海上丝绸之路的贸易。

一、中国版图内的王朝贸易货币

中国版图内的王朝贸易主要是中国处于分裂阶段形成的多个国家，以及中原地区王朝和草原王朝之间的贸易，也有学者以草原丝绸之路进行表述。但在中国历史上，马背上统一中原的主要还是元和清两个朝代。

春秋战国时期，诸侯国与周边国家之间的贸易已经大规模展开。荀子说："北海则有走马吠犬焉，然而中国得而畜使之；南海则有羽翮、齿革、曾青、丹干焉，然而中国得而财之；东海则有紫紶、鱼盐焉，然而中国得而衣食之；西海则有皮革、文旄焉，然而中国得而用之。"①而诸侯国之间的贸易也非常频繁，甚至成为军事上的助力。管仲就以"商战"来打击臣服邻国。鲁国和梁国有以蚕丝织造较厚袍子（绨）的传统，管仲让齐桓公穿

---

① 《荀子·王制篇》。

绨并推广至上层社会，从而引领时尚潮流，然后管子告诉鲁梁商人，高价收购他们的绨："子为我致绨千匹，赐子金三百斤；什至而金三千斤。"而鲁梁之君闻之，则让全民织绨。十三个月后，管子让齐桓公去推广丝帛的衣服，并且"闭关，毋与鲁梁通使"。又过了十个月，管子令人到鲁梁，发现"鲁梁之民饿馁相及，应声之正无以给上"。即鲁梁之君让百姓去绨修农，然而谷要三个月才有收获，鲁梁饥民遍地，只能花十倍的价钱从齐买谷。"二十四月，鲁梁之民归齐者十分之六；三年，鲁梁之君请服。"①这一商战的货币就是齐刀。

春秋战国时期各个国家的铸币不同，是如何进行贸易的呢？虽然铸币形制不同，但绝大部分是铜铸币，而且从《管子》的记载中不难发现，贸易是以钱币重量支付的，而春秋战国时期的铸币就是重量钱。而现代大量考古发掘也能证明，从春秋的空首布到战国末期的圜钱，一国货币有很多是在其他诸侯国的领土上被发掘的。除了铜钱被按照重量进行支付外，楚国的爰金则是贸易硬通货。《管子》记载："使夷吾得居楚之黄金，吾能令农勿耕而食，女勿织而衣。"②有了黄金，不用耕田就有粮食，不用织布就有衣服。

而南北朝时期的贸易大多是政府管控的边贸"互市"交易。交易多采用谷帛、马匹等大宗商品或战略物资进行物物交换。从南朝、北朝当时商品交换的品种来看，北朝需要南朝的物品有甘蔗、橘柚、茶叶、布帛，以及北方官员、贵族享用的高级奢侈品等；南朝急需北朝的物品有马匹、骆驼、皮毛制品等。当时南朝、北朝商品交换的方式主要有两种：一是官方主办的"互市"，由南朝、北朝的官方主持；二是走私，这种方式在民间、官员、军队中间都存在。据史书记载，宋文帝刘义隆元嘉二十七年（公元450年），也就是宋国、魏国战后的第二年，北魏向宋国提出两国"互市"的要求，朝廷征求大臣们的意见，江夏王义恭、建平王宏、何尚之、何偃等都表示赞成，但柳元景、王玄谟等大臣反对马上"互市"，理由是："虏虽说互市，实为窥测国情"，答应了他们，必生边患。但朝廷考虑到两国互市可取得不少

① 《管子·轻重戊》。
② 《管子·轻重甲》。

经济利益和其他军事上的帮助,最后还是同意了开设“互市”。

当时市场物价波动剧烈,北魏孝文帝太和七年(公元 483 年),南齐大臣刘缵看到北魏的市场上金、玉、珠宝价格比南朝低了好几倍,感到奇怪,北魏派出接待的主客令谎称:“我朝不重金玉,所以贱同瓦砾。”又如,北魏文成帝兴安元年(公元 452 年),陕城镇将崔宽看到弘农这个地方出产的漆、蜡、竹、木价钱比南朝市场上便宜好几倍,于是他利用职权走私,发了大财。由此可见,当时南朝、北朝市场物价差别如此之大,人们认为在南朝、北朝的商品交换中,收受谷帛比收受货币风险小,安全且有可靠保证。这种物物交换的互市边贸,在中原地区实施边境管控的几个朝代都有发生,包括宋、明时期。

但在河西走廊与航海贸易中,金银还是作为主要货币被大量使用。主要原因是波斯、欧洲大陆以金银为主要货币所带来的影响,同时这一时期,由于丝绸之路上的一些国家如大月氏、安息、大秦、南天竺、扶南等均重视使用金银,同中国的交、广地区也就全用金银交易了。

两宋时期,中国内地辽、宋、西夏、金等政权并立,互不统属,且战争不断。贸易主要采用严格管控的“互市”形式,多采用物物交换,且“互市”时间很短。

二、陆上丝绸之路的国际贸易支付

中西经济贸易的交流,早在先秦时期就有了发端。1877 年,德国地质地理学家李希霍芬在其著作《中国》一书中,把从公元前 114 年至公元 127 年间,中国与中亚、中国与印度间以丝绸为贸易媒介的这条西域交通道路的地理交通线称为“丝绸之路”。古老的丝绸之路是东西方经济文化交流的桥梁。

西汉神爵三年(公元前 59 年),汉政府设立西域都护府,从此,西域统一于中国,丝绸之路畅通,中西商品流通范围扩大。汉朝政府发行的五铢钱在西域与内地一样,作为流通手段,起到了重要作用。这些钱币多通过西域各地与内地商业贸易和回赐的方式流入新疆。汉朝皇帝就多次慷慨散财帛以赏赐朝贡的西域诸小国的国王和他们派往长安的使者。在新疆出土的汉五铢钱就呈现出三大特点：一是分布广。遍及新疆天山南北的广大地区，和田、楼兰、奇台、木垒等地都有汉代钱币面世。二是数量大。20世纪70年代，和田买力克阿瓦提遗址一次出土45千克汉五铢钱，黄文弼先生在孔雀河附近发现600多枚钱币。三是种类多。除汉五铢外，作为丝绸之路要冲的楼兰地区还出现王莽时期的大泉五十、货泉、小泉直一等。另外，1959年，新疆博物馆考古队在巴楚的托库孜萨来古城发掘出五铢钱范及生产工具坩埚，这是新疆出土最早的按圆形方孔式样铸币的工具。以上充分证明了汉朝政府对西域管辖的有效性及二者经济贸易往来的频繁程度。

进入隋唐时期，政治高度统一，丝绸之路经济贸易空前繁盛。唐政府于公元640年、公元702年在天山南北分别设立安西都护府和北庭都护府，实施有效管辖。此外，还在丝绸之路沿线驻军以维护边疆稳定，保护过往商旅安全。随着中外贸易的往来互通，铸造精美的唐代钱币便大量流入西域。唐代钱币在西域流通的另一来源是屯田及驻守官兵使用的薪饷，塔里木盆地周缘的古丝绸之路以及驻军遗址中，唐代开元通宝、乾元重宝、大历元宝、建中通宝等钱币都有大量的出土发现。开元通宝成为西域的国际贸易支付的基础货币，对西域经济的影响巨大。另据考古发现，非洲共发掘出中国钱币330枚，其中就有唐代开元通宝。由于大量铜钱外流，唐政府不得不下令“骆谷、散关禁行人以一钱出者”，这从侧面证明了唐代中国钱币大量流出国门的情况。①

宋代，中西贸易交流持续不断，若以中国铜钱贸易，价辄倍增。在国际市场上，“钱本中国宝货，今乃四夷共用”②，“蕃者非铜钱不往，而蕃货亦非铜钱不售”③，结果是“南渡，三路舶司岁入固不少，然金银铜铁，海舶飞运，所失良多，而铜钱之泄尤甚”④。高信用的宋钱在国际贸易中的地位，也成为宋代钱荒的重要原因之一。当时宋政府为控制铜钱外流，于《宋建隆详定刑统》明令“以铜钱出外界，一贯以上，为首者处死”，但中国

---

① 吴福环、韦斌：《丝绸之路上的中外钱币》，《西域研究》2004年第3期。
② 《宋史·食货志》。
③ 《宋会要辑稿》。
④ 《宋史·食货志》。

铜钱在国际贸易领域购买力极强，“贩一钱可得数千百钱之货”，还是很难禁绝外流。①

元代初期，以银本位的中统钞在国际贸易中影响深远。《马可·波罗游记》第九十五章《大汗用树皮所造之纸币通行全国》曾做过这样的描述：“盖大汗国中商人所至之处，用此纸币以给费用，以购商物，以取其售物之售价，竟与纯金无别。其量甚轻，致使值十金钱者，其重不逾金钱一枚。”“尚应知者，凡商人之携金银、宝石、皮革来自印度或他国而莅此城者，不敢售之他人，只能售之君主。有贤明能识宝货价值之男爵十二人专任此事。君主使之用此纸币偿其货价，商人皆乐受之，盖偿价甚优，可立时得价，且得用此纸币在所至之地易取所欲之物，加之此种纸币最轻便可以携带也。”据《元史》记载，世祖至元二十二年（公元1285年），“遣马速忽、阿里赍钞千锭往马八图求奇宝”。成宗元贞元年（公元1295年），高丽忠烈王派人前往益都府，以麻布一万四千匹兑换纸钞，请求通商。一些国家或地区，元钞与当地货币兑换形成汇率，受到贸易双方的青睐。汪大渊在《岛夷志略》中记述，交趾“民间以六十七钱折中统钞一两。官用止七十为率”。此外，诸如乌爹、罗斛等当地货币都与元钞有固定汇率。② 而纸钞作为货币的出现，也影响了其他国家的货币政策。波斯的凯哈图汗（又称乞合部），于公元1294年发行纸币，也称为钞，全国各省均设交钞库。印度的杜格拉克王朝在至顺初年（公元1330－1334年）也使用钞。

明清时期，内地基本统一，明代西域与中原交流频仍，经济联系的主要方式是通贡互市。清初，天山以北厄鲁特蒙古各部，每年将大量牲畜运往内地以换取绸缎、粮食、茶叶等生活用品。

乾隆二十五年（公元1759年），随着清政府平定准噶尔和大小和卓之乱，重新统一新疆，新疆进入社会稳定、商品经济繁荣阶段，大量丝绸源源不断地从江南地区，沿丝绸之路运抵乌鲁木齐、伊犁，除部分被留用外，其余皆通过各民族商人之手辗转运送到中西亚各国及俄罗斯。南疆重镇喀什噶尔与叶尔羌（今莎车）成为东西贸易中转站。清朝中央政府发行的制

① 汪圣铎：《两宋货币史》，社会科学文献出版社2003年版，第194－198页。

② 吴晶晶：《论元代货币在海外贸易中的流通》，《大连民族大学学报》2018年第4期。

钱先是在新疆北部及哈密、吐鲁番等地成为市场上的通用货币，不久清政府在新疆各地陆续设局铸造铜钱，流通全疆，实现了新疆与全国货币的一体化。

(1)日耳曼帝国的塔勒(公元1692年)；(2)荷兰的银圆(公元1704年)；(3)法国的埃居(公元1734年)；(4)奥国的双鹰银圆(公元1780年)；(5)美国银圆(公元1795年)

资料来源：彭信威，《中国货币史》，上海人民出版社 2015 年版，图版 93。

图 3—1　清初流入中国的外国银币

三、海上丝绸之路贸易支付

中国作为大陆国家，海上贸易相对陆路贸易起步稍晚，《汉书》《后汉书》多有记载海上丝绸之路中的日本以及东南亚、印度的相关贸易信息。班固所著《汉书·地理志·燕地》中提到“乐浪海中有倭人，分为百余国”。书中关于“粤地”条末段记载了这条海上丝绸之路的航程：

“自日南障塞、徐闻、合浦，船行可五月，有都元国；又船行可四月，有邑卢没国；又船行可二十余日，有谌离国；步行可十余日，有夫甘都卢国。自夫甘都卢国船行可二月余，有黄支国，民俗略与珠崖相类。其州广大，户口多，多异物，自武帝以来皆献见。有译长，属黄门，与应募者俱入海，市明珠、璧琉璃、奇石、异物，赍黄金、杂缯而往。所至国皆禀食为耦，蛮夷贾船，转送致之。亦利交易，剽杀人，又苦逢风波溺死，不者数年来还，大珠至围二寸以下。”①

根据《后汉书·东夷列传》记载：“建武中元二年，倭奴国奉贡朝贺，使人自称大夫，倭国之极南界也。光武赐以印绶。”即公元57年，倭奴国（即日本）派使臣来华，汉朝光武帝赠予“汉倭奴国”金印一枚，表达的意思为“感其远道而来”且“冀其臣服”，该印现藏于日本福冈市。日本与中原的贸易，更多的是朝贡形式，民间贸易往来很少。根据《后汉书·西域传》记载，大秦（古罗马）通过安息（伊朗）、天竺（印度）与汉代进行转口贸易，购买中国丝绸：“邻国使到其界首者，乘驿诣王都，至则给以金钱。其王常欲通使于汉，而安息欲以汉缯彩与之交市，故遮阂不得自达。至桓帝延熹九年，大秦王安敦遣使自日南徼外献象牙、犀角、玳瑁，始乃一通焉。”这一时期的海上贸易主要支付手段就是金银。

进入隋代，日本4次派遣“遣隋使”，唐代派遣的遣唐使团达15次之多，当时日本遣唐使团具有朝贡贸易的性质，即以向中国献纳贡品为名，除贡物外还带来大量物产，换回相应的货物，由日输华的以砂金、绢、银、丝帛为多，而由遣唐使船及学生从中国带回的有书籍（佛经居多）、香料、

---

① 《汉书·地理志》。

米面、纺织品等。由于两国通商起源于两国政府互相赠答，所以两国货品的销售都是先卖给官府再卖给百姓。此后，由于中日直接航路开通的缘故，中日商人往来增多；日本商人也有至明州、台州等地，与中国官民进行自由贸易的。贸易支付方式除了物物贸易外，开元通宝成为主要的支付工具。现代考古发现，日本历史遗迹多贺城发现一千三百年以前铸造的中国古钱“开元通宝”。日本古钱“和同开珎”(公元 708 年)就是模仿其铸造。至镰仓幕府时期，日本积极加强与南宋的贸易往来，获取了大量的南宋铜钱，这些铜钱在日本国内也可以正常流通。

而中国与东南亚国家的贸易，则主要是以金银作为支付手段。据吉本在《罗马帝国衰亡史》一书中写道：罗马每年有 120 艘商船从埃及的迈奥霍穆港到印度的马拉巴海岸和斯里兰卡，同亚洲远邦商人进行贸易，其中包括中国商人。据白里内在《博物志》一书中记载，罗马每年为购买中国丝绸而流入印度、中国及阿拉伯半岛的金钱，不下 1 亿罗马币。而经营这种中介贸易的安息(即波斯，今伊朗)、印度也从中牟取暴利[①]：

“以金银为钱，银钱十当金钱一。与安息、天竺交市于海中，利有十倍。其人质直，市无二价。谷食常贱，国用富饶。邻国使到其界首者，乘驿诣王都，至则给以金钱。其王常欲通使于汉，而安息欲以汉缯彩与之交市，故遮阂不得自达。”[②]

《隋书·食货志》记载魏晋南北朝时期的海上贸易主要以金银作为支付手段：“梁初……交广之域则全以金银为货。”当时，广州为对外贸易之港口，有外舶来货。“州郡以半价就市，又买而即卖，其利数倍，历政以为常。”[③]当时之交易，多有用金银作货币者，以黄金一斤为饼，百饼为篚。银为金之五倍计，由于高官豪强主持商业，因此往往不纳关市之税。

与金银并行的贸易支付，还有铜钱。在韩国济州道山地港，还出土有中国王莽时期(公元 9—23 年)铸造的货泉 11 枚、货布 1 枚和大泉五十钱 2 枚以及五铢钱等。除了陆地窖藏之外，海洋沉船考古也是研究宋代以

① 转引自李金明：《中国古代海上丝绸之路的发展与变迁》，《新东方》2015 年第 1 期。

② 《后汉书·西域传》。

③ 《梁书·王僧孺传》。

后钱币流通种类和数量的重要依据之一。韩国学者在朝鲜海峡的新安沉船中发现了数万枚钱币,数量之巨,令人瞩目。据宋人赵汝适的《诸蕃志》记载,宋代时,中国商人"往往冒禁,潜载铜钱"到海外国家贸易。明代马欢《瀛涯胜览》说,"番人殷富者甚多,买卖交易行使中国历代铜钱"。《瀛涯胜览》记载的爪哇国条载:"买卖交易,行使中国历代铜钱。"泰国出土的中国古钱数量也非常多,1980年在暹罗湾吞武里海域,曾发现一艘沉船,船上载有十多万枚唐、宋铜钱。宋代海上丝绸之路的繁荣带来了宋铜钱大量外流,引发钱荒。《敝帚稿略》卷一《禁铜钱申省状》中称"一船可载数万贯文而去",可以说明当时铜钱外流的严重情况。铜钱大量外流的主要原因还是国力强盛所带来的货币购买力上升,"每是一贯之数可以易番货百贯之物,每百贯之数可以易番货千贯之物",与此同时,朝鲜、日本等都以中国的通宝钱为模型,发行了自己的铜钱铸币,即使同一时期以金银为主币的东南亚地区,也流通以铜钱为辅币,带来了铜钱需求量的急剧上升。而铸造精美的硬通货宋钱自然就成为直接可流通的货币。

进入明清时期,海上丝绸之路的国际贸易支付主要以白银为主。总之,中国古代国际贸易的支付手段,是以国力为基础的。在战乱时期货币混乱、币值不稳定的情况下,更多的是物物贸易,其次是国际通用的金银支付;在中国国力强盛的汉唐宋时期,铜钱则成为主要贸易支付工具之一;甚至在元初,币值稳定的纸钞也一度受到跨国贸易商的认可。

第二节 国内货币比价:大小、虚实背后的玄机

由于实行多种铸币同时流通,因此,古代多个朝代一直存在着货币价值换算的问题。这也成为各朝政府敛财、转移财政危机的重要手段之一。

一、汉武帝的如意算盘

随着贫富分化差距越来越大,国库财政越来越困难,为了打击豪强、扩充政府收入,元狩四年(公元前119年),汉武帝采纳张汤的意见,"于是

天子与公卿议，更钱造币以赡用，而摧浮淫并兼之徒”[①]。同时也为了解决四铢钱的“今半两钱法重四铢，而奸或盗摩钱里取鋊，钱益轻薄而物贵，则远方用币烦费不省”[②]。于是仿照古制，根据主管钱币的有司意见，汉武帝在四铢钱流通40年后，于元狩四年发行皮币和白金三品，废除四铢钱，更换铸造三铢钱。其中，皮币用宫苑中的白鹿皮一尺见方，边缘以花纹图案装饰，币值40万钱，规定用于王侯宗室朝见天子时，作为衬垫玉璧用，尔后才能得到天子召见。

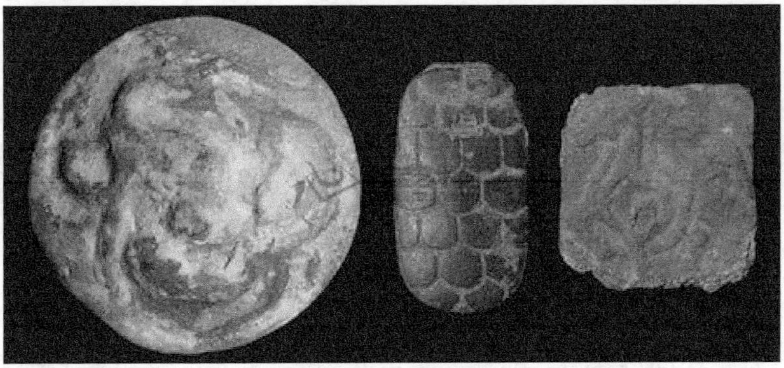

资料来源：大连博物馆。

图3—2　汉武帝时期的白金三品

“又造银锡白金。以为天用莫如龙，地用莫如马，人用莫如龟，故白金三品：其一曰重八两，圜之，其文龙，名‘白撰’，值三千；二曰以重养小，方之，其文马，值五百；三曰复小，椭之，其文龟，值三百。令县官销半两钱，更铸三铢钱，重如其文。盗铸诸金钱罪皆死，而吏民之犯者不可胜数。”[③]

同时，汉武帝下令销毁市面上的半两钱，要求铸造足重的三铢钱，并对盗铸处以极刑，但依然无法禁止。“自造白金五铢钱后五岁，赦吏民之坐盗铸金钱死者数十万人。其不发觉相杀者，不可胜计。”[④]泛滥的私铸带来了钱币的混乱，最终导致钱轻物贵。

---

① 《史记·平准书》。
② 《史记·平准书》。
③ 《汉书·食货志》。
④ （唐）杜佑：《通典·食货八》。

元狩五年(公元前118年),主管有司官员上奏称,三铢钱太轻,容易造假作伪,于是改请各郡国铸造五铢钱,将原先是平面无文的钱背面周围加铸凸起的边沿,这样就不能再磨取铜屑铸钱了。元鼎二年(公元前115年)铸赤侧五铢,一钱相当于五个白金五铢钱,“郡国多奸铸钱,钱多轻,而公卿请令京师铸锺官赤侧,一当五,赋官用非赤侧不得行。白金稍贱,民不宝用,县官以令禁之,无益。岁余,白金终废不行。”①白金三品最终因为市场不用而被废。

二、战争中的军费来源之一:三国时期的大钱

由于盗铸和大量劣质钱币的出现,导致钱币不断减重,相邻的蜀地又通行起虚值当百钱,以至民间仿效王莽铸造使用“大泉五十”钱,为了掌握钱币的铸造权,三国时期的孙权于是开始铸造大钱“大泉五百”和“大泉当千”:“(嘉禾)五年春,铸大钱,一当五百。诏使吏民输铜,计铜畀值,设盗铸之科”“赤乌元年春,铸当千大钱”②。孙权不仅开始统一铸造货币,并且开始打击民间的盗铸。赤乌元年至九年(公元238—246年),孙权又先后铸造了“大泉二千”“大泉五千”。“大泉五千”是继王莽时代后最大的虚值钱。

大量虚值钱的铸造,带来的就是货币面值与实际价值的脱离。“故吕蒙定荆州,孙权赐钱一亿。钱既太贵,但有空名,人间患之。权闻百姓不以便,省息之,铸为器物,官勿复出也。私家有者,并以输藏,平卑其直,勿有所枉。”③大面值虚钱空有其名,老百姓交易不变,最终大面值虚值钱,“大泉二千”和“大泉五千”被孙权废止,熔铸为器皿。但是东吴的“大泉五十”“大泉五百”和“大泉当千”一直处于流通中,在交易中按照面值折价计算。这两种钱币一直流通到两晋。

蜀汉铸钱实物遗存尚多,却无正史记载,仅能见到注引。《三国志·蜀书·刘巴传》注引《陵零先贤传》,“初攻刘璋,备与士众约:‘若事定,府

---

① 《史记·平准书》。
② 《三国志·吴志·孙权传》。
③ 《晋书·食货志》。

库百物，孤无预焉。'及拔成都，士众皆舍干戈，赴诸藏，竞取宝物。军用不足，备甚忧之。巴曰：'易耳，但当铸直百钱，平诸物贾，令吏为官市。'备从之，数月之内，府库充实"①。直百五铢是蜀汉铸造的第一种钱币。直百五铢的铸造与两汉各类五铢钱截然不同，有素背、背"为"两种。素背者朱字圆折、土下离开，应系刘备入川称帝前后所铸；背穿左"为"者末字方折、上下离开中横，是刘备取成都之次年所铸。

另外，蜀汉还铸有"太平百钱""定平一百"等钱币。其中"太平百钱"面文也有"太平百金""世平百钱""太平金金"。此钱基本有两种形制，一种是钱背有波折纹，并在穿上部有一星点，直径 2.5 厘米，重量较为一致，均在 3 克左右。以前学术界对此钱的出处争议颇多，但 1980 年四川成都西门外出土了"太平百钱"钱范，说明此钱铸于蜀都，但其铸造年份和铸主尚无定论。时间在直百五铢后，或于刘备汉中称帝时(公元 221 年)铸，意求"太平"而值当"百钱"，与直百五铢等并行。此钱制作粗疏、大小不一；"太平百钱"四字寄廓直读亦如"直百五铢"，文为篆、隶二体。篆书钱"太"字依篆法从"大"。后期减重过甚，劣小亦如"直百"，"钱"字或省写作"金"。据传也有仅书"太平"二字之小钱，钱背亦可见星号、水波纹等。按彭信威先生《中国货币史》记述，应为蜀汉钱晚期所铸。"定平一百"钱体薄小，有大小两种。大者径 1.6 厘米、重 1 克左右；小者仅径 1.2 厘米，重约 0.6 克。钱文篆书而夷漫不清，直读，光背，形制略同于直百五铢。其确凿归属尚待进一步考证。②

三、唐代虚钱与实钱：唐代的货币比值

武德四年(公元 621 年)，唐高祖铸开元通宝，到显庆五年(公元 660 年)"其后盗铸渐起"，虽然政府以经济手段调节，以良币换取劣币，但结果并不理想，"民间藏恶钱以待禁弛"③。开元通宝从唐高祖和唐太宗时期的稳定货币，开始进入几度被废除和恢复的动荡时期。开元通宝在唐代

① 《册府元龟·邦计部·钱币》。
② 周昆宁：《三国钱币考略》，《内蒙古金融研究》2003 年第 S4 期。
③ 《新唐书·食货四》。

前期也历经了几次波折：

“乾封元年，改铸‘乾封泉宝’钱，径寸，重二铢六分，以一当旧钱之十。逾年而旧钱多废。明年，以商贾不通，米帛踊贵，复行开元通宝钱，天下皆铸之。”①

唐高宗仪凤四年（公元679年），由于钱多米贵，皇帝下令少府停止铸币，使用旧币“是时铸多钱贱，米粟踊贵，乃罢少府铸，寻复旧”。“武后时，钱非穿穴及铁锡铜液，皆得用之，熟铜、排斗、沙涩之钱皆售，自是盗铸蜂起，江淮游民依大山陂海以铸，吏莫能捕。”②

唐玄宗登基初期，除了官铸开元通宝外，还有很多盗铸的劣币，而且材质混杂，混有金属锡的铁五铢大行其道：“先天之际，两京钱益滥，郴、衡钱才有轮郭，铁锡五铢之属皆可用之。或熔锡摸钱，须臾百十。开元初，宰相宋璟请禁恶钱，行二铢四参钱，毁旧钱不可用者。”③同时，为了保障开元通宝恢复铸造，皇帝下令禁止民间的铜锡金属交易，禁止制造铜器，并规范了开元通宝的铸币重量和品质。

“十一年，诏所在加铸，禁卖铜锡及造铜器者。二十年，千钱以重六斤四两为率，每钱重二铢四参，禁缺顿、沙涩、荡染、白强、黑强之钱。首者，官为市之。铜一斤为钱八十。”④

但是，好景不长，虽然唐玄宗下令在江南的宣、润等州设置钱监，铸造标准的开元通宝，但是盗铸随之而起，特别是在江淮地区。正统的官铸开元通宝称为官炉钱，民间盗铸的称为偏炉钱。偏炉钱有数十种之多，铁锡为主要材料，甚至连开元通宝的钱币形制都没有，更有“两京钱有鹅眼、古文、线环之别，每贯重不过三四斤，至翦铁而缗之”。富人大量收藏官炉钱，然后兑换成偏炉钱，参与市场交易，进行良币与劣币的套利。甚至兵部侍郎杨国忠公开支持偏炉钱的使用：“国忠又言钱非铁锡、铜沙、穿穴、古文，皆得用之。”⑤

① 《新唐书·食货四》。
② 《新唐书·食货四》。
③ 《新唐书·食货四》。
④ 《新唐书·食货四》。
⑤ 《新唐书·食货四》。

安史之乱时，史思明占据东都，铸造了短命的“得一元宝”，对开元通宝的兑换比例为 1∶100，后认为钱名不吉利，改为“顺天元宝”。最终这种铸币还是如史思明所担心的那样短命。

开元通宝被大量盗铸后，进入唐肃宗时期，开元通宝又一次被停止铸造，官铸金属货币的使用进入混乱状态。肃宗乾元元年(公元 758 年)，由于财政困难，停止铸造开元通宝，改为铸造“乾元十当钱”，与旧有的开元通宝并行使用，对开元通宝的兑换比例为 1∶10。“径一寸，每缗重十斤，与开元通宝参用，以一当十……先是诸炉铸钱窳薄，熔破钱及佛像，谓之‘盘陀’。”[①]由于乾元十当钱原料为融化破钱及铜像进行回炉加工，故品质较差，后又铸造“重棱钱”或“重轮钱”，也称为“乾元重宝”。

“第五琦为相，复命绛州诸炉铸重轮干元钱，径一寸二分，其文亦曰：‘乾元重宝’，背之外郭为重轮，每缗重十二斤”。但此种钱币与开元通宝的兑换比例为 1∶50，三种货币并行且兑换比例差距甚大，对经济产生了严重的伤害，且私铸泛滥。重轮钱的背后，其实是国家通过强制兑换比例来洗劫民间财富，以解决财政困难。按照兑换比例计算钱重，实质是 12 斤重的重轮钱兑换 32 斤重的开元通宝。洗劫的结果是帮助国家度过安史之乱带来的财政危机，但代价惨重，物价特别是米价高得惊人，导致很多人饿死：“法既屡易，物价腾踊，米斗钱至七千，饿死者满道。”“郑叔清为京兆尹，数月榜死者八百余人。”[②]

官铸钱币大钱与小钱带来的兑换比值问题，在中国钱币史上曾多次出现。官方法定兑换比例与民间实际兑换比例脱节严重，但历朝历代并没有得到官方认可。唐肃宗时期，第一次对这种兑换比例的虚实进行了认定，“虚钱”概念便出现了：“上元元年，减重轮钱以一当三十，开元旧钱与乾元十当钱，皆以一当十，碾硙鬻受，得为实钱，虚钱交易皆用十当钱，由是钱有虚实之名。”[③]唐肃宗下调了重轮钱的兑换比例，让其接近货币重量本身比价(12 斤重的重轮钱兑换 32 斤开元通宝调整为兑换 19.2

---

① 《新唐书·食货四》。
② 《新唐书·食货四》。
③ 《新唐书·食货四》。

斤)。"所谓虚、实钱是以计值方式而言,是指同一种钱币本身具有的两种不同的计值方式。……好、恶两种钱币的含铜量、重量等相差较大,当它们在市场上共同流通时,按照金属货币使用价值决定其交换价值的原理,好钱在交易时必然被加抬使用,即好钱一文当恶钱若干文使用……但好钱加抬,在其他时期,从来没有得到过官方认可。唐朝的好钱虚抬却得到官府认同,合法化了……由此可知,虚钱是指民间抬价后的开元钱,与之相对,实钱自然是指开元钱的原定面值。"[①]

唐代中后期,官铸钱大小钱和开元通宝的兑换问题一直存在且比例不断变化,虚钱和实钱并存使用,官方规定比价和民间自发规定的兑换比价同时被官府认可,"应典贴庄宅、店铺、田地、碾等,先为实钱典帖者,令还以实钱价;先以虚钱典贴者,令以虚钱赎。其余交关,并依前用当十钱"[②]。这恐怕也是中国古代货币史上的一个奇葩现象。

虚实铸币的产生,对唐代中后期产生了深远的影响。自唐代宗始,虚实货币不断地与商品进行再平衡,但在大量私铸和盗铸等劣质钱币流通冲击的情况下,都无法解决,导致唐代中后期多次下令,一方面禁止输出钱币,另一方面禁止铸造铜器,甚至产生灭佛行动。更有甚者,不得不使用实物货币。

唐代宗即位,继承了唐肃宗时期的金属铸币,并调整了兑换比例:"乾元重宝钱以一当二,重轮钱以一当三,凡三日而大小钱皆以一当一。自第五琦更铸,犯法者日数百,州县不能禁止,至是人甚便之。其后民间乾元、重棱二钱铸为器,不复出矣。"[③]这种脱离实际的兑换比例调整,打破了商品价格与货币流通量的均衡,铜贵钱贱,带来的结果就是民间大量收藏大钱乾元和重轮,并熔铸为青铜器具。钱贱的结果导致"广德元年秋,虸蚄食苗,关西尤甚,米斗千钱";"大历四年秋,大雨。是岁自四月霖澍,至九月,京师米斗八百文。"[④]不到十年时间,钱币开始供应不上,官府不得不

---

① 魏道明:《论唐代的虚估与实估》,《中国经济史研究》2002年第4期。

② 《唐会要》卷八十九《泉货》;转引自魏道明:《论唐代的虚估与实估》,《中国经济史研究》2002年第4期。

③ 《新唐书·食货四》。

④ 《旧唐书·五行志》。

大量新铸钱币，同时于“大历七年，禁天下铸铜器”[①]。

四、宋代的大小虚实

“宋初，凡输官者亦用八十或八十五为百，然诸州私用则各随其俗，至有以四十八钱为百者。至是，诏所在用七十七钱为百。”[②]

北宋早期依然面临铸钱材料的严重不足，北宋政府便铸造铁钱替代，且多次铸造大铁钱。宋太宗太平兴国八年（公元983年），“是时，以福建铜钱数少，令建州铸大铁钱并行，寻罢铸，而官私所有铁钱十万贯，不出州境，每千钱与铜钱七百七十等，外邑邻两浙者亦不用”。淳化二年（公元991年），“坚请改铸一当十大钱，御书钱式，遣诣川峡路诸州冶铸，所在并为御书钱监”。这种铸币铜料的不足，也衍生出中国钱币史上第一个铜铁混铸的官铸钱币：

“有许申者，为三司度支判官，建议以药化铁与铜杂铸，轻重如铜钱法，而铜居三分，铁居六分，皆有奇赢，亦得钱千，费省而利厚。诏铸于京师。然铸钱杂铅、锡，则其液流速而易成，申杂以铁，铁涩而多不就，工人苦之，后卒无成。”[③]

作为铸币材料的铜和铁，甚至辅助材料的匮乏，导致北宋时期，官铸钱币既有铜钱大小钱，又有铁钱大小钱。当时官方规定的兑换比例为铜钱一换十铁钱，相同材料的铸币大钱一个换十个小钱。官铸和私铸、盗铸盛行，两种大钱、两种小钱，在经历北宋真宗朝后，最终于北宋仁宗时期对当时的货币体系造成了巨大冲击，物价飞涨，“数州钱杂行，大约小铜钱三可铸当十大铜钱一，以故民间盗铸者众，钱文大乱，物价翔踊，公私患之”[④]。宋仁宗至庆历末（公元1047年左右），根据市场交易的具体情况，统一规范各地铸币的兑换比例且停止铸钱：

“遂请以江南、仪商等州大铜钱一当小铜钱三……请以小铁钱三当铜

---

① 《新唐书·食货四》。
② 《宋史·食货志》。
③ 《文献通考》卷九《钱币考》。
④ 《宋史·食货志》。

钱一。既而又请河东小铁钱如陕西,亦以三当一,且罢官所置炉。朝廷皆施用其言。自是奸人稍无利,犹未能绝滥钱。其后,诏商州罢铸青黄铜钱,又令陕西大铜钱、大铁钱皆以一当二,盗铸乃止。然令数变,兵民耗于资用,类多咨怨,久之始定。”[①]

北宋政府并没有随着宋仁宗时期的钱币规范而解决虚实钱的问题,相反,随着经济的发展变化,由于铸币的兑换比例跟不上市场商品交换的实际价值比例变化,导致北宋中后期大小钱、铜铁钱的官方规定兑换比例时常发生变化,而停止铸币的情况也多次发生。神宗熙宁四年(公元1071年),“陕西转运使皮公弼言:‘顷岁西边用兵,始铸当十钱。后兵罢,多盗铸者,乃以当三,又减作当二,行之至今,铜费相当,盗铸衰息。请以旧铜、铅尽铸当二钱。’从之。其后折二钱遂行天下”[②]。

五、明代的货币兑换

在铜钱的使用上,洪武时期对铜钱的使用就有明确的规定,但更多考虑的是如何配合纸钞的推广。铜钱似乎更多体现为民间使用习惯而被保存。另外,明代铜钱与银的比价也能够反映出铜钱流通在经济活动中的演变。当时规定了宝钞与铜钱、金银货币的比价,其中铜钱1 000可兑白银1两。铜钱的使用范围也有要求:“商税兼收钱钞,钱三钞七。”[③]铜钱在明代一直可以作为缴纳税收货币和用于官员的俸禄支付,只是铜钱与其他货币的比例每个王朝有所不同。

明英宗于正统二年(公元1436年)取消银禁,货币开始进入银钱并行的币制阶段,也有学者称为“银铜(钱)平行本位制”。

铜钱的短缺对经济的伤害到明孝宗弘治年间达到一个顶峰。一方面,发行的宝钞大幅度贬值,宝钞信用接近崩溃,10贯宝钞换不到3文钱,百姓和商人不肯使用,民间甚至宁可以物易物,也不愿意用宝钞;另一方面,官制铜钱紧缺,铸钱利润丰厚导致民间私铸泛滥。明孝宗在弘治十

---

① 《文献通考》卷九《钱币考》。
② 《文献通考》卷九《钱币考》。
③ 《明史·食货志》。

六年（公元 1503 年）恢复铜钱的铸造。弘治初期，“户部请鼓铸，乃复开局铸钱。凡纳赎收税，历代钱、制钱各收其半；无制钱即收旧钱，二以当一”。“正德三年，以太仓积钱给官俸，十分为率，钱一银九。又从太监张永言，发天财库及户部布政司库钱，关给征收，每七十文征银一钱，且申私铸之禁。”[①]

明世宗嘉靖年间（公元 1522—1556 年），政府又正式用法律规定白银与铜钱的比价，规定大额交易使用白银（银锭）、小额交易使用铜钱。当时的田税、徭役、商税、盐税、关税和其他税收，都一律折银征收，官俸和国库开支也用白银支付，白银与铜钱同时成为法定货币，银钱按照法定的比价同时流通。

“先是，民间行滥恶钱，率以三四十钱当银一分。后益杂铅锡，薄劣无形制，至以六七十文当银一分。翦楮夹其中，不可辨。用给事中李用敬言，以制钱与前代杂钱相兼行，上品者俱七文当银一分，余视钱高下为三等，下者二十一文当银一分；私造滥恶钱悉禁不行，犯者置之法。小钱行久，骤革之，民颇不便。又出内库钱给文武官俸，不论新旧美恶，悉以七文折算。诸以俸钱市易者，亦悉以七文抑勒予民，民亦骚然。”[②]

自明穆宗隆庆开始，纸钞贬值严重，为了推动铜钱的使用，“于是课税银三两以下复收钱，民间交易一钱以下止许用钱。时钱八文折银一分，禁民毋得任意低昂。……宝钞不用垂百余年，课程亦鲜有收钞者，惟俸钱独支钞如故”[③]。

到崇祯时期，“其所铸钱，皆以五十五文当银一钱，计息取盈，工匠之赔补，行使之折阅，不堪命矣”[④]。明代铜钱与白银从明初法定的 1 两兑 1 000 文，一直持续到嘉靖时期，比价关系稳定，直至由于铸钱量满足不了商品流通需要，铜钱才有所升值（1 两兑 800 文左右）。从嘉靖时期开始，随着铸钱量突然增加，比价急剧拉升，但随着白银输入的不断增加，银铜比价又逐步恢复到正常水准，甚至在白银输入的顶峰时期，铜钱升值超过

① 《明史·食货志》。
② 《明史·食货志》。
③ 《明史·食货志》。
④ 《明史·食货志》。

以往。而随着铜钱鼓铸量在万历末期飞速膨胀,银铜比价开始发生逆转。短短三十多年从六七百文兑一两白银,快速贬值至五六千文兑一两白银。这也从侧面反映出明朝的兴衰和消亡。

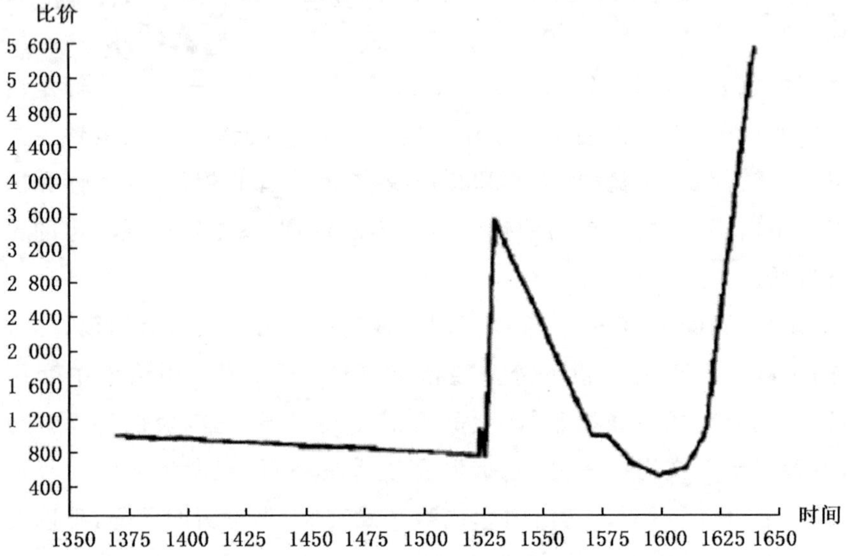

资料来源:严艳,《浅谈明代白银与铜钱的比价问题》,《南方文物》2006年第4期。

图3—3　明代白银与铜钱的比价变动

六、清代的挂钩汇率

清代的货币本位延承旧制,白银和制钱仍为主要货币,“大数用银,小数用钱”。尽管后期也出现了新的货币,如银圆、铜圆、铁钱、大钱、纸钞等,以至影响本位货币,出现交替变更的现象,但白银和铜钱贯穿了整个清代的货币体系。

清代货币的一个特点就是一位皇帝只用一种年号钱,虽铸量大但形制较为简单;除个别例外,所有年号钱均称通宝。清代的铜钱为制式,钱文皆为工整楷书,读法均对读,除个别例外。在铜钱的重量上,自顺治时期就明确了一钱四分的重量。这种制钱的规范保障了清代铜钱的规整,减少了劣质钱币对国家法定货币的冲击。如同前朝一样,清代也禁止私铸和禁铜。“自改铸一钱四分钱，奸民辄私销，乃定律罪之比私铸。遂禁造铜器，为私销也。”[①]清代的铸钱以 1 000 个铜钱称为一串，12 000 串称为一卯，每开一期的额定数称为正卯，正卯以后凡有加铸数称为加卯。因此，其铜钱的铸造采用额定数“年铸三十卯”，但随着白银的输入和对白银固定汇率的强制要求，导致加卯不断，甚至远远超过额定数。

清代钱法的一大特点就是挂钩白银的固定汇率制。顺治时期规定，“二年，增重二分，定钱七枚准银一分，旧钱倍之。”后调整为 10 文钱兑换白银 1 分。康熙四十一年(公元 1702 年)，“廷臣请罢小制钱，仍铸一钱四分重钱，新旧钱暂兼行，新钱千准银一两，旧钱准七钱。诏从之。然私铸竟不能止”[②]。

为了保障规定汇率，清代前中期采用了多种方式。一是平粜，以钱易银。顺治时期，“二十三年，允钱法侍郎陈廷敬纠复一钱旧制。久之，钱贵如故，乃申定钱直禁，银一两易钱毋得不足一千，然钱直终不能平。季年银一两易钱八百八十至七百七十。乃发五城平粜钱易银以平其价”[③]。康熙直至乾隆时期，要求按照官方规定的比例兑换白银，依然无法执行。官方规定的千文钱换银一两，实际上只有 770 文至 880 文，甚至有时候不得不动用库存铜钱来平抑钱价。一方面，要求钱粮税赋按照银七钱三的比例缴纳，以鼓励官钱流通。“时官钱壅滞，通以敛散法，酌定京、外局钱，配搭俸饷。钱粮旧制征银七钱三，皆著为令。而直省局钱不精，私铸乘之，卒壅不行，悉罢铸，专任宝泉、宝源，精造一钱四分重钱，幕用满文，俾私铸艰于作伪。”[④]另一方面，政府还设立官钱局，并利用钱铺、当铺等金融机构，以低于市场比价来易换银两，调节市场中的制钱数量，使银钱比价接近官方的标准。政府发放生息银两，也增加了流通中的货币数量。

同时为了达到法定的银铜比价，清政府通过新设铸钱局、停复工铸炉、加卯等手段，增加或减少制钱的供应量。从顺治至嘉庆年间，仅京师的“宝泉局”和“宝源局”这两个铸钱局大约增减铸币数量就达 14 次。

---

① 《清史稿・食货志》。
② 《清史稿・食货志》。
③ 《清史稿・食货志》。
④ 《清史稿・食货志》。

到清末,随着财政的恶化和经济的萧条,“盗铸丛起,死罪日报而不为止。局钱亦渐恶,杂私铸中不复辨,奸商因之折减挑剔,任意低昂。商贩患得大钱,皆裹足,三成搭收,徒张文告,屡禁罔效。法弊而挠法者多,固未有济也。当十钱行独久,然一钱当制钱二,出国门即不通行。咸丰之季,铜苦乏,申禁铜、收铜令。同治初,铸钱所资,惟商铜、废铜,当十钱减从三钱二分。光绪九年,复减为二钱六分”①。清代钱法逐步崩坏。

---

① 《清史稿·食货志》。

第四章

借贷市场

第一节　民间借贷市场

一、借贷市场的萌发

据《说文解字注》载："贷，施也。谓我施人曰贷也。"所谓施人，就是无偿地给予他人之谓，这应是中国上古处于氏族社会时期"贷"的概念。汉初燕人韩婴在回顾上古井田时代时说："古者八家而井田，方里为一井……八家相保，出入更守，疾病相忧，患难相救，有无相贷，饮食相召，嫁娶相谋，渔猎分得，仁恩施行，是以其民和亲而相好。"①

虽然在商代还没有借贷的记载，但是，《曶鼎铭文》中已有判令偿还一倍且有第二年再不偿还另加一倍的例子。这一案例说明借贷已经存在，且有类似罚息的处罚，只不过它是实物借贷而非货币。因此，早期的借贷实为互通有无，可以明确为实物借贷。

西周以后，随着井田制的破坏，社会贫富分化扩大，"贷"的内涵发生变化，借贷观产生了。不论是钱还是物，都是需要归还的，有时甚至要加

---

① 《韩诗外传》卷四，校元刊本，中国书店出版社 2015 年版。

息归还,形成一种债务,称之为“责”,即债也。关于“责”字,早在商代就已出现,周武王灭殷商后,“复盘庚之政,发巨桥之粟,赋鹿台之钱,以示民无私,出拘救罪,分财弃责,以振穷困”[①]。所谓分财弃责,就是瓜分商王的财产,免除平民对商王的债务。由此可见,商周时期的借贷,很大一部分是王室行为。到周朝,政府开始作为借贷的主体出现,泉府作为主要政府管理机构而设立。

二、民间借贷的疯狂成长:春秋战国

进入春秋时期,以借贷生息谋利者已经出现了。昭公三年(公元前540年),叔向对韩宣子语及晋国先世事时,说晋国上卿栾桓子“骄泰奢侈,贪欲无艺,略则行志,假贷居贿,宜及于难,而赖武之德,以没其身”[②]。这里的假贷居贿就是用生息借贷去谋利的意思。从前后文看,叔向对栾桓子假贷居贿的行为是斥责的,可见私人的出贷生息在春秋早期还未普遍,如果有谁以借贷谋利,便属于不正当得利,不被社会普遍认可。当时的借贷,更多的是实物借贷。“宋公子鲍礼于国人,宋饥,竭其粟而贷之。”[③]

进入战国时期,借贷快速发展并成为社会普遍现象,当时称为假贷或称贷,中国最早的信用交易也开始有了文字记载。《管子》中对战国时期的借贷情况有详细描述。以齐国为例,齐桓公听从管子的建议派出四名使者调查国内的高利贷情况,结果是:

“鲍叔驰而西,反报曰:‘西方之氓者,带济负河,菹泽之萌也。渔猎取薪蒸而为食。其称贷之家多者千钟,少者六七百钟。其出之,钟也一钟。其受息之萌九百余家。’宾胥无驰而南。反报曰:‘南方之萌者,山居谷处,登降之萌也。上斫轮轴,下采杼栗,田猎而为食。其称贷之家多者千万,少者六七百万。其出之,中伯伍也。其受息之萌八百余家。’宁戚驰而东。反报曰:‘东方之萌,带山负海,若处,上断福,渔猎之萌也。治葛缕而为

① 《吕氏春秋》卷十五,文渊阁四库全书本,线装书局2014年版。
② 《国语·晋语》。
③ 《左传·文公十六年》。

食。其称贷之家枣丁、惠、高、国，多者五千钟，少者三千钟。其出之，中钟五釜也。其受息之萌八九百家。'隰朋驰而北。反报曰：'北方之萌者，衍处负海，煮沛水为盐，梁济取鱼之萌也。薪食。其称贷之家多者千万，少者六七百万。其出之，中伯二十也。受息之萌九百余家。'凡称贷之家出泉三千万，出粟三数千万钟，受子息民三万家。"①

从齐桓公使者的调查中，我们发现齐国的民间借贷规模为：共放债3 000万钱，3 000万钟左右的粮食。借债贫民约3万家，借贷品种主要为钱币和粮食，利率有20%、50%，甚至有1倍的。可见战国时期借贷的普遍和市场规模的庞大了。

战国时期产生的借贷市场催生了信用发展，当时的借贷市场体现出如下几个特征：

第一，生息的借贷已相当普遍，并成为一种社会常态，高利贷开始大量出现，甚至成为一种风气。"周人之俗，治产业，力工商，逐什二以为务。"②此处所说周人，是指战国时期东周京畿一带的人，"逐什二以为务"是指追求以十钱增息二钱的生息借贷业务。

"通邑大都……子贷金钱千贯，节驵会，贪贾三之，廉贾五之，此亦比千乘之家，其大率也。"③

高利贷还有做到跨(郡)国且成就了弃文逐利的社会风气的。

"鲁人俗俭啬，而曹邴氏尤甚，以铁冶起，富至巨万。然家自父兄子孙约'俯有拾，仰有取'，贳贷行贾遍郡国。邹、鲁以其故多去文学而趋利者，以曹邴氏也。"④

第二，借贷不再以实物为主，货币借贷逐步占据主导，且普遍以书面文字(券契)的形式确定借贷关系和内容。齐国孟尝君"出息钱于薛。薛岁不入，民颇不与其息"。遂请门客冯驩"收责于薛"，薛国是孟尝君的封地，他是薛国土地、财富的最大拥有者，故债务人众多，且很多人拖欠利息。冯驩受命后，"辞行，至薛，召取孟尝君钱者皆会，得息钱十万。乃多

① 《管子·轻重丁》。
② 《史记·苏秦列传》。
③ 《史记·货殖列传》。
④ 《史记·货殖列传》。

酿酒,买肥牛,召诸取钱者,能与息者皆来,不能与息者亦来,皆持取钱之券书合之。齐为会,日杀牛置酒。酒酣,乃持券如前合之,能与息者,与为期;贫不能与息者,取其券而烧之”①。所谓合券,即前论生息借贷中的“傅别”债权凭证,由于烧掉了这些债权凭证,等于免除了债务人的债务。

第三,信用交易产生,借贷的目的也不仅仅限于祭祀和生产,还可以借贷交税。战国时期,实物抵押借贷、人身抵押借贷都已存在。当时人口还不能自由流动,诸侯国之间泾渭分明,逃避债务的难度很大。债权人在司法上有保障,而且债权人对债务人有充分的处置权,因此,信用贷款也出现了。有时候平民无法缴纳足额税负,就借贷交税,最终债务人无法偿还债务,沦落荒野:“为民父母,使民盻盻然,将终岁勤动,不得以养其父母,又称贷而益之。使老稚转乎沟壑,恶在其为民父母也?”②

第四,放贷主体不再限于王公贵族,专业的放贷机构(人员)开始出现。战国时期的借贷是民间的自发借贷,以货币为主。放款人以商人为主,也有部分官员和王公贵族,还有从事放贷中介的牙行(主要是牲畜交易的机构)和称贷家。称贷家是专门从事放款收息的人,是高利贷者。而贷款者,既有一般贫民、小商人和手工业者,又有王公贵族,甚至诸侯。高利贷很多是通过牲畜交易的牙行放出。

第五,诸侯王意识到了高利贷、人身抵押贷款对社会的危害,开始通过税负等方式约束高利贷的发展,平衡社会,保障贫困人口、农夫的生活。前述齐国对“称贷家”的调查就源于“桓公曰:‘寡人多务,令衡籍吾国之富商、蓄贾、称贷家,以利吾贫萌、农夫,不失其本事。反此有道乎?’”③从当时的情形看,20%的利率比较普遍,虽然诸侯国没有规定利率达到多少视为高利贷,但是对倍利率的现象已经引起了诸侯王的警惕。同时为了打击人身抵押借贷,秦律规定:“百姓有责,勿敢擅强质,擅强质及和受质者,皆赀二甲。”④显然当时的人身抵押已经很多了,而且有“擅强质”(即债权人一方强制债务人作抵)和“和受质”(即在债权、债务人双方愿意的情况

① 《史记·孟尝君列传》。
② 《孟子·滕文公上》。
③ 《管子·轻重丁》。
④ 睡虎地秦墓竹简整理小组:《睡虎地秦墓竹简》,文物出版社1978年版,第214页。

下以人身为抵押)两种形式。

汉代的借贷市场主要有两种形式:一种是民间的货币借贷,另一种是实物借贷;既有抵押借款,又有信用贷款,更有以人为质的抵押借贷。汉代放款的人,以商人为主,也有部分官员和王公贵族,已经出现了专业的类似于钱庄的放贷中介机构(人):牙行和子钱者,子钱者是专门从事放款收息的人,是高利贷者,其已经成为社会一个群体。信用时代在西汉已经形成。

“吴楚七国兵起时,长安中列侯封君行从军旅,赍贷子钱,子钱家以为侯邑国在关东,关东成败未决,莫肯与。唯无盐氏出捐千金贷,其息什之。三月,吴楚平。一岁之中,则无盐氏之息什倍,用此富埒关中。”①

无盐氏向列侯封君信用放款打仗,一次性十倍利息,一年不到便回收了本金和全部的利息,从而富冠关中。这也是目前最早的商人个人向参与战争的贵族列侯发放信用贷款的记载。借贷的人除了农民、手工业者、城市平民外,也有王公贵族、官僚地主,甚至朝廷大臣。

以国家(官府)为代表的实物借贷,主要用于救济或军事需要(如养马)。“于是上北出萧关,从数万骑,猎新秦中,以勒边兵而归。新秦中或千里无亭徼,于是诛北地太守以下,而令民得畜牧边县,官假马母,三岁而归,及息什一,以除告缗,用充仞新秦中。”②官府以实物母马借贷,三年后按照每十匹母马偿还一匹马驹作为利息。

借贷,有时候也是强制性的。汉武帝元狩三年(公元前 120 年),山东水灾,“其明年,山东被水灾,民多饥乏,于是天子遣使虚郡国仓廪以振贫。犹不足,又募豪富人相假贷。尚不能相救,乃徙贫民于关以西,及充朔方以南新秦中,七十余万口,衣食皆仰给于县官。数岁贷与产业,使者分部护,冠盖相望,费以亿计,县官大空”③。这是较早的政府明令富有的人向贫民放贷的记载,也就是赈贷(当时称为“振贷”)。

汉初,手工业和商业的迅速发展,产生了一些颇有实力的工商业者,

---

① 《史记·货殖列传》。
② 《史记·平准书》。
③ 《汉书·食货志》。

如贩运商人、子钱家等,财富益愈积聚于这些人手中,在以本守末、购置土地以外,放高利贷就成为当时很重要的一个行业。

显然,西汉的信用市场已经初步成型。放贷主体有民间的子钱家,也有商人和王公贵族,甚至国家;子钱家在长安已经形成了私人银行般的市场;放贷物以货币为主、实物为辅;有以促进生产、赈灾为目的的国家政策性放贷,也有以投机为主的战争贷款。

三、民间借贷的机构化发展

(一)放贷人逐步专业化

朝代走马灯似的更迭,背后是战乱与社会的不稳定。南北朝时期的借贷与典当业发展迅速,成为后世两个金融子行业发展的雏形。由于社会不稳定,中小商人很难如两汉时期那样成为借贷业的主体,因此,国家、依靠强权以及能够得到皇家庇佑的王公贵族和大商人、寺庙和管理寺庙的政府官员成为主要放贷人。

同现代类似,南北朝时期的借贷业分为信用贷款(举贷)和抵质押贷款(质举),而寺院成就了典当业。这也是南北朝时期金融业的一大特点。这一时期民间的放贷人主要有王公贵族和大商人、寺庙及其管理人三种,放贷逐步出现职业化倾向。

1. 王公贵族和大商人放贷

魏晋南北朝时期,朝中大臣占有山林水泽的极多,且来源多样,如帝王的"赐田"、本身向朝廷请求的"求田",或用放高利贷逼穷民用山泽抵押的"悬券"。当时刁协、萧宏、萧子良等王公贵族都占有大量山泽的出产物,包括金银矿藏。政府虽有禁令,但不能禁。《南史·临川靖惠王萧宏传》记载:"宏都下有数十部出悬钱立券,每以田宅邸店悬上文券,期讫便驱券主,夺其宅。都下东土百姓,失业非一。帝后知,制悬券不得复驱夺,自此后贫庶不复失居业。""宏性爱钱,百万一聚,黄榜标之,千万一库,悬一紫标,如此三十余间。帝与佗卿屈指计见钱三亿余万,余屋贮布绢丝绵漆蜜纻蜡朱砂黄屑杂货,但见满库,不知多少。"

宋文帝有个儿子在荆州,用短钱100借给平民,收回时要平民偿还最好的白米一石，值1 000钱，而且只折成钱收回，不收米。利率十倍。北齐的末代幼主，向民间征用物品都是早上要、晚上就要收齐，经办的官员就趁机敲诈，借钱给老百姓置办东西，借一还十，也是十倍利率。这些高利率，从逻辑上来说，应当是短期借贷，而且是信用借贷。

来自西域的胡商也成为放贷的一股力量。北齐武平年间，“文宣初平淮南，给复十年，年满后，逮天统、武平中，征税颇杂。又高元海执政，断渔猎，人家无以自资。诸商胡负官责息者，宦者陈德信纵其妄注淮南富家，令州县征责”①。

晋陵郡曲阿商人扬晚贷款给众多的三吴人经营，然后收取利润，据说这些三吴商人“或行长江，卒遇暴风，及劫资者，若捉晚钱，多获免济”②。南朝也有类似的商人放贷，梁代吴郡吴人陆验“少而贫苦，落魄无行，邑人郁吉卿者甚富，验倾身事之。吉卿贷以钱米，验借以商贩，遂致千金”③。

2. 寺庙及其管理人放贷

南北朝频发的战乱还促使更多灾民依附于寺院。伴随着佛教的“国教化”，寺院的营建遍及南北各地。出家僧尼的数量也较之前急剧增加。据唐代僧人法琳《辩正论》所记，北魏太延四年(公元438年)僧尼数千人；九十年后的北魏末年(公元528年)，佛寺已达3万处，僧尼200多万人；再至四十六年后的北周建德三年(公元574年)时，佛寺已达4万处，僧尼300万人。南朝则有过之而无不及，宋时有佛寺1 913处，僧尼3.6万人；齐朝时有佛寺2 015处，僧尼3.25万人；梁朝最盛，佛寺达2 846处，僧尼8.27万人；陈朝时有佛寺1 232处，僧尼3.2万人。除了在册的僧尼之外，还有大量奴婢供僧尼驱使。仅梁武帝时期就有10余万人托身于寺院，作“白徒”“养女”，以逃避赋税、杂役，但他们又牢牢束缚于寺院，终年为寺院耕田、经商、服役，这也促进了南朝寺院经济实力的增长。当时的寺院和僧人积累了大量的财富，宋文帝时期甚至发生因国家战争经费不

---

① 《北史·列传第十八·卢潜传》。

② (宋)李昉等编:《太平御览》卷八百二十九《资产部·商贾》;转引自瞿安全:《关于南北朝商人的几个问题》,《中国经济史研究》2002年第1期。

③ 《南史·陆验传》;转引自瞿安全:《关于南北朝商人的几个问题》,《中国经济史研究》2002年第1期。

足而向僧尼借款的情况。“有司又奏军用不充，扬、南徐、兖、江四州富有之民，家资满五十万，僧尼满二十万者，并四分换一，过此率讨，事息即还。”①

寺院持续性的收入来源主要有三个部分：

一是土地出租的收入。这只是僧人财富的来源之一，寺院拥有大量房舍、土地和佃户。

二是经商收入。为便于佛教传播，早期寺院，特别是大寺院，多集中在人口密集，农业、手工业及商业较为发达的地区。寺院周围多手工业品生产及交易场所，宗教节日同时也成为集市交易日。寺院不仅在集市上设有“邸舍”供往来行人歇息，而且有出售货物的柜台。

三是借贷收入。由于南朝货币流通混乱，苛捐杂税繁多，百姓、商贾不得不经常告债。于是，拥有巨额财富的寺院，通过收取债务人的金银、耕畜、衣物、农产品作质押进行放款活动。除了借钱外，寺院也会出借实物，最常见的就是粮食，出借对象是农民。

寺庙经营借贷，也是有“法理”（佛经）依据的。《大藏经》卷四十《行事钞》中甚至规定了寺院借贷的利息率：“善生经，赡病人不得生厌，若自无物，出求之，不得者贷三宝物，差已，十倍偿之。”《梵网经菩萨戒本疏第二》第三出贷者条引《僧祇》中：“塔、僧二物出息互贷，分明疏记。”又引《十诵》中：“塔物出息取利，还着塔物无尽财中。”《善见》中：“得贷借僧物作私房。”《善生经》中：“病人贷三宝物，十倍还之。”这些经、律分别于东晋、十六国或南北朝时期在中国译出和流传。②

（二）借贷形式逐步标准化

信用贷的放贷物，可以是钱币，也可以是实物。有信用借贷，也有抵质押借贷，甚至出现了不立契书的寺院借贷。

1. 信用借贷

《魏书·卢玄传》中记载：“义僖少时，幽州频遭水旱，先有谷数万石贷民，义僖以年谷不熟，乃燔其契。州闾悦其恩德。”《北齐书·李元忠传》记

① 《宋书·索虏》。

② 谢重光：《晋唐寺院的商业和借贷业》，《中国经济史研究》1989年第1期。

载:“家素富实,其家人在乡,多有举贷求利,元忠每焚契免责。”此处的契,就相当于现代的借款合同,契烧掉,也就免除了债务。

敦煌文书中就有大量寺院贷放绢帛的借契,钱、帛、谷物都可以用于出贷,《太平广记》卷一百三十四中记载:“隋并州盂县竹永通,曾贷寺家粟六十石。”

由于佛教在南北朝时期的大规模普及,寺院很多时候向信徒宣扬因果报应,向借贷方宣传许多赖债人在地狱受苦的报应故事,如竹永通赖债死后变牛偿债。因此有时寺院放债,虽不立文契仍能按期收回本利:“或有举便,亦不作文约,但往至期还送而已。”①

2. 抵质押借贷

北魏太和时期,还有现代典型的不动产抵押贷款记录。“坤旧有庄,质于嵩岭菩提寺,坤持其价而赎之。”②“宏都下有数十部出悬钱立券,每以田宅邸店悬上文券,期讫便驱券主,夺其宅。”③此处的悬钱就是抵押贷款,而且是以不动产田宅邸店作为抵押。显然这并不属于很多学者所认为的典当。

“寺院放贷,一般也要举贷人立契。其形式大体如新疆发现的唐建中三年《健儿马令痣举钱契》:‘建中三年七月十二日,健儿马令痣为急要钱用,交无得处,遂于护国寺僧虔英边举钱壹仟文。其钱每月头分生利贰佰文。如虔英自要钱用,即仰马令痣本利并还。如不得, 仼虔英牵制令痣家资牛畜将充钱直,有剩不追,恐人无信,故立私契,两共平章,书指为记。’

‘钱主

举钱人马令痣年廿

同取人母苑二娘年五十

同取人妹马二娘年十二’。”④

① (唐)韦述:《两京新记》卷三《化度寺无尽藏院》;转引自谢重光:《晋唐寺院的商业和借贷业》,《中国经济史研究》1989年第1期。

② 《太平广记》卷四百五十四《狐八》。

③ 《南史·临川靖惠王萧宏传》。

④ 《敦煌资料》第一辑;转引自谢重光:《晋唐寺院的商业和借贷业》,《中国经济史研究》1989年第1期。

此处就出现了举债人的全部家产抵押,其亲属连带担保的记录。这种私契还受到法律的认可。

四、专门存贷机构:唐代的柜坊

柜坊又称僦柜、寄附铺,萌芽于南北朝时期的寺院,为早期的财货寄存业务。据《魏书·释老志》的记载,北魏太武帝曾派人阅长安某寺财物,见有"州郡牧守富人所寄藏物,盖以万计"。隋末唐初,成为专门的经营机构。

柜坊的产生与邸店有关。"邸店者,居物之处为邸,沽卖之处为店。"[①]邸店早期是商人货物存放和沽卖的店铺,其服务对象是流动的商人,后期逐步成为可以保存钱帛的所在。大商人窦乂曾经在长安西市"造店二十余间,当其要害,日收利数千,甚获其要。店今存焉,号窦家店"[②]。于是储存并支付钱币的柜坊就从邸店中被分化出来了。唐人温庭筠在《乾馔子》中记载,长安富商窦乂经常施钱给中亚米国人米亮,当他听到米亮说崇贤里有小宅出售时,便"西市柜坊锁钱盈余,即依值出钱市之"。可见,商人往往将采购货物的铜钱预先存放在西市的柜坊,待买卖成交后,再到西市的柜坊提取现款。

唐玄宗开元初年(公元713年)已出现专门的柜坊,主要经营的业务是代客商保管金银财物,收取一定的租金,商人需用时,凭帖或信物提取,但依然还有很多商铺兼营柜坊业务,甚至药店也经营存取款业务。"张老与(其妻兄)一故席帽曰:兄若无钱,可于扬州北邸卖药王家取一千万,持此为信……因取看之,果是也。遂得载钱而归。"[③]

柜坊所存物品主要是钱帛和粟麦。由于柜坊资金大,有钱人愿意寄存钱财,因此柜坊成为生息的主要来源,类似于后世的钱庄。甚至官府在财政紧张时期,直接从柜坊强制性征取。唐德宗建中三年(公元782年),下令由官府出面向所有在京师长安的柜坊按照所存资金的1/4强制性征借,共取得100多万缗,结果引起柜坊商人罢市,大量市民围堵宰相上访。

---

① 《唐律疏议》卷四《名例》。

② 《太平广记》卷二百四十三《窦乂》。

③ 《太平广记》卷十六《神仙十六·张老》。

由此可推知，当时仅长安一地柜坊的存款就超过400万缗，占国家全年财政收入的1/3以上。“又取僦柜纳质钱及粟麦粜于市者，四取其一，长安为罢市，市民相率遮邀宰相哭诉，卢杞疾驱而过。”[①]随着柜坊存款的发展，柜坊的借贷也就自然而然地形成了，但古籍在这方面的记载较少。比较有说明意义的是乾符二年(公元875年)，唐僖宗在《南郊赦文》中说道：“自今以后，如有人入钱买官，纳银求职，败露之后，言告之初，取与同罪，卜射无舍，其钱物等令没官，送御史台，以赃罚收官如是波斯番人钱，亦准此处分。其柜坊人户，明知事情，不来陈告，所有物业，并不纳官，严加惩断，决流边际，庶绝此类。”这道诏令说明朝廷已经发现有人从柜坊拿钱行贿，所以对柜坊主严加惩罚，流放边远地区，并没收其所有财产。在唐政府看来，柜坊主向买官者提供贷款服务，相当于参与了违法活动，应负连带责任，故应予以严惩。

到宋代时，柜坊衰落，沦为赌坊。

除了柜坊的抵押贷款，唐代也有担保型的信用贷——举贷，又称举放、出举，是由保证人担保的举贷方式，一般在借贷文契中写明，放贷人“用钱追索之日”举钱人“索即须还”，如果无力偿付且无物品抵偿，便“一仰妻儿、保人”，必须由妻子或者保人代偿以保证贷款按期收回。

五、专职的放贷人：宋代的钱民

宋代在商业高度发展的背后，离不开借贷业，特别是高利贷业的快速发展支持。宋代的民间放贷人主要包括：质库(“库户”)、寺院等典当者，兼营放贷业务的商人、官员和专门从事放高利贷的个人。

宋代的官员放贷非常普遍。开国功臣石守信的儿子石保吉“又染家贷钱，息不尽入，质其女，其父上诉，真宗亟命遣还”[②]。官员李益，为长道县酒务官，“家饶于财，僮奴数千指……民负息钱者数百家，郡为督理如公家租调”[③]。

---

① 《新唐书·食货二》。
② 《宋史·石保吉传》。
③ 《宋史·吴元载传》。

专业从事放贷业务的个人称为钱民，钱民多抵押放贷。田契、地契、金银器是比较受欢迎的抵押品，没财产抵押，可以质押妻女。一些大钱民的业务非常繁忙，遂雇请“行钱”为代理人（部下），代为放债经营，所得利息分配一半给行钱。

“大桶张氏者，以财雄长京师。凡富人以钱委人，权其子而取其半，谓之行钱。富人视行钱如部曲也，或过行钱之家，其人设特位置酒，妇人出劝，主人反立侍，富人逊谢，强令坐，再三，乃敢就宾位。”[①]

六、明代的放贷商铺

明代中后期出现了大量以经营货币兑换为主业的钱铺（又称钱店，或钱肆）、钱桌（当街设立无固定店铺的钱摊）及倾熔银锭、打造买卖金银饰品的银铺也时常兼营放款业务，商人可以以抵押的方式向他们进行小额的借贷。《醒世姻缘传》描写山东武城县人晁源在父亲晁思孝未选官时，“只因做了穷秀才的儿子”“向前铺赊一二百文，千难万难”；晁秀才选了知县之后，“城中开钱桌的”便上门馈送：“不拘多少，发帖来小桌支取。”[②]

除了钱铺、银铺外，还有其他商铺，如米铺等以其闲置资金所进行的有利放贷。例如，正德年间湖州府德清县新市镇，秋冬之际，米市大开，米商纷集，“有粳有糯，皆近地乡民所获，然西北二乡并长兴所致者尤多。岁以冬月粜于此，贩夫商客，籴而转卖他郡者，络绎于道。土之富人亦乘时收积，致歉时射利而贩，亦或举放于窭民，至冬熟责偿之。籴粜盛时呼之行”。这里设米行的“富人”采取两种经营方式：或粜卖、或放贷，见利而动。湖州府姚让自嘉隆某年“自适溪迁入郡城，赁采凤坊店，市布为业……一旧家子寒夜携一炉质布数匹而去，及旦涤视之，乃赤金也”[③]。

七、清代：商帮放贷与专门的贷款机构出现

自明末清初开始，随着商帮的逐步形成，商帮异地大规模有组织放贷

---

① （宋）王明清：《投辖录》；转引自漆侠：《宋代经济史》，上海人民出版社1987年版，第1110页。

② （清）西周生：《醒世姻缘传》，齐鲁书社1997年版。

③ 转引自刘秋根、刘春悦：《明代高利贷者的社会构成》，《河北大学学报（哲学社会科学版）》，2001年第1期。

开始出现。清代前期继承并发展了这一趋势。各地方商人集团均有相当大的资本投入高利贷的经营,如大量徽商高利贷资本进入江苏扬州,“质库无土著人为之,多新安并四方之人……”,常州江阴县“质库拥资孳息,大半徽商”。与徽商齐名的晋商,清初以来也开展了大规模的异地放贷,“直隶州县,多系山西富户挟资而来,囤积米石,放债血利……”。显然,这种跨地域的放贷,促进了商贸流通,有利于商品的长途贩运贸易的发展,城市手工业者在逐渐地向小商品生产者转化,因而城市的生产功能增强了,甚至还形成不少专业性小城市,促进了商品经济的发展和资本主义的萌发。①

清代在明代钱铺基础上,出现了专业化的贷款机构。民间高利贷的代名词印子钱,就是由账局融通资金、由专业小额贷款机构印局提供信用借贷的。印局的借贷一般按日或者按月计息归还,有的朝借夕还,有的十日或三十日归还。每归还一次,盖一次印,故称作印子钱;由于是纯信用借款,只要答应还款日期,到期还款即可,所以又称应子钱。印子钱的数额很小且全部为制钱,一般为二三串,最多不过十来串。期限一般比较短,有“朝发夕收”的,也有以百日为限的。印子钱利息很高,通常为月息三分至六分。印局出现于明末清初,投资印局的人以晋商居多。印局放款对象,主要是城市底层及小商人。作为小额贷款,印局与民间商业的发展联系广泛,“窃闻京城内外,现有山西等省民人开设铺面,名曰印局,所有大小铺户及军民人等,俱向其借用钱文”。又说:“京师地方,五方杂处,商贾云集,各铺户籍资余利,买卖可以流通,军民偶有匮乏日用以资接济,是全赖印局的周转,实为不可少之事。”由于太平天国起义,印局“止账”,“旗民无处通融,生机攸关,竭蹶者居多”②。

账局也称账庄,是专门办理放款的金融机构,大约产生于清雍正、乾隆年间。账局的放款对象有:一是工商业者;二是小金融机构,包括印局、当铺和钱铺;三是候选官吏。据清档记载,山西汾阳商人王庭荣,出资白银 4 万两,于乾隆元年(公元 1736 年)在张家口开设的“祥发永账局”,是

① 刘秋根:《清代城市高利贷资本》,《中国经济史研究》1996 年第 4 期。

② 《祁隽藻奏稿》;转引自孔祥毅:《明清货币商人的金融机构创新》,《金融博览》2009 年第 5 期。

现有账局史料中最早的记载之一。清乾隆时期的文人李燧在《晋游日记》卷三中写道:“汾(州)平(阳)两郡,多以贸易为生。……富人携资入都,开设账局。”①

账局的资金源自钱票。“闻账局自来借款,多以一年为期,五六月间各路货物到京,借者尤多。每逢到期,将本利全部措齐,送到局中,谓之本利见面。账局看后,将利收起,令借者更换一券,仍将本银持归,每年如此。”根据现有资料,账局的经营方式和业务活动与印局区别不大,后来与钱庄的业务也逐渐趋于一致。但不同的是,绝大部分账局一般只有存放款业务,不经营兑换业务。②

账局对个人的放款,一般为候补官吏。候补官吏甚至蒙古贵族几年在京候选,所存之资,交际应酬、挥霍享乐殆尽,一旦放以实官,就不得不向账局借贷,置办行头,甚至买妾购婢。账局除抽收扣头,收取高利外,有时甚至扣押贷款人的证件或随行讨债。

“候补候选官员,在京借用重利私债,乃放债之徒勤潜盘剥,本干例禁。着步军统领、顺天府、五城各衙门严行查禁,如有违例私设账局者,即行拿究。”③

账局对商人的放款,更多的是提供流动资金,弥补自有资金的不足,随后渗透至各行各业,乃至影响到大量就业。

“盖各行店铺,自本者十不一二,全恃借贷流通。若竟借贷不通,即成束手,以致纷纷歇业,实为可虑。且可虑者,店铺而尤不独在店铺也。即如各行账局之帮伙,统计不下万人。账局收而此万人者已成无业之民。各店铺中之帮伙,小者数人,多者数十人;一店歇业,而此数人、数十人,亦即成无业之民。是账局一收,失业之民,将不可数计也。”④

同时,账局也对印局、当铺和小钱庄提供资金融通。因此,一旦账局抽紧银根,不仅影响工商业,也影响到城市居民生活。由此可见,清代的

---

① 孔祥毅:《中国银行业的先驱:账局、账庄、京钱庄》,《中国金融》2010年第18期。

② 王茂荫:《王侍郎奏议》卷三《请筹通商以安民业折》,张新旭等点校,黄山书社1991年版,第48页。

③ 《清仁宗实录》卷三百零八。

④ 王茂荫:《王侍郎奏议》卷三《请筹通商以安民业折》,张新旭等点校,黄山书社1991年版,第49页。

账局已经初步具有银行的主要功能。

账局从清初到民国初年存在了近三百年。但是，一般资本都不大，从十几万两白银到几千几百两白银的都有。到清末，账局分布已经扩展到京师、张家口、天津、保定、赤峰、营口、烟台、汉口、成都、上海等大部分北方城市和南方经济发达的城市，甚至在库伦、恰克图、俄国莫斯科等边疆和国外也有分支机构，采用总号之外设分支机构、大号管理小号、各商号独立核算的管理模式。除了经营传统的存放款业务外，到清代后期，部分有实力的账局也开始经营汇兑业务、发行银票、买卖生金银和收取各种票据。

特别值得一提的是山西太谷曹家的账局。19 世纪 20 年代至 50 年代，山西太谷曹家"三多堂"的产业涉足 13 种行业，有 640 多个商号、3.7 万余名雇工，资本金达到 1 000 多万两白银。商号分布于山西各县及东北、华北、东南沿海等主要城市。曹家通过砺金德、用通五、三晋川三个账局来管理全部企业，实行大号管分号、分号管小号的管理结构，各商号独立核算，由总号和大号主要掌柜相互间进行信息交换、融通资金、采办商品、人才调剂等，是中国最早的金融控股集团的雏形。①

第二节　官方借贷的发展

一、国家赈贷与救济

（一）官府借贷的萌发

西周以后，随着井田制的破坏，社会贫富分化进一步扩大，"贷"的内涵发生了变化，借贷观产生了。不论是钱还是物，都需要归还，有时甚至要加息归还，形成一种债务，称为"责"，即债也。关于"责"字，早在商代就已经出现，周武王灭殷商后，"复盘庚之政，发巨桥之粟，赋鹿台之钱，以示民无私，出拘救罪，分财弃责，以振穷困"②。所谓"分财弃责"，就是瓜分商王的财产，免除平民对商王的债务。由此可见，商周时期的借贷有很大

① 孔祥毅：《明清货币商人的金融机构创新》，《金融博览》2009 年第 5 期。

② 《吕氏春秋》卷十五，文渊阁四库全书本，线装书局 2014 年版。

一部分是王室行为。到周朝，政府开始作为借贷的主体出现。

据《周礼》记载，国家设立了泉府，其中一个职能就是放贷，类似综合了现今财政部和国家银行的功能。泉府的组织规模很大，按照级别分为上士四人、中士八人、下士十六人、府四人、史八人、贾八人、徒八十人，共计一百二十八人。泉府的放贷均为实物，审查后借出；根据用途，规定还款期限。如果作为祭祀用，可借十天；作为丧事用，可借三个月。泉府放贷收取利息，每年年底结算一次，可用实物或当地的土产偿还。

“凡民之贷者，与其有司辨而授之，以国服为之息。”汉郑玄解释说：“以国服为之息，以其于国服事之税为息也。于国事受园廛之田而贷万泉者，则期出息五百。”[①]“以国服为之息”，对于这个“息”字，郑玄是以他所处的汉代生活中的利息概念来解释的，并举例说明利息率为5%。

周朝的礼制中有“凶礼”，其中饥荒救助之策有十二项，第一项就是“散利”，《周礼·地官·大司徒》记载：“以荒政十有二，聚万民，一曰散利。”郑玄注引认为：“散利，贷种食也。”贾公彦疏：“散利，贷种食也者，谓丰时敛之，凶时散之，其民无者，从公贷之，或为种子，或为食用，至秋熟还公，据公家为散，据民往取为贷，故云散利。”清黄六鸿《福惠全书·荒政·除盗》认为：“故《周礼》除盗贼而必先之散利，其亦有鉴于斯矣。”可见，到了周朝，对于一般的百姓，也是出贷之后均须如数归还，而且加以制度化了。

（二）秦汉时期官方赈贷

秦汉时期的官方借贷，实物性放贷被强化，借贷的主要目的就是扶持农业生产、赈济灾民，还有少量的货币借贷。从目前出土的睡虎地秦墓竹简的相关简文可知，当时的官方借贷体系实物借贷主要是农业生产资料（包括农具、牛、种子）及武器。由于当时饲养马牛耗费颇多，普通百姓难以承受，因而向官府假借牛畜的现象较为普遍。《秦律十八种·金布律》规定：“牛豲生者，食其母日粟一斗，旬五日而止之，别奉以叚（假）之。”这是指应将幼畜和成年牛畜分开饲养，以便于假借于民。除了农业生产资

---

① 《周礼注疏》卷十五《地官·泉府》，《十三经注疏》上册，中华书局1980年版，第738页。

料的实物借贷外，应当还有货币借贷。《法律答问》记载："府中公金钱私貣(贷)用之，与盗同法，可(何)谓'府中'，其他不为。"规定了如果私自借贷府中金钱如同偷盗，反映了钱币也是当时官方假借活动的种类之一。《法律答问》同时规定："把其假以亡，得及自出，当为盗不当？自出，以亡论，其得，坐臧(赃)为盗，盗罪轻于亡，以亡论。"推测公物损坏、丢失的赔偿方法应与其相同，即官府将损坏或丢失的公物根据价值大小将其折合成金钱，借用人可采用金钱的形式进行赔偿。除了金钱赔偿之外，贫困者也可采用为官府服役的方式进行还债。如《司空律》规定："有罪以赀赎及有责(债)于公，以其令日问之，其弗能入及赏(偿)，以令日居之，日居八钱；公食者，日居六钱。……居赀赎责(债)欲代者，耆弱相当，许之。作务及贾而负(责)债者，不得代。"

另外，为了保障国家贷款的回收，秦朝在法律上也做了一系列规定。首先是贷款资质审查。《法律答问》记载："贷人赢律及介人，何谓'介人'是不当贷，贷之，是谓'介人'。"介人是指本无借贷资格，地方官府却为其提供借贷者。因此在进行借贷活动时，首先须审查吏民是否拥有借贷资格，对"当贷"与"不当贷"者进行严格的区分，类似现代社会的个人信用审查。

其次，对地方官府贷款的追缴有详细的规定。(1)政府与百姓的债务处理。《秦律十八种·金布律》记载："有责(债)于公及赀、赎者居它县，辄移居县责之。公有责(债)百姓未赏(偿)，亦移其县，县赏(偿)。"意思为：欠官府债和被判处赀、赎者住在另一县，应即发文书到所住的县，由该县索缴。若官府欠百姓债而未偿还，也应发文书给百姓所在的县，由该县偿还。(2)追讨债务的终身负责制。《秦律十八种·金布律》记载："百姓□(假)公器及有责(债)未赏(偿)，其日□以收责之，而弗收责，其人死亡；及隶臣妾有亡公器、畜生者，以其日月□其衣食，毋过三分取一，其所亡众，计之，终岁衣食不□以稍赏(偿)，令居之，其弗令居之，其人死亡，令其官啬夫及吏主者代赏(偿)之。"意思为：百姓借用官府器物和负债未还，时间足够收回，而未加收回，该人死亡，令该官府啬夫和主管其事的吏代为赔偿。隶臣妾有丢失官府器物或牲畜的，应从丢失之日起按月扣除隶臣妾的衣食，但不能超过衣食的 1/3，若所丢失数多，算起来隶臣妾整年衣食还不够全部赔偿，应令隶臣妾居作，如果不令居作，该人死亡，令该官府啬夫和主管其事的吏代为赔偿。

到了汉代，尽管商品经济得到了极大发展，五铢钱已成为社会经济活动的主要媒介，但汉代官方农业放贷仍停留在实物层面。汉代的国家借贷基本延续了秦制。

在汉代官方农业放贷中，种子和口粮是最基本的放贷内容。另外，铁犁牛耕在汉代已经成为最普遍的农业生产方式，耕牛、土地和铁质农具也成为官府的重要贷本，如武帝时期为开发河套地区向移民"贷与产业"和"官假马母"，平帝时期下令"贷贫民犁、牛、种、食"和"募徙贫民……赐田宅什器，假与犁、牛、种、食"等。在授贷单元方面，凤凰山汉简《郑里廪簿》中记载的放贷标准是每亩地一斗，虽然放贷额与农户家庭成员规模无关，但西汉初年以农户家庭为授贷对象是肯定的。但随着赋税征收和人口统计的精确化，"计口授贷"越来越被重视。西汉时期，民间商业性信贷的年利息通常为 20%。《史记・货殖列传》曾载："庶民农工商贾，率亦岁万息二千……他杂业不中什二，则非吾财也"。但在官方向贫民发放的救助性信贷中，则采用较低的利率。例如，为开发新秦中，汉武帝"令民得畜边县，官假马母，三岁而归，及息什一"，也即征收 10%的借贷利息。①

（三）南北朝国家信用放贷

三国魏晋南北朝和隋代国家的信用行为一方面体现在延续了前朝的赈灾性质的赈贷，另一方面官府的借贷开始出现谋求利益的行为。

"去夏以岁旱民饥，须遣就食，旧籍杂乱，难可分简，故依局割民，阅户造籍，欲令去留得实，赈贷平均。然乃者以来，犹有饿死衢路，无人收识。良由本部不明，籍贯未实，廪恤不周，以至于此。朕猥居民上，闻用慨然。可重遣精检，勿令遗漏。"②

北魏孝庄帝永安二年（公元 529 年）下诏："八月庚戌朔，诏诸有公私

---

① 转引自杨乙丹：《汉代官方农业放贷：发展趋势、运行结构与制度审视》，《中国农史》2017 年第 4 期。

② 《魏书・高祖纪》。

债负，一钱以上巨万以还，悉皆禁断，不得征责。”①

“三吴民饥，癸酉，诏所在赈贷。”②

除了赈贷以外，官营借贷和国家豁免老百姓债务已经多次见诸史籍。

宋：“可大赦天下，行幸所经，无出今岁租布。其逋租余债，勿复收。”“秋七月丙申朔，日有蚀之。丙辰，大赦天下。文武赐爵一级；逋租宿债勿复收。”③

齐：“齐神武行经冀部，总合河北六州文籍，商榷户口增损，亲自部分，多在马上，征责文簿，指影取备，事非一绪。”④此处的“征责文簿”，就是老百姓向官府借贷的簿记。

梁：“凡厥愆耗逋负，起今七年十一月九日昧爽以前，在民间无问多少，言上尚书，督所未入者，皆赦除之。”⑤

南北朝寺院借贷的出贷方，除了寺院作为主体外，还有管理寺院的国家机构，甚至是管理寺院的官员个人（僧官）。据《魏书·释老志》记载：沙门统昙曜上奏“平齐户及诸民，有能岁输谷六十斛入僧曹者，即为僧祇户，粟为僧祇粟，至于俭岁，赈给饥民”。皇帝同意此奏。“于是僧祇户、粟及寺户，遍于州镇矣。”僧祇意为大众。僧祇粟不是缴纳给某个寺院，而是每年向各州郡僧曹（州郡管理僧人的官员）缴纳，是各州郡僧人的共有财产。僧祇粟实际上为一种借贷本金，供荒年贷予贫民之用，与后来梁武帝所设之无尽藏类似。其所贷出之粟，则于丰年时归还；其利息收入主要用于供给州郡一切僧尼的宗教活动，同时具备国家赈灾的作用。北魏时期为了管理寺院，国家设立以统监全国僧尼事务的僧官，又称沙门统、道人统、都统、昭玄统。这些僧官由于管理僧人而积累了大量财富，遂成为出贷方，甚至利用郡县的政府机构代为收贷，“道人道研为济州沙门统，资产巨富，在郡多有出息，常得郡县为征”⑥。

① 《魏书·孝庄纪》。
② 《宋书·孝武帝》。
③ 《宋书·孝武帝》。
④ 《北史》卷三十三《列传第二十一》。
⑤ 《梁书》卷三《本纪第三》。
⑥ 《北史·苏琼传》。

(四)宋代的青苗钱

青苗钱原为唐代中期征收田赋的附加之一。"(广德二年)税天下地亩青苗钱以给百官俸。"[①]宋神宗时期,随着王安石青苗法的实施,作为农业赋税收入的青苗钱就地被转换为官营的农业小额贷款,并设置相应的官吏负责实施。主要内容包括:第一,将常平、广惠仓现有的1 500万石的粮食储备,由各路转运司将其兑换成现钱,于夏秋未熟之际,按照前十年中丰收时的最低粮价,将农户所请贷的粮食折价成现款贷出。第二,农户自愿请贷,不得强迫;先借贷给乡村农户,如果还有剩余,再借贷给城郭人户,但无正当职业的游手好闲之人除外。第三,请贷农户,十户为一保,不论户等高下;如果是单个佃户请贷,要与主户合保。为防止人户逃亡或官府蚀本,结保后,由第三等以上人户充作"甲头",按照家产多少借予。第四,划分农户等级,明确一至五等户分别可贷青苗钱数的上限,支借后若还有余款,可视情况增额借贷给三等以上人户。第五,贷款每年分两次发放,分为夏、秋料,半年结息一次,利率为20%。由于推广初期很多农户愿意借贷,因此青苗钱随后推广至河北、京东、淮南三路施行。但随着王安石变法的失败,最终青苗钱被废。

"熙宁二年,制置三司条例司言:'诸路常平、广惠仓钱谷,略计贯石可及千五百万以上,敛散未得其宜,故为利未博。今欲以见在斛斗,遇贵量减市价粜,遇贱量增市价籴,可通融转运司苗税及钱斛就便转易者,亦许兑换。仍以见钱,依陕西青苗钱例,愿预借者给之。随税输纳斛斗,半为夏料,半为秋料,内有请本色或纳时价贵愿纳钱者,皆从其便。如遇灾伤,许展至次料丰熟日纳。非惟足以待凶荒之患,民既受贷,则兼并之家不得乘新陈不接以邀倍息。又常平、广惠之物,收藏积滞,必待年俭物贵然后出粜,所及者不过城市游手之人。……欲量诸路钱谷多寡,分遣官提举,每州选通判幕职官一员,典干转移出纳,仍先自河北、京东、淮南三路施行,俟有绪推之诸路。……访问民间多愿支贷,乞遍下诸路转运司施行,当议置提举官。'时天下常平钱谷见在一千四百万贯石。诏诸路各置提举

① 《新唐书·食货一》。

官二员，以朝官为之，管当一员，京官为之，或共置二员，开封府界一员，凡四十一人。”

“今放青苗钱，凡春贷十千，半年之内便令纳利二千，秋再放十千，至岁终又令纳利二千，则是贷万钱者，不问远近，岁令出息四千。”[①]

（五）明清时期的官方借贷

在充分借鉴以往历朝历代赈灾救济的基础上，明太祖创建了预备仓。“令天下县分各立预备四仓，官为籴谷收贮以备赈济，就择本地年高笃实民人管理。”[②]预备仓设置在各县人口较为集中的乡村集市，初期仓本由户部拨付宝钞收贮，以备荒歉。预备仓初期除了赈灾，还借粮救济贫民，且不计收利息，秋收后归还粮食。永乐八年（公元1410年）十月，直隶蓟州府昆山县、山东青州府日照县奏请，要求将往年借贷的预备仓粮“以累岁水灾不能偿，乞折输钞”[③]，得到朝廷的许可，贫民可以借粮，岁末以大明宝钞偿还。这既有助于借贷农户出清日益贬值的宝钞，又有助于缓解灾荒背景下筹集粮食的压力。

明代中后期，由于社会基层吏治的崩坏，救助性的灾荒赈贷日趋高利贷化。例如，成化年间任福建按察司副使的何乔新在巡查兴化等地的过程中，就发现“洪武初，官尝以牛贷民，而至今征租如故”[④]，即借贷官牛的农户还贷期限已超过100年了。另外，把持预备仓的地方士绅同官府勾结，大量赈贷发放给并不需要的豪民，“有司于温饱之家多准举借，谓其有抵业可还，而鳏寡孤独应恤之人反不得济”[⑤]。为了解决预备仓的两大顽疾，明代中后期一度对预备仓的赈贷收取10%～20%不等的利息（各地地方官府确定的利率有所不同）。正统七年（公元1442年），朝廷曾令福建布政司在放贷预备仓粮时，“每米一石，候有收之，年折纳稻谷二石五斗还官”[⑥]。成化三年（公元1467年），商辂建议将放贷的预备仓粮，无论年

① 《宋史·食货志》。
② （明）申时行等：《大明会典》卷二十二《户部九·预备仓》。
③ 《明太宗实录》卷一百零九。
④ 《明武宗实录》卷一百六十五。
⑤ 《明英宗实录》卷九十八。
⑥ （明）申时行等：《大明会典》卷二十二《户部九·预备仓》。

岁丰歉,“通取息一分”。弘治、正德时期,收取利息的做法受到批判,预备仓制度又逐步恢复原貌。

二、以公养私:公廨与抵当

(一)隋唐时期的公廨钱

公廨钱,为公廨本钱的简称,又称诸色本钱、诸色食利本钱、食利本钱、息利本钱,是各官衙用以“出举回易”取利的钱物,涵盖了田地(租金)和钱币。公廨本钱始于隋代。隋时,用官款放债成为合法的行为,朝廷曾经发放一笔公廨钱,让官员放款或做其他经营,用利息或利润作为行政费用。先有公廨钱,然后更改为公廨田,主要用于京师及州府的办公经费开支,但禁止用于放贷。

“先是京官及诸州,并给公廨钱,回易生利,以给公用。至十四年六月,工部尚书、安平郡公苏孝慈等,以为所在官司,因循往昔,以公廨钱物,出举兴生,唯利是求,烦扰百姓,败损风俗,莫斯之甚。于是奏皆给地以营农,回易取利,一皆禁止。十七年十一月,诏在京及在外诸司公廨,在市回易及诸处兴生,并听之。唯禁出举收利云。”①

到了唐代,公廨钱被系统化发扬光大,成为主要的官营放贷资本。甚至设立专门的经营管理官员,称为捉钱令史。捉钱令史下设府史和胥士。公廨钱由捉钱令史通过“胥士(捉钱户)”贷给百姓、商人、手工业者等举贷人。胥士将各举贷人的姓名、贷款额制成“簿记”“负钱文记”类账册,上报所属府史,府史再把这些账册造成案历,实行三官同押、逐委造账、印讫入案的存档管理。

“(贞观)十二年,罢诸司公廨本钱,以天下上户七千人为胥士,视防阁制而收其课,计官多少而给之。十五年,复置公廨本钱,以诸司令史主之,号‘捉钱令史’。每司九人,补于吏部,所主才五万钱以下,市肆贩易,月纳息钱四千,岁满受官。”②

唐代的公廨钱开始实施于京师诸司,后逐步扩充到各个州府县,甚至

---

① 《隋书·食货志》。

② 《新唐书·食货五》。

军队。公廨钱主要来源于国家的税收和库藏，早先为公廨田的划拨，作为职田进行收租，充当公廨钱，后为钱款的直接拨付，每个官府机构的公廨钱数额都有规定。公廨钱在开元十八年（公元730年）之前主要用作官俸。之后，公廨钱还用作非官员编制的佐史等人的薪俸、杂用、祠祭、蕃夷赐宴、官衙日常开支、馆驿、军中杂用等。永徽元年（公元650年）至麟德二年（公元665年）：

"天下置公廨本钱，以典史主之，收赢十之七，以供佐史以下不赋粟者常食，余为百官俸料。京兆、河南府钱三百八十万，太原及四大都督府二百七十五万，中都督府、上州二百四十二万，下都督、中州一百五十四万，下州八十八万；京兆、河南府京县一百四十三万，太原府京县九十一万三千，京兆、河南府畿县八十二万五千，太原府畿县、诸州上县七十七万，中县五十五万，中下县、下县三十八万五千；折冲上府二十万，中府减四之一，下府十万。"①

公廨钱实质为高利贷，利率很高，年利率在50%～100%，《唐律疏义》明确累计利息不得过本金的一倍。官府高利贷导致很多贫民破产，"州县典史捉公廨本钱者，收利十之七。富户幸免徭役，贫者破产甚众"②。甚至在唐代后期出现摊派公廨贷款、伪造公廨贷款凭据的事情，因为捉钱户一般为富户或商人，可免除徭役和赋税。"诸使捉钱者，给牒免徭役，有罪府县不敢劾治。民间有不取本钱，立虚契，子孙相承为之。尝有殴人破首，诣闲厩使纳利钱受牒贷罪。"③这也是公廨钱制度在唐代几经废除和恢复的根本原因。

（二）宋代的抵当所

抵当所创立于北宋神宗朝的熙宁变法时期，当时京师以及各州的"商贩要会处"均设有抵当所。后来变法失败，新法被废，但抵当所作为官营存贷款机构得以保留。抵当所的主要业务是"以官钱召人抵当出息"，即向百姓提供抵押贷款，从中赚取利息，年利率大致为20%。南宋末时，政

---

① 《新唐书・食货五》。
② 《新唐书・食货五》。
③ 《新唐书・食货五》。

府出于公共救济的目的,还命令抵当所向贫民开放免息贷款。抵当所为官营性质,设置相应的官吏进行管理。宋神宗元丰四年(公元1081年),“从都提举贾青请,于新旧城外内置四抵当,遣官掌之,罢市易上界等处抵当以便民”①。

抵当所的资金来源为京师有司和地方政府的财政拨款。宋神宗熙宁六年(公元1073年)十二月十八日,“都水监言,乞将本监钱一万五千贯送抵当所出息供用,从之”②。这些财政拨款包括钱币、钱引、白银和绢布、米麦。

“开封祥符县给民钱,有出息抵当银绢米麦、缓急丧葬之目七八种。其初给钱,往往愿请,积数既多,实艰输送。”“于是复钞引抵当,一如其旧。”③

抵当所的利息收入主要用于官府衙门的日常开支。

“又诏:用旧法取量添酒钱赢数,给惟法司吏餐钱;不足,则抵当息钱亦许贴用。”④

(三)清代的生息银两

清代,官方借贷逐步货币化。生息银两制度就是清代官方借贷的一大创举。生息银两制度本质上是官府筹集资金或将库存闲款交给官员或商人进行营运生息,政府定时定量获取利息,利率一分至二分,利息用于特定开支。贷款本金主要有中央政府包括掌管宫中财政的内务府、总理国家财政的户部以及地方政府的库存款项。其生息方式有官营当铺、买田招佃、发商生息等。利息用途具有定向性,主要用于官兵赏恤、政府公用、社会保障、公共服务等方面。

生息银两发端于康熙时期的贷出借帑银和八旗公库制。康熙皇帝为了保障铜钱的供给,拨出内库帑金贷给铜盐商人作为本金,然后收取生息。康熙四十四年(公元1705年),皇帝先后拨借宝泉局帑银10万两,10年内缴还铜钱12万吊;宝源局制钱10万吊,10年内还清本息12万吊。

① 《宋史·食货志》。
② 《宋会要辑稿·职官二七》。
③ 《宋史·食货志》。
④ 《宋史·食货志》。

2%的低额利息和银钱比价差额,使两局工匠获得数万两的隐形收入。这不仅保证了铸币供给,而且稳定了市场物价。另外,铜作为制钱原料,其采买和运解自然是清代货币政策的重要内容。当时清政府为了驱逐民间杂币、治理民间多种制式铜钱并用的混乱局面,加大了对原铜的采买量。为了鼓励贩铜商人的积极性,清政府采取"招商承办"的方法,借贷给内库帑银,作为贩铜资金,清政府从中获取帑利和原铜供给。另外,为了控制盐业,清政府还对两淮盐商、长芦盐商等拨发库帑,借给盐商作为资本,并授予盐业专卖权,获取收益。显然,津贴铸币工匠、铜盐官商领帑运营的生息银两都是康熙政府保证货币供给、垄断经济资源、控制市场秩序的重要手段。

同时,在八旗军民入关后,因"从游牧到农耕"生产方式的转变而"物力渐绌,称贷滋多"。为了保证其正常的生活来源、稳定军队,康熙帝订立八旗公库,"资济匮绌",发(户部)帑银交与八旗,将各旗内部院堂官派出,会同该旗都统、副都统视其需用之事借给,于每月钱粮陆续扣除,以维护八旗军队的稳定。雍正则继承了康熙的公库制,推行"恩赏制",即以内务府、户部资金为本,通过买田招佃、发商(盐、典)生息、开办当铺等方式营运生息,生息利银作为官兵红白赏恤的优抚政策。雍正帝在位的十三年里,生息利银的恩赏范围从在京的八旗官兵逐步扩展到各省督抚及提督标下,又推广于各省镇标。雍正十年(公元1732年),许多行省生息利银余剩较多,经皇帝批准将部分"余息"以作其他社会公益或地方公务之用。生息银两开始超越优恤官军的范围,在用途范围上扩大到地方事务的专项资金扶持。

生息银两制度以乾隆朝为转折。前期,生息银两源于内务府"帑本"、户部资金,利息用于国家军政系统的红白赏恤,属于国家财政范畴。后期,生息银两多源于地方政府款项,所获利息用于地方公务费或公益性开支,侧重于地方财政的范畴。该时期各省地方政府发商生息存在着明显特征,就是生息本金的借挪,即政府挪用其他款项,发商取息,部分利息用于还本,部分利息作特定基金开支。山东省于嘉庆十年(公元1805年)城工生息余存本利项下借银25万两,发商生息,息银为岁挑运河、津贴黄河岁料、战船津贴等之用。到了清末,地方财政混乱,生息银两制度运行缺乏严格有效的监管。官员挪用贪污、商人倒闭歇业导致本利无法收回的现象极为普遍。为了避险，地方官府选择将官款存入银行或官银号，谋求储蓄生息，生息银两制度逐步失去其本来作用。[①]

三、盘剥新手段：疯狂的官府高利贷[②]与公债

（一）元代的官营高利贷

官府经营高利贷在中国历史上极为少见。其“集大成者”非元代莫属。元代的官营借贷达到了登峰造极的地步，大致可分为两类：一是地方官府兼营，二是由官商经营的斡脱钱。元代的借贷更多的是高利贷，且利率远高于宋代。

元世祖时“立永昌路山丹城等驿，仍给钞千锭为本，俾取息以给驿传之需”[③]。元武宗时，和林省臣僚们要求“乞如甘肃省例，给钞二千锭，岁收缗钱，以佐供给”[④]。在大都的惠民药局，“官给钞本，月营子钱，以备药物”[⑤]，一个管理药物的官府机构也兼营高利贷。实际上，地方官府不论有无诏令的许可，都普遍经营高利贷，而且往往采取行政强制的手段，赋民以钱，使以子本相生，称为“规画”。

元朝官营的第二种高利贷，即斡脱钱或斡脱官钱。斡脱是从蒙古诸王、后妃那里领取资金进行贸易的商人团伙，其所放的高利贷，称斡脱钱，也叫羊羔息。蒙古国初期，羊羔息的年息是百分之百，复利计算。“其贾贩则自鞑主以至伪诸王、伪太子、伪公主等，皆付回回以银，或贷之民而衍其息，一锭之本，辗转十年后，其息一千二十四锭。”[⑥]早在成吉思汗时期，斡脱钱就开始活跃，此后迅速发展，逐步设置了专管大臣和专门机构。据翁独健先生《斡脱杂考》一文的考证，机构设置的情况大致如下：

元宪宗二年（公元 1252 年）十二月，派孛兰合剌孙掌斡脱；元世祖至

---

① 主要参考自陈文慧：《清代生息银两制度及其历史变迁》，《山西能源学院学报》2018 年第 2 期。

② 主要参考自乔幼梅：《宋元时期高利贷资本的发展》，《中国社会科学》1988 年第 3 期。

③ 《元史・世祖纪》。

④ 《元史・武宗纪》。

⑤ 《元史・食货志四》。

⑥ （宋）徐霆：《黑鞑事略》，王国维笺证本。

元四年（公元1267年）设诸位斡脱总管府，其职掌是“为国假贷”；元世祖至元九年（公元1272年）置斡脱所；大约在至元十七年（公元1280年）升格为泉府司，其职掌是为王室“出纳金银事”；元世祖至元二十年（公元1283年）置斡脱总管府。另外，在涿州，则有斡脱局的设置。最终自中央到州、路，似都有专门的斡脱机构，形成了三级管理体制。

斡脱商人多系成吉思汗时期西征时归附的色目人中的木速蛮，文献材料上称之为回鹘或西域商贾。他们是“奉圣旨诸王令旨随路做买卖之人”[①]，与蒙古王公贵族有着极其密切的关系，是蒙古王公贵族的御用商人，具有特殊政治身份。斡脱钱在收取本金和利息时，如果借款人无法到期偿还，甚至会出现官府不得不代为偿还的现象。

“时政烦赋重，贷钱于西北贾人以代输，累倍其息，谓之羊羔利，民不能给。天泽奏请官为偿一本息而止。继以饥岁，假贷充贡赋，积银至一万三千锭。天泽倾家赀，率族属官吏代偿之。”[②]

相对于吸血的官营高利贷，由于经济的衰退和纸钞的滥发，元代民间的借贷业远远不如宋代的民间借贷发展，历史记载远逊于宋代。元代的放贷人也多种多样，有官僚、士人、小农、商人等；放贷资本大小不一，少的几百贯，多至几千贯、几万贯，甚至弃券也达五万余贯。

“居沧之长芦镇……取券（即债券）欲焚之，又念诸负债者多商贾在外，恐不及老，则终疑畏而莫敢速反，于是榜姓名于通衢以示之，凡毁六十余券，计楮五万三千畲贯。”[③]

“里人有贷钱为本业，子本相将至万千数。”[④]

从蒙古建国之初到元亡之前，羊羔息始终存在，利率普遍在百分之百，且复利计息。“自春至秋，每石利息，重至一石，轻至五斗，有当年不能归还，将息通行作本，续倒文契，次年无还亦如之，有一石还至数倍不能已者。”[⑤]所以元代的利率大多是“倍称之息”或更高（300％～500％），而

① 《元典章》卷十七《户部三》。
② 《元史・史天泽传》。
③ （元）王旭：《兰轩集》卷十六《任义士传》。
④ （元）马祖常：《石田文集》卷十二《敕赐赠参知政事胡魏公神道碑》。
⑤ 《元典章》卷二十七《户部一三》。

20%～50%的利率则非常罕见。尽管元朝皇帝多次颁布诏令,力求降低利率,据《元典章》记载,至元二十年、二十九年,大德二年、三年、五年、六年,都曾发布诏令,但收效甚微。这种以政治特权强制性推行,利率高达数倍的羊羔息,严重盘剥了元代的经济,对老百姓伤害巨大。

(二)宋代的公债

宋代还存在官府向民间借贷的公债制度,有点类似于现代的国债和地方债。借贷方包括朝廷的中央财政和地方官府,其中地方官府的举债例子最多。公债包括钱和粮食、绢等实物物品。由于宋代官方财力有限,每当战事、救灾,甚至要供奉皇帝时,地方国库空虚,则各地政府普遍向民间借贷。两宋的公债较为普遍。南宋初年的扬州,“官库不仅空无一物,而且尚欠公私债务数以万计”。嘉定年间,重庆府江源县发生火灾,上百家居民房屋被焚毁。知县马范“乃以元补授文书质于富民,得钱则使民各状其业,视费之高下,自二十千至百千,贷为本钱,期以半年责偿”。公债在实际操作中往往是按户摊派、强借钱物。宋英宗即位时,有的地方官甚至“立威将诛豪右以竭私藏”,不惜以杀人相威胁,已无异于绑票了。① 公债逐步沦为官方巧取豪夺民间财富的工具。

第三节　新型金融行业的发展

一、典当业发展

(一)典当业萌芽

东汉许慎编撰的《说文解字》中,解释“质”是“以物相赘,从贝从所”,而解释“赘”为“以物质钱,从敖贝,敖者犹放,贝当复取之也”。翻译成现代汉语,“以物质钱”就是抵押借贷,而“赘”则是有典型的典当特征。“赘”是以“质”为基础,而汉代的“质”(抵押借贷)已经很发达了。

① 杨卉青、崔勇:《宋代借贷契约及其法律调控》,《河北大学学报(哲学社会科学版)》2007年第4期。

《后汉书·刘虞传》记载：公孙瓒奉命讨伐乌桓，受幽州刺史刘虞节度。刘虞把朝廷赏赐之物“典当胡夷”，被公孙瓒屡次夺回。

西汉刘歆的《西京杂记》中记载：“司马相如初与卓文君还成都，居贫愁懑，以所着鹔鹴裘就市人阳昌贳酒，与文君为饮。”即用衣服为抵押，赊账买酒，属于私人之间的一种抵押行为。四川郫县出土的东汉残碑载有记载：

“田八亩，质四千。上君迁王岑鞠田……

五亩买□十五万；康眇楼舍、质五千。王奉坚楼舍……

五人直廿万：牛一头，直万五千；田□顷……”①

这说明当时已经有以田亩和房舍为抵押的不动产抵押借款了。与“直”“贾”“买”价相比，“质”的价钱明显偏低。通过残碑中六笔田价可以推算出每亩价格，分别是：每亩质 500，质 200，买 50 000，直 2 000，贾 2 575.9，质 2 000。其原因大概是用于“质”的田地，在债务清偿之后即可赎回，因而价格较低。②

刘秋根先生在《中国典当制度史》中提出，“私人典当业从其业务形式来看，汉代时期便已产生了，但是有关典当活动的零散文字，只能认作随机性的行为，可视为产生典当业的萌芽”。

（二）典当业的快速形成

三国魏晋南北朝和隋代，典当业开始大规模发展。除了传统的衣物典当外，人居然也开始作为当物出现，且史籍多有记载。寺院经营典当业是南北朝时期所独有的，也是这一时期典当业的一个鲜明特点。所以，清代吕种玉甚至断言，作库质钱取利，“唐以前唯僧寺为之”。

南北朝时期以人为质，成为典当行业一大特色。

“谢晦镇江陵，请为南蛮长史。时有尹嘉者，家贫，母熊自以身贴钱，为嘉偿责。坐不孝当死。承天议曰：‘被府宣令，普议尹嘉大辟事，称法吏葛滕签，母告子不孝，欲杀者许之。法云，谓违犯教令，敬恭有亏，父母欲杀，皆许之。其所告惟取信于所求而许之。谨寻事原心，嘉母辞自求质

① 谢雁翔：《西汉四川郫县犀浦出土的东汉残碑》，《文物》1974 年第 4 期。
② 刘秋根：《关于汉代高利贷的几个问题》，《中国经济史研究》1991 年第 4 期。

钱,为子还责……'"①

尹嘉的母亲以身作典,替儿子还债,被掌管法事的官吏控告为不孝。

"澄弟鲜,得罪宋世,当死。澄于路见舍人王道隆,叩头流血,以此见原。扬州主簿顾测以两奴就鲜质钱,鲜死,子晖诬为卖券。"②

顾测以私有的奴仆作当,押给陆鲜,陆鲜死后,其儿子赖账称不是典当,而是转让。

梁武帝以自身献给寺庙,王公大臣以钱将其赎回。

"三月庚子,高祖幸同泰寺,设无遮大会,舍身,公卿等以钱一亿万奉赎。"③

由此可见,东晋、宋、齐、梁质举已经盛行。在三国东晋和宋代的史籍记载中的"质"或"贴",只是拥有财富的商人、王公大臣个人兼营典当业务,但从南齐开始,就出现了专门的机构——佛寺,收质取利,成为经营典当的专业机构,唐代称其为质库。质库收质的物品,上自名贵服饰、黄金,下至束苎,还包括活的牲口,书籍门类繁多,这也从另一方面说明寺库资本的雄厚。当时的寺院已认识到典当可以"生长"钱财:"旻因舍什物儭施,拟立大堂,虑未周用,付库生长,传付后僧。"④

《南齐书》卷二十三《褚渊传》记载:"渊薨,(弟)澄以钱万一千,就招提寺赎太祖所赐渊白貂坐褥,坏作裘及缨,又赎渊介帻犀导及渊常所乘黄牛。"

《南史》卷七十《循吏·甄法崇传》记载:"法崇孙彬。彬有行业,乡党称善。尝以一束苎就州长沙寺库质钱,后赎苎还,于苎束中得五两金,以手巾裹之,彬得,送还寺库。道人惊云:'近有人以此金质钱,时有事不得举而失。檀越乃能见还,辄以金半仰酬。'"

还有以书籍作当的:"邻人有被诬为盗,被治劾、妄款。诜矜之,乃以书质钱二万,令门生诈为其亲,代之酬备。"⑤梁朝新野人庾诜,怜悯邻人

① 《宋书》卷六十四《列传第二十四》。
② 《南齐书》卷三十九《列传第二十》。
③ 《梁书》卷三《本纪第三·武帝下》。
④ 《续高僧传》卷五《梁僧旻传》。
⑤ 《梁书》卷五十一《列传第四十五》。

被诬陷为盗贼，用书作当，质钱二万，令门人称为其亲，代向官府缴纳罚款。

寺院收质典当，在南朝已有较为详密的管理制度，前面所列甄彬以苎质钱一事，说明寺库对于每一笔质举业务必须记录上账，且保管在何处都有记录备查。《南史》卷四十一《齐宗室·临汝侯坦之传》记载：坦之从兄翼宗被抄家"检家赤贫，唯有质钱帖子数百"，说明收质一方必须出具称为质钱帖子的契券给质钱人，日后即凭此帖还本纳利赎取原物。

中国典当业发展于寺院，西方的典当业也是发端于宗教。欧洲最早经营典当业的是公元前 7 世纪的巴比伦寺院。公元前 675 年，意大利的寺院金库在埃西利亚经营存款和放款。个人创设金融机构的典当则始于公元 1198 年意大利的僧侣中。也许是中西方宗教都有扶贫济困的教义指导，而典当本身就是起源于应急救济的需要，因此才造就了中西方的典当业都是发端于宗教机构和僧侣。

三国魏晋南北朝和隋代的借贷、典当和租赁业快速发展，成为社会经济活动的重要组成部分，也是金融活动的核心内容之一。过去很多学者将南北朝时期的金融活动只是归纳为借贷，包括信用借贷（举贷）和典当（质举），其实在南北朝时期，借贷业和典当业已经有所区别，租赁业也成为一个重要的金融子行业。

如果按照当代对典当的定义：指当户将其动产、财产权利作为当物质押或者将其房地产作为当物抵押给典当行，交付一定比例费用，取得当金，并在约定期限内支付当金利息、偿还当金、赎回当物的行为。[①] 质举和典当区别并不明显，两者都是一种抵押借贷，但是两者在南北朝时期的实际业务操作中有着明显的区别：

一是抵质押的保管不同。南北朝时期的抵质押借贷是一种契约形式，是物权通过契约约定发生转移，物品的保管没有发生变化，但典当不是契约形式，是物品的保管直接发生转移，收当机构（质库）只是单方面出具一个收当凭据。

---

① 商务部、公安部 2005 年第 8 号令，《典当管理办法》，2005 年 4 月 1 日起实施。

二是信用的偿付不同。抵质押借款的追讨,是完全的,甚至动用官府的力量,如果抵质押物不足值,借款人要终身偿还;如果借款人消失,保人附有连带责任。但典当,仅仅以典当物作为抵押物,如果借款人到期不能偿还本金和利息,典当经营机构(寺院)可通过变卖、拍卖、折价或直接归自己所有等方式处理当物,终结双方的借贷关系。即使事后有偿还能力,典当机构也没有收回的责任。

南北朝时期借贷业、典当业和租赁业的快速发展,与契书的发达有关。无论是借贷、典当还是租赁,都是以纸质的契、券形式予以确权。这背后推动的力量便是造纸术的突破。西汉时已有纸,经东汉蔡伦改良,纸的功用大进一步,但还没有大规模普及。至东汉末建安时,左伯改良造纸法,纸的功用又前进一步。陈朝徐陵在《玉台新咏序》里说:"五色花笺,河北、胶东之纸。"南方造纸术也有很大的进步,浙江余杭一带取藤皮造纸,质地极佳,唐代书法家以用藤纸为荣。南朝书法家写字多用麻纸,麻纸别称布纸,就是用破旧麻布制造的纸。王羲之曾一次赠送谢安纸九万张,当是这种麻纸。在纸上涂黄色防蠹药物称为黄纸,可以防虫。当时好纸已能大量生产,因此东晋桓玄下令废竹简,用黄纸代竹简。隋灭陈,获得大量陈朝藏书,这些书籍多是陈宣帝时用纸抄写。纸到南朝时已经完全代替了秦汉时期竹帛的地位。

(三)典当业的模式突破

在社会安定、经济繁荣的大背景下,典当业继承了南北朝时期的辉煌,逐渐发展为唐朝最大的金融业,形成了民营、寺营并存的兴盛局面;其中,民营主要为地主商人、官员和王公贵族开设,一般由专门的柜坊经营。民营的典当打破了寺院经营典当的单一典当模式。杜甫在《曲江》一诗中就有"朝回日日典春衣,每日江头尽醉归"的描述,晚年的白居易更是沦落到"走笔还诗债,抽衣当药钱"的窘境。由此可见唐代典当业的发达程度。

典当业在唐代首次以法律条文的形式予以规范。《唐律疏义》规定:"诸公私以财物出举者,任依私契,官不为理。每月取利不得过六分;积日虽多,不得过一倍。……收质者,非对物主,不得辄卖;若计利过本不赎者,听告市司对卖,有剩,还之。如负债者逃,保人代偿。"进一步将放款月利率降为6%,同时规定当期再长,利息不得超过本金一倍。唐玄宗觉得还是因为利率太高的缘故,于是发布诏令:近来公私放债,取息颇多,今后天下放债收息,私人只许(月)四分,官本(月)五分。将典当业的利率进一步下调,限制高息放贷的暴利行为。

宋代的典当业延续了唐代的兴盛,并有所区别。宋代的典当业一方面继续由寺院经营,成为长生库;另一方面,民间的质库、解库也大量产生,由兼营业务转变为专门经营典当业的专营机构。

南宋黄震的《黄氏日钞》记载了一个故事:绍兴府有一位叫孙越的读书人,幼时贫穷,不过他的叔祖很赏识他,在寺院长生库存了一笔钱,作为侄孙日后参加科考的费用,"且留钱浮屠氏所谓长生库,曰:此子二十岁登第,吾不及见之矣,留此以助费"。这里的长生库,乃指寺院开办的典当,类似于南北朝时期的寺院典当。但宋代的寺院长生库已经具有吸纳民间存款、支付利息的融资功能。

民营质库又称解库、典库,经营质库的商人被称作库户。《清明上河图》中有一家悬挂"解"字招牌的店铺即为当时的典当铺。《东京梦华录》有"士农工商,诸行百户,衣装各有本色,不敢越外……质库掌事,即着皂衫、角带、不顶帽"的记载。南宋时民营质库更加普遍,都城临安"府第富豪之家质库,城内外不下数十处,收解以千万计"①。

宋代的质库区别于以前朝代的特点,除了形成专营机构外,已经开始吸收社会闲散资金,并支付存款人相应的利息,具有资金融入功能。另外,由于宋代质库多设在城市、集镇等商业较为繁华的地区,随着宋代商业的辉煌,质库的借贷利率大大低于唐代。《袁氏世范》所记载的适中利率为:质库月息二分至四分,借贷钱谷的月息三分至五分。

金朝历史虽短,但广设官办典当行"流泉务"。据《金史·食货志》记载,金世宗大定十三年(公元1173年),在"中都、南京、东平、真定等处置质典库,以流泉为名,各设使、副一员"。大定二十八年(公元1188年),又在"京府节度州添设流泉务,凡二十八所"。开设这些官办典当行即流泉

① (宋)吴自牧:《梦粱录》。

务的目的，“以助官吏廪给之费”。大定十三年，金朝颁布了一项有关官办典当行的政令：

“凡典质物，使、副亲评价直，许典七分，月利一分，不及一月者以日计之。经二周年外，又逾月不赎，即听下架出卖。出帖子时，定实物人姓名，物之名色，金银等第分两，及所典年月日钱贯，下架年月之类。若亡失者，收赎日勒合于人，验元官本，并合该利息，依新价偿。仍委运司佐贰幕官识汉字者一员提控，若有违犯则究治，每月具数，申报上司。”①

元世祖至元二十年（公元1283年）曾以钞5 000锭为资本设立公典，称广惠库，放贷收息。

典当库是明朝最主要的信用机构和借贷经营组织，它与南北朝的典质、唐朝的质库、宋朝的解质具有同类性质，主要经营以物品抵押或质押的个人放款。明代的当铺还有解当铺、质铺、典库、解库等许多名称，基本延续了南北朝以来的称谓。明朝建立之初，受元末高利贷猖獗、羊羔息对社会危害的认识影响，朱元璋曾规定，“凡公侯内外文武官四品以上官，不得放债”②。永乐以后又多次重申，政府禁止官吏经营典当，违者杖八十。所以在明初文献中几乎见不到王公贵族以及官宦设立典当的记载。

(四)典当业的成型与规范

自明代中叶开始，典当业无论是从数量、资本方面，还是从种类、业务方面来说，都有非常显著的变化，成为中国典当业史上的重要分水岭，即传统的寺院典当和官吏典当相继消退，民间商人经营的商业典当成为典当业的主要力量。其中，比较有名的是徽州的当商：“今徽商开当，遍于江北。”③明代的典当业，为了维护行业的利益和保守行会秘密，还出现了许多行话隐语，如将当铺称为兴朝阳等，各个典当库所记“各有市语，不相通用”，典当业的行语只有本行业行会的人才能听懂。现代的“当票”的称谓就是起源于明代，作为质贷收赎契据名称出现。

有关对典当利率及计利方法做出法律上的规定，是明朝政府有效管

① 《金史·食货志》。
② 《明英宗实录》卷六十六。
③ 《明神宗实录》。

理典当业的主要措施。明朝政府对典息的规定，大致与元代相似。《大明律》规定："凡私放钱债及典当财物，每月取利，并不得过三分。年月虽多，不过一本一利。违者笞四十，以余利计赃。重者坐赃论，罪止杖一百。"但事实上，民间高利贷屡禁不绝，"若迟还，利上加利，有揭银一两，还至五七两者"[①]。明朝天启年间，政府曾计划按照资本数额的1/10向典当库征税。户科给事中周汝漠甚至提出根据资产多寡向典当业分类征税："典铺之分征有难易，盖冲都大邑铺多本饶，即百千亦不为历，僻壤下县，徽商裹足，数金犹难。"[②]但随着明朝的灭亡，典当业征税并没有得到执行。但领帖纳税已经进入历史进程，并在清代得到实施。

清雍正六年（公元1728年）规定："典商领帖：凡开典当，商家必须赴部请领凭帖，始许开设。"[③]当帖类似于今天的金融业营业执照。领帖后亦凭此纳税捐，停业时缴帖免税，当铺经营者凭借领到的当帖，合法经营。由于税率低且利润丰厚，皇室、官宦、官府、商人蜂拥而上，竞相开设当铺或投资当铺。清政府入主中原后，从救恤改善八旗绿营兵丁生计，确立了生息银两制度，即由内库、户部和各地藩库支拨一定款项，或招佃收租，或交盐商、典商生息，或自开典当铺和其他店铺，以其收益充作八旗福利。在生息银两制度下，各级官府以官帑"发典生息"开办"官当"已甚为普遍。同时，内务府也大量开办归属皇室的"皇当"，导致清代初期的典当业十分发达，形成了民当、官当、皇当三足鼎立的局面。这是中国典当史上历朝所没有出现过的现象。

清代的当铺除了传统的抵押典当业务外，日常业务还有存款、放款、签发银铺票等。当铺的放款都是以物作押的个人放款。当铺存款的来源有两种：一是官款，二是私款。在官银号成立之前，地方的各项库款多存放于当铺生息，这是当铺的主要存款来源之一。绅商富户的私款，也多交存当铺生息。而大商人则以当铺作为营运资金的场所，借给当铺取利。当铺接当时，有时不付现钱，而是开给可随时兑现的银票、钱票，信用好的

① （明）戴金编：《皇明条法事类纂》卷二十。

② 《明熹宗实录》卷五十二。

③ 《六部成语注解补遗・户部》。

当铺所发的银钱票，能在市面流通，于是便成了信用货币。

清代对典当业的法律条文和规范，也是历史上最详尽的。《大清律》严格规范了活当和死当的区别：

"卖产立有绝卖文契，并未注有'找贴'字样者，概不准贴赎。如契未载'绝卖'字样，或注定年限回赎者，并听回赎。若卖主无力回赎，许凭中公估找贴一次，另立绝卖契纸。若买主不愿找贴，听其别卖，归还原价。倘已经卖绝，契载确凿，复行告找、告赎，及执'产动归原、先尽亲邻'之说，借端措勒，希图短价，并典限未满而业主强赎者，俱照不应重律治罪。"[①]

在利率方面，《大清律》将典当视同一般借贷："凡私放钱债及典当财物，每月取利，并不得过三分，年月虽多，不过一本一利。"与《大明律》的条文一模一样。但与明代的典当利率不同之处在于：随着典当业的发展，小生产者对典当经营依赖的加深，从顺治年间即开始了对典当业利率进行法律上的调整，强制降低利率，从三分改二分，二分改一分五，一分五降为一分等；或是要求在年终时节的一定期限内降利，以便穷民取赎还债。[②]

清代典当业的税收已趋正常化，但税率很低。光绪以前，当铺大者数万金，小者数千金，年税仅数两而已。康熙三年（公元1664年），户部规定：当铺税制，按营业规模大小，年纳五两、四两或二两五钱不等。从清初所制定的典当的年3～5两税额，至清末两百多年间，典税一直变化不大，直到国家财政十分困窘的清代末期，才提高税额。

到了清末，钱庄、票号的发展以及官银钱号的设立，取代了典铺的业务，典当业的存款业务大大萎缩，但本业抵押质押放款却始终不衰。

二、商业租赁的发展[③]

租赁，清代陈昌治刻本《说文解字》曰："赁，庸也。从贝任声。""僦，赁也。从人就，就亦声。"清代段玉裁《说文解字注》曰："赁，庸也。庸者今之佣字。庚韵曰。佣、余封切。佣、赁也。凡雇僦皆曰庸、曰赁。"不同时期

---

① （清）吴坛：《大清律例通考》卷九《户律·田宅·典买田宅》。

② 刘秋根：《清代典当业的法律调整》，《中国经济史研究》2012年第3期。

③ 本部分内容主要参考自朱红欠：《南北朝时期租赁业初探》，《西北民族论丛》第十辑，中国社会科学出版社2014年版。

资料来源：彭信威，《中国货币史》，上海人民出版社 2015 年版，图版 113。

图 4—1　光绪十四年天德和当铺钱票(伍佰文)

的史籍称谓不同，有租、赁、庸、僦、假赁等。

南北朝时期，租赁业发展较快，除了传统的民宅和田地租赁等个人使用性质的租赁外，商业经济的发展也带来了新的租赁行业的产生，如商业物业租赁、交通运输工具租赁、特殊用品租赁等。租赁业在南北朝时期成为商品经济活动中的一部分，初步形成了金融业的子行业。

（一）商业物业租赁

《北史·斛律光传》记载："帝（北齐后主高纬）又以邺清风园赐提婆租赁之。"据日本学者加藤繁考证，此清风园是包括广大菜园在内的一个游乐的场所。[①] 穆提婆因其母陆令萱是后主的乳母而得到信任成为宠臣，后主将清风园赐予他用于租赁，"于是官无菜，赊买于人，负钱三百万，其人诉焉。光曰：'此菜园赐提婆，是一家足；若不赐提婆，便百官足'"。

如北齐宰相高阿那肱"以谄媚得幸，枉取民地，造店赁之"；"此店收利

---

① （日）加藤繁著，吴杰译：《中国经济史考证》第一卷，商务印书馆 1959 年版，第 180 页。

如食千户"[①]。高阿那肱此处出租的就是具有营利性质的店铺。

"上(隋文帝)令禁酒,昉使妾赁屋,当垆沽酒。"[②]隋文帝颁布禁酒令,黑市售酒成为暴利,于是舒国公刘昉就让自己的妾偷偷租赁店铺,于闹市中开店卖酒。

(二)交通运输工具租赁

早期交通工具的租赁业,零散于史籍。如齐桓公时"宁戚欲干齐桓公,穷困无以自进,于是为商旅,赁车以适齐"[③]。三国魏晋南北朝和隋代的交通工具租赁,已经由之前的牛马驴等代步工具租赁扩展至以牛车、船租赁为代表的交通运输工具租赁,并且规模庞大,甚至国家的税赋粮食运输都是租赁牛车和船只,已不仅仅是小规模的代步工具租赁了。

《北齐书·卢勇传》记载:"高祖署勇丞相主簿。属山西霜俭,运山东乡租输,皆令载实,违者治罪,令勇典其事。琅琊公主虚僦千余车,勇绳劾之。公主诉于高祖,而勇守法不屈。"琅琊公主用租赁来的千余辆牛车运送租赋,因车辆未载实,违反法令而受到卢勇的弹劾。《魏书》则记载了改牛车运送政府实物税赋为船只,以降低费用的事情。"三门都将薛钦上言:'计京西水次汾华二州,恒农、河北、河东、正平、平阳五郡年常绵绢及赀麻皆折公物,雇车牛送京。道险人弊,费公损私。'""东路诸州皆先通水运,今年租调,悉用舟楫。若船数有阙,且赁假充事,比之僦车,交成息耗。"[④]可见,南北朝时期已经有大规模的牛车、船只等交通运输工具租赁了。

(三)特殊物品租赁

特殊物品租赁比较多的是丧葬用品租赁。"直僦輀床,装之以蔑。以常所乘者为魂车,他无所用。"[⑤]《洛阳伽蓝记·法云寺》记载:"市北有慈孝、奉终二里,里内之人以卖棺椁为业,赁輀车为事。《说文·车部》輀字

---

① 《隋书·李德林传》。
② 《隋书·刘昉传》。
③ (汉)刘向编著,石光英校释:《新序校释》卷五《杂事》,中华书局2001年版,第676页。
④ 《魏书·食货志》。
⑤ 《南史·孙谦传》。

云：丧车也。”[①]輀车是专门用于载运棺柩的车子。另外还有以租赁称粮食器具为职业的史料记载：“高隆之，字延兴，洛阳人也。为阉人徐成养子。少时，以赁升为事。”[②]少时的高隆之生活在北魏末年，以租赁称粮食的器具“升”为业。

三、汇兑业的发展与金融机构雏形

（一）唐代的飞钱

飞钱始于唐宪宗元和初年（公元 806 年），主要是为了解决铜钱转运不便，为我国古代最早的汇票。飞钱主要是商人承担官府的赋税、物资运输所采用。全国各地的商人可以将自己的钱币交给各道的进奏院或者各藩节度使衙门，然后获得一份证据，即所谓的“券”。一半券交给商人，另一半则留在进奏院或者节度使处，商人凭借这半张券与另外一半可以重合的话，就可以取钱了。

“宪宗以钱少，复禁用铜器。时商贾至京师，委钱诸道进奏院及诸军、诸使富家，以轻装趋四方，合券乃取之，号‘飞钱’。京兆尹裴武请禁与商贾飞钱者，廋索诸坊，二人为保。”[③]

据史料记载，飞钱的使用者是以南方茶商为主的商人，使用的区域主要在江淮两浙一带，其次为蜀中地区和北方地区。根据现存的史料记载，使用飞钱的商人一般都是从事茶、酒之类的官榷商人。飞钱一度被禁，后又恢复。唐宪宗元和七年（公元 812 年），唐宪宗下令由朝廷户部、度支、盐铁三司统一经营飞钱业务，收取手续费，规定每飞钱 1 000 贯（一贯一文）付费 100 文。

“自京师禁飞钱，家有滞藏，物价浸轻。判度支卢坦、兵部尚书判户部事王绍、盐铁使王播请许商人于户部、度支、盐铁三司飞钱，每千钱增给百钱，然商人无至者。复许与商人敌贯而易之，然钱重帛轻如故。”[④]

---

① （北魏）杨衒之撰，范祥雍校注：《洛阳伽蓝记校注》卷四《城西》，第 204 页。
② 《北史·高隆之传》。
③ 《新唐书·食货四》。
④ 《新唐书·食货四》。

飞钱,正如其名,既减少了铜钱的需求,缓和了钱币的不足,同时又给官营商品的贸易活动带来了极大的便利。然而,由于飞钱本身不介入流通,不行使货币的职能,它只是一种汇兑业务,而且仅为官商所用,因此对商业的发展并没有做出太多贡献,直至飞钱这种汇兑方式被北宋沿用,"便钱务"得到大规模开展,才造就了商业的繁荣。

(二)宋代的便钱务、榷货务与交引铺

宋代,朝廷为了增加京师的铜钱储量以及满足市场的大量需求,根据唐代飞钱办法,实行商品的便换,称为便钱。宋太祖开宝三年(公元970年),京师设"便钱务"。

"先是,太祖时取唐飞钱故事,许民入钱京师,于诸州便换。其法:商人入钱左藏库,先经三司投牒,乃输于库。开宝三年,置便钱务,令商人入钱诣务陈牒,即辇致左藏库,给以券,仍敕诸州凡商人赍券至,当日给付,违者科罚。"①

也就是说,商人把钱纳入左藏库,得到取款凭证"券",然后到经商的州县领钱,并且朝廷有信用的保证。这里的券相当于现在的汇票。

我国自古以来,多数朝代实行禁榷制度,政府对重要商品如盐、铁、酒、茶、香料等实行垄断经营。宋代也是如此,榷货务"掌鹾(盐)、茗(茶)、香、矾钞引之政令,以通商贾",即向商人发行及收兑各类有价证券。榷货务最早设立于宋太祖乾德二年(公元964年),在京师和地方均设有机构。榷货务除了商品的专卖职能外,还有便钱,即现金汇兑职能。如景德三年(公元1006年),诏令:"客旅见钱往州军使用者,止约赴榷货务便纳,不得私下便换。"②

榷货务除了汇兑功能外,也承担了朝廷的货币兑换与回笼职能,具有中央银行的部分功能。徽宗时期,钱引取代交子后,手持交子者须到榷货务买钞所兑换钱引。南宋高宗和孝宗年间,榷货务又承担了回笼纸钞会子的功能。南宋绍兴元年(公元1131年),因婺州屯兵,"钱重难致,乃造

---

① 《宋史·食货志》。
② 《宋会要辑稿·食货五》。

关子付婺州，召商人入中，执关子于榷货务请钱"[①]。

交引是官府发给商人的商贸凭证，由交引库负责印发、收纳。宋代实行禁榷制度，盐、茶、矾、香药等货物采取间接专卖，一般先由商人向官府设立的榷货务存入现钱，换取交引，然后凭借交引到指定地点换取钱钞或官府专卖的货物。宋太宗时，为了引导军用物资流向边郡，又创设折中法，即商人在边郡入纳粮草等军需物资，驻军估价收纳后发给交引。为吸引商人赴边境运输粮草，官府给予的粮草估价远高于市场价，按照虚估价格给予折算交引。交引的价值就来源于"虚估"和货物实际价格的价差。

"如粟价当得七百五十钱者，交引给以千钱，又倍之为二千。……又增用茶，当得十五、六千至二十千者，辄加给百千。"[②]

由于交通不便，交引的使用往往是限定在专卖商品的原产地区域，交引的发放和兑换之地地域跨度太大，因此很多持有交引的人，特别是生产官府专卖商品的商人愿意将它卖出，于是买卖交引的店铺即交引铺就应运而生，其盈利当然来自交引买卖的差价。交引铺收购的交引，通常不会直接用于提货，而是转手卖给茶盐商："铺贾自售之，转鬻与茶贾。"[③]

"雍熙后用兵，切于馈饷，多令商人入刍粮塞下，酌地之远近而为其直，取市价而厚增之，授以要券，谓之交引，至京师给以缗钱。"

"乾兴以来，西北兵费不足，募商人入中刍粟如雍熙法给券，以茶偿之。后又益以东南缗钱、香药、犀齿，谓之三说；而塞下急于兵食，欲广储偫，不爱虚估，入中者以虚钱得实利，人竞趋焉。及其法既弊，则虚估日益高，茶日益贱，入实钱金帛日益寡。而入中者非尽行商，多其土人，既不知茶利厚薄，且急于售钱，得券则转鬻于茶商或京师交引铺，获利无几；茶商及交引铺或以券取茶，或收蓄贸易，以射厚利。由是虚估之利皆入豪商巨贾，券之滞积，虽二三年茶不足以偿而入中者以利薄不趋，边备日蹙，茶法大坏。"[④]

---

① 《宋史·食货志》。
② 《续资治通鉴长编》。
③ 《宋史·食货志》。
④ 《宋史·食货志》。

宋代交引有茶引、盐引、钞引多种。交引也成为一种有价证券。南宋还诞生了金银交引铺，又称金银盐钞引交易铺、金银钞引交易铺。据《梦粱录》记载，南宋都城临安，“自五间楼北，至官巷南街，两行多是金银盐钞引交易铺”。

宋代的一些都市城郭设有交引铺。一些州县的土人“其输边粟者，非尽行商，率皆土人，既得交引，特诣冲要州府鬻之，市得者寡至京师”①，可见各个“冲要州府”都设有交引铺。北宋的汴梁、南宋的杭州，都是交引交易中心。

宋代的一些大商人还凭借其雄厚的资金，操纵市场，压低交引的市场价，收购囤积交引。如北宋皇祐年间，“券至京师，为南商所抑，茶每直十万，止售钱三千，富人乘时收蓄，转取厚利”②。由于商人的操纵以及交引大量发行，导致交引价格出现较大幅度波动，官府则通过市易法进行调节干预。

（三）现代金融机构雏形：明代的钱铺、银楼与钱庄

明代的银楼钱庄，清代的印局、账局和票号，成为明清时期近代银行创设之前中国的主要金融机构。到清末，印局、钱庄逐渐与账局的大部分业务雷同或交叉。但不同的是：典当以质押为特征，而印局为信用贷款，但是为小额；账局也是信用贷款，并不收受抵押品。然而，账局是建立在对贷款人信誉、经营能力等信用评估基础上的。钱庄不同于账局的是其存放款与汇兑业务皆为主要业务，而账局则是以存放款业务为主导；票号则为专门的汇兑金融机构。账局、钱庄以及票号，已经接近近代银行的业务经营特点。这也说明中国土生土长的银行业是由小到大、由简而繁不断发展演化而来的。

中国历史上长期存在多种货币混合流通状况，使得货币兑换在春秋战国时期就已经出现。唐宋时期专门制作金银器的银楼也开始兼营货币兑换业务，特别是宋代的金银铺，已经在主要通衢之地设立了专门货币兑换店铺。这些金银铺在唐宋时期主要从事纹银熔炼与银饰品加工制作，

① 《续资治通鉴长编》。
② 《宋史·食货志》。

后逐步演变成专门的货币兑换场所，进而经营货币的存放和汇兑，与钱庄业务相近。

日本学者加藤繁的相关研究指出：唐宋时期各地城市多有金银铺、银铺、金肆、银肆、金银交引铺等商铺，有时此类商铺集中在一起，又被称之为银市、金银行、金银市等，所经营业务包括金银器饰的买卖、金银铤（饼）的买卖、金银的鉴定、金银器饰及金银铤（饼）的铸造、钞引等有价证券的交易等。随着金银货币职能的发挥，其中金银器饰及铤、饼等的买卖逐渐带有兑换的性质。[①] 在宋代一些地方，这些金银铺名称又有新的变化，银楼、兑店出现了。《明宪宗实录》中就有使用假银、开兑店、兑换钱币的记载："行使假银，民间大害，而莫如近年为甚……甚至投靠势豪，广开兑店，地方不敢举，官府不能禁，此万姓之所切齿矣！"明正德至万历时期，已有"钱肆"出现，并"广开兑店"[②]。

从史料记载来看，明代的货币兑换早中期是由银楼和兑店主导，并且由于类似于南宋时期，进行商铺的集中区域经营，逐步形成了钱市。嘉靖八年（公元 1592 年），私贩铜钱猖獗，朝廷下令禁止贩卖铜钱，导致经营货币兑换业务的银楼、兑店等"私相结约，各闭钱市，以致物价翔踊"[③]。关于银店（银楼）进行货币兑换、开展汇兑业务的史料记载一直延续至清代。清康熙时，原太仓州的嘉定县，就曾经对当地"兑换银店"进行行业规范，如要求店主"明设铺面""连名互保"等。[④]

随着嘉靖时大开铸炉，钱币种类增多，名类繁多，货币兑换也迎来了快速发展时期。官方认可的专营铜钱兑换的金融机构——钱铺出现了，这也是钱庄的早期雏形。万历五年（公元 1577 年），庞尚鹏奏准设立钱铺，是为钱铺法定之始：

"议将铺行，诚实有身家者，听其愿，领铸钱，存留官银以为资本，即照原定折易之数以钱还官。盖在官散银与铺行以易钱，在铺行纳钱于官以抵银，则人知钱与银并贵而铺行与民兼利矣。设立铺户，举市镇殷实之家

---

① （日）加藤繁：《唐宋时代金银之研究》，中华书局 2006 年版，第 471—472 页。

② （明）范濂：《云间据目抄》。

③ 《明世宗实录》。

④ 傅为群：《上海嘉定县清代银锭完纳规则残碑》，《中国钱币》2000 年第 1 期。

充之；随其资本多寡赴官买钱，以通交易。”①

钱铺早期由市镇殷实之家，以白银向官府换取制钱，自主经营，并不要求专营。钱铺按照市价以银块制钱相交易，收取手续费，也称贴费。这种现象一直延续到清代。如上海钱庄的鼻祖为“浙江绍兴人”，传说“乾隆年间他在南市老城厢开设炭栈兼做银钱兑换生意”；宁波钱业鼻祖称“方七”者，原是个鞋匠。清末，市场上还有卖茶又兑钱或卖烟又兑钱的小钱铺、钱摊、钱桌。②

随着经营获利较大，专门从事兑换业务的钱庄出现了，并且有存款、放款和汇兑业务。现在挖掘的史料对于明代钱庄的放款和汇兑业务，更多见诸明末的各种小说中，清初四朝时钱庄业务愈加活跃，除货币兑换外，还做存放汇和保管保证等业务，并发行钱票和其他票券，成为明清时期主要的金融机构。随着钱庄的发展，到清代，各地先后出现了钱庄的行会组织，有晋商、徽商、浙商、苏商、陕商、鲁商、粤商、闽商等，其中以晋商、徽商、浙商、苏商居多。仅据江苏工商业碑刻资料，乾隆三十年（公元1765年），在苏州就有山西人开的钱庄81家；咸丰三年（公元1853年），“山西祥字号钱铺，京师已开四十余座，俱有票存，彼此融通”。据现有史料，北京、天津、张家口、归化、包头、西宁、兰州、汉口等商业重镇的钱业势力多以晋商势力为强。

在我国东南地区，称为钱庄，但在华北、东北、西北及广东地区，习惯上称为银号。在兰州，不论规模大小均称银号，银号又分三种：门市银号，经营银钱兑换，收入贴水；驻庄银号，系外地钱庄派驻单位，所营存放汇业务均通过当地银号进行；普通银号，经营存放汇兑换业务。广州钱业分为三类：银号，以放款为主；西号，以汇兑和存储官款为主；“五家头”或“六家头”，以开炉融销银锭为主，相当于银炉。③

（四）明清商业票据

汇兑始于唐代的飞钱，南宋时因纸钞盛行而衰落。明代中后期，商品

① 《明神宗实录》。

② 孔祥毅：《明清货币商人的金融机构创新》，《金融博览》2009年第5期。

③ 傅为群：《中国早期的银行》，《齐鲁周刊》2018年第24期。

经济发展，手工业中还出现了资本主义萌芽。随着远途、大额交易的发展，民间商业的发展对货币流通数量和货币流通速度，都提出了新的要求；异地间的货币汇兑需求也随之增多，而随着明代纸钞的大幅度贬值，逐步退出货币流通领域，商人们开始使用会（汇）票来办理异地间的货币汇兑，以票据清算来替代现银清算。明崇祯年间，陆世异在他的《论钱币》中讲道："今人家多有移重资至京师者，以道路不便，委钱于京师富商之家，取票至京师取值，谓之会票，此即飞钱之遗意。"办理汇款的富商之家，指的就是钱庄、当铺及其他商号等。

现今所见最早的会票史料是明崇祯年间（公元 1628—1644 年）王嘉禄发行的合同信票（会票的一种）。[①]

明代的会票制度虽然继承了唐宋"飞钱""便换"的汇兑形式，但在发行主体、流通区域方面有所不同，明代的会票由民间发行，汇通天下，而唐宋的"飞钱"和"便换"是由官府专营，仅流通于京师和有榷货务的局部区域。

明代会票形制上达到了近代纸质票据的很高水平，相关要素基本齐全，而且具有古代"合券"的特点（券分为两半，债权人与债务人各执一半）。随着会票在商业贸易中得到推广，汇兑市场逐渐形成并发展起来，这促进了票据结算的发展，加速了贸易资金的周转和货币流通速度，便利了贸易活动，也为清代以后中国重要的金融汇兑专营机构——票号的产生创造了市场条件。

会票的使用一直延续到清康熙年间。随着钱庄的发展，会票逐步被钱票所代替，直至票号出现汇票成为清代票据的主流。

自乾隆、嘉庆以来，一些大的钱铺基于商品交换的需要，为社会提供了一种信用流通工具——钱票。这种小区域流通的货币名称千奇百怪，诸如钱票、银票、私票、花票、流通券、私帖、街帖、商帖、银帖、屯帖、代价券、土票、土钞、凭票、抵借券、工资条等，硬币有银两、铜钱、铜圆、银圆、银角等。由于它们的初始形式在清代早期、中期被人称为钱票，所以我们也

---

① 傅为群：《上海钱庄与钱庄票》，《中国钱币》2000 年第 4 期。

就将其泛称为钱票。这些钱票具有一般货币的职能,如价值尺度、流通手段等。[①] 随着各色钱票的流通和兴起,清代的票据业进入了快速发展阶段。

清代民间流通的票据种类较多,主要有以下几种:[②]

(1)凭帖:本铺出票,由本铺随时负责兑现,相当于现在的本票。(2)兑帖:也叫附帖,本铺出票,到另一铺兑取现银或制钱,相当于现在的支票。(3)上帖:有当铺上给钱铺的上帖和钱铺上给当铺的上帖之分,彼此已有合同在先,负责兑付,相当于现在的银行汇票。(4)上票:非金融机构即一般商号所出的凭帖,信用比金融机构的凭帖差一些,钱商也可以接受,类似于现在的商业承兑汇票。(5)壶瓶帖:有些商号(包括钱庄)因逢年过节资金周转不灵,自出钱帖,盖以印记,用以搪塞债务,因其不能保证随时兑现,只能暂时"装入壶瓶,并无实用",故称为壶瓶帖,相当于现在的融通票据。(6)期帖:出票人企图多得一些收入而开写迟目票据,有指定日期,到期时始能取钱,但需要计算期内利息,类似于现代的远期汇票。(7)拨兑帖:是商品交易或者经济往来中,钱款通过当地钱业组织往来拨账,不付现钱,只能用于转账结算,相当于现在的转账支票。(8)外兑帖:也称为换外票帖,是出票人在出票时,在票帖上注写"外兑"或者"换外票"字样,一般只能辗转磨兑流通,不能兑付现银现钱,这种票据一般是不法商人所出以骗取本银为目的的不兑现票据。(9)会券:也就是汇票,初为有分支机构的商号偶然代办,后出现专营异地款项汇兑的金融机构票号以后,汇兑业务扩大,汇票的制作、管理很快也完善起来,出现了票汇和信汇,后来又有电汇;按期限不同,汇票又可分为即票和期票两种,即票是见票即付,期票则是约期付款。(10)旅行支票:这是山西票号应异地贩运商人在沿途不同地点办货的需要而签发的一种可以一次签发、分次在不同地方分号支取的汇票,类似于现在的旅行支票或信用卡。(11)兑条:对于小宗汇款,一般不用汇票,而是书一纸条,将其从中剪开,上半条给汇款人,由其转寄收款人,下半条寄交款的分支机构或者连号,核对领取,盖不

---

① 戴建兵:《近代中国钱票浅探》,《河北经贸大学学报》1996年第5期。

② 孔祥毅:《明清货币商人的金融工具创新》,《金融博览》2009年第4期。

用保。(12)小票：原系临时便条，凭票付款，并不记名，数额在 50 两至 1 000 两不等，经常被人长期收藏，有一定的银行券性质。

因为各种票据信用度差异较大，良莠不齐，晋商的汇通天下，兑条、旅行支票方便了长途贩运贸易的异地资金支付，但壶瓶帖等则具有明显的欺诈性质。道光皇帝曾下令限制上票、壶瓶帖、期帖特别是外兑帖的使用。随着票号的发展，晋商对票据的防伪技术也达到了一个新的高度。清末，山西票号已经自创了水印技术，票号的汇票只能使用总号统一印制的有暗押或暗记的汇票，内加水印。汇票由专人书写并预留备案，各分号收到汇票后，需与预留字迹核对无误，方可付款。

资料来源：中国票号博物馆。

图 4—2　清代日升昌汇票

(五)清代的票号

票号约产生于19世纪20年代初，最初是专门从事异地款项汇兑的金融机构，后来办理存放汇兑与委托代理等业务。根据可追溯的史料，最早的票号是清道光五年(公元1826年)在山西平遥成立的日升昌。当时票号创始人雷履泰与“西裕成”的东家李箴盛把“西裕成”改为“日升昌”，不再经营颜料行，专门从事汇兑业务，由李箴盛出资，雷履泰以人力入股。而清代票号的总号集中在山西平遥、祁县和太谷三县，也能够充分证明票号起源于山西。平遥先后有日昌等21家票号，祁县先后有大德通等20家票号，太谷先后有志成信等8家票号。19世纪60年代，南方商人介入票号领域，先后有浙江胡雪岩的阜康、胡通裕，云南的天顺祥、云丰泰，浙江严信厚的源丰润等几家，被称为南帮票号。山西票号的分支机构遍布京师和各省、关及重要商埠，约有560多处，有的还走出国门，在日本的东京、大阪、横滨、神户，朝鲜的仁川等地设立了分支机构。

山西票号设置初衷是创造“本平”，即当时异地款项汇兑业务因为各地银两平色不一，全国大体有数千种平砝。票号自开始汇兑，就自设平砝，通过折合，统一各地平砝，使款项“汇通天下”。山西票号一般实行总分支机构制，统一制度、统一管理、统一核算，与账局类似。总号与分号、分号与分号之间，通过“兹报、附报、行市、另起”等方式互通信息，“酬赢济虚、抽疲转快”[①]，相互接济。

那个时期的票号已经具有了现代银行的一些特征：

(1)以存贷和汇兑为主要业务。存款分为对公存款和私人存款。汇兑业务，初期主要为商业汇兑，汇兑的方式主要是票汇和信汇两种。后期为清政府汇解公款，包括捐输的汇解、京饷、协饷，以及汇兑洋务经费。

(2)一般为独资或合资，均负无限责任。合资的票号，合资人以合同方式确定合资关系，成为票号的股东。表现较好的管理人员和职员，可以自己的劳动力折成股份。

---

① 侯安平，武卫红：《山西票号的经营管理》，《山西财经大学学报》1988年第2期。

(3)票号的资本金分正本和副本。正本是投资人的货币资本,也叫老本;副本又称倍本、护本,从股东和身股职员分红中提取留存企业,计息但不分红,从而保证了资本金充足率。亏损时从护本中付出,无论如何不能亏老本。

(4)总分支机构设置,总号与分号的统一管理、统一核算和资金调度。

(5)银行密押制。为了保证异地汇款提款时的汇票真实无误,避免发生假票伪票冒领款项,票号创造了严密的密押制度,并不定期更换密押。

(6)金融稽核制。建立龙门账进行财务稽核,是中国早期的金融稽核,一般由总号专门的查账部门进行稽核。

(7)建立系列人力资源管理制度,包括对新员工的推荐选拔制、三年学徒制、殷实商铺担保制、人力资本股份晋升制、行规号规的内控制等。

在八国联军入侵北京之后,票号开始代办政府捐纳、汇兑公款、代理地方金库、借垫京饷协饷、借垫抵还外债、借垫汇解庚子赔款等业务,成为清政府的财政支柱。由于主要业务转向涉及清政府的财政运转,票号的很大一部分资产是政府的负债,因此辛亥革命爆发后,票号立刻出现了倒闭潮。

(六)官银钱号

官银钱号是清代官办的金融机构,产生于清康熙年间,初期叫官钱局或官钱铺,后又称为官银钱局或官银号。在鸦片战争前,官银钱号的主要职能是兑换银钱、调节钱价及倾熔银锭等,类似于明代的太仓银库。

在鸦片战争以后,清政府因军需、赈灾、河工等费用很多,故成立官银钱号发行钱票,在支持兵丁月饷、官员公费和各项工程费用时,搭放一定成数。道光二十五年(公元1845年),内务府设立了天元、天亨、天利、天贞、西天元五家官银号(俗称"五天官号"),发行钱票、银票所得收益,一律作为内务府的进款。

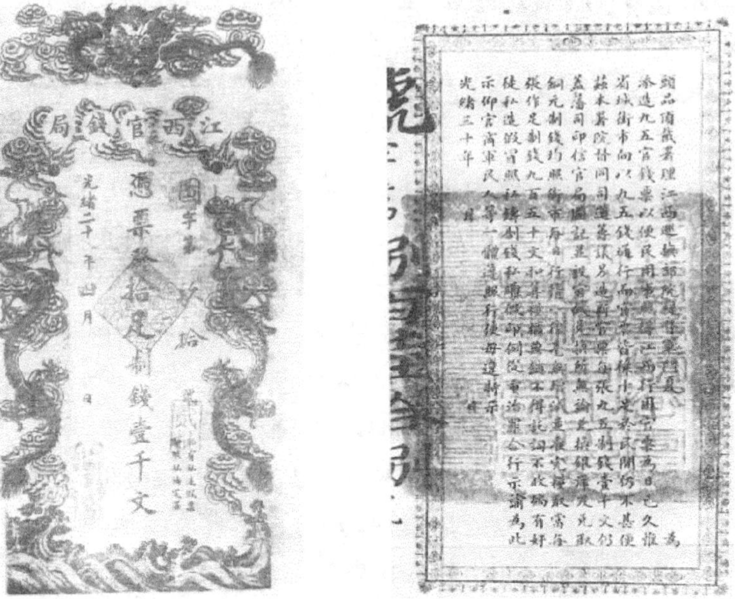

资料来源：彭信威，《中国货币史》，上海人民出版社2015年版，图版121—122。

图4—3 光绪三十年江西官钱局钱票正反面

第五章

国家金融管理与金融政策思想

第一节 铸币权管理

一、中央铸币权的形成

在先秦之前，古代的中国是没有铸币权概念的，王、诸侯和王公贵族都可以铸币并流通。铸币权统一收归中央政府，始于秦代。

秦半两在中国货币史上具有划时代的意义：一是外圆内方的形制；二是标准的重量钱；三是法钱。秦半两外圆内方的形制，源自秦早期的“初行钱”。秦惠文王二年（公元前 336 年），秦国“初行钱”，将货币的铸造权收归国家，规定圆形方孔半两钱为国家法定货币。秦自献公以来，逐步建立了封建中央集权制度，所以铸行的圆形圆孔钱已不同于东方诸侯的钱币，只标重，无地名，这表明秦国的币制一开始就是统一的，不允许地方铸钱。“初行钱”时所铸圆形方孔钱则更加明确，钱面只标面值，没有地名，这也从侧面说明王室专铸制度已经确立。重量钱在一定程度上也是保障铸币权集中的一种必要手段。

秦确定的半两钱，以战国时期的秦半两钱为基础。战国时期，由于币值不统一、换算困难，因此秦币主要在境内流通，在东方六国流通的数量很少。当时秦国对外使用的等价物主要是黄金和布，睡虎地秦简《金布律》规定:“其出入钱以当金、布，以律。”意思是，钱如要带出国境，必须换成黄金或布，按法律规定的比价折算。可见，黄金和布这两种货币是各国都通行的，也说明秦币分为黄金、半两钱二等的制度在战国晚期就已形成。将布作为货币流通，有严格的规定。《金布律》记载:“布袤八尺，福(幅)广二尺五寸。布恶，其广袤不如式者，不行。”即布作货币用，一个单位必须长八尺、宽二尺五寸。如果尺寸或质量不符合标准，便不许流通。对于布与半两钱、金币之间的法定比价也有规定:“钱十一当一布。其出入钱以当金、布，以律。”且商人和官吏不能对钱和布有所选择:“贾市居列者及官府之吏，毋敢择行钱、布;择行钱、布者，列伍长弗告，吏循之不谨，皆有罪。”①

秦代不允许郡县擅自铸钱，也严禁私人铸钱，在睡虎地秦简《封诊式》中有禁止私铸钱的司法案例:“爰书:某里士五(伍)甲、乙缚诣男子丙、丁及新钱百一十钱、容(镕)二合，告曰:丙盗铸此钱，丁佐铸。甲、乙捕(索)其室而得此钱、容(镕)，来诣之。”意思为，某里士伍甲、乙捆送男子丙、丁及新钱一百一十个、钱范两套，控告说:丙私铸这些钱，丁帮助他铸造。甲乙将他们捕获并搜查其家，得到这钱和钱范，一并送到。

秦始皇在统一文字、统一度量衡的同时，以继承战国时期的秦国货币体制为基础，废除六国诸侯的铸币，统一了货币;集中了铸币权，改为皇帝的权力。秦始皇翻开了中国货币史的新篇章，这与秦朝统一中国后的统一集权国家管理的模式是相配套的。

二、法钱思想的确立

两汉经历了复杂多变的货币改革。铸币权更迭，从秦始皇统一国家的铸币权到汉高祖放开私铸，历经汉文帝和汉景帝时期，直至汉武帝再次集中国家铸币权，两汉的铸币权几经易手。

汉高祖实行的自由铸钱政策，是延续了秦朝的铸币政策，“荚钱流

---

① 睡虎地秦墓竹简整理小组:《睡虎地秦墓竹简》，文物出版社1978年版，第214页。

行”。汉文帝时，轻钱越来越多，成色不足，于是将半两钱减重为四铢，面值依然为半两，导致民间铸币成本大降，“令民纵得自铸钱”，导致币质较高的“吴、邓氏钱布天下”①。吴邓钱布天下的“邓”是指邓通，“吴”是指吴王刘濞。

“邓通，蜀郡南安人也，以濯船为黄头郎。孝文帝梦欲上天，不能，有一黄头郎从后推之上天，顾见其衣裻带后穿。觉而之渐台，以梦中阴目求推者郎，即见邓通，其衣后穿，梦中所见也。召向其名姓，姓邓氏，名通，文帝说焉，尊幸之日异。通亦愿谨，不好外交，虽赐洗沐，不欲出。于是文帝赏赐通巨万以十数，官至上大夫。文帝时时如邓通家游戏。然邓通无他能，不能有所荐士，独自谨其身以媚上而已。上使善相者相通，曰‘当贫饿死’。文帝曰：‘能富通者在我也，何谓贫乎？’于是赐邓通蜀严道铜山，得自铸钱，‘邓氏钱’布天下。其富如此。”②

刘濞是汉高祖刘邦的侄子，因为在征讨黥布时立有战功，被封为吴王，他利用封地内的铜山，“招天下亡命者盗铸钱”③；又利用靠海的便利，经营制盐。由此刘濞非常富有，免除了境内百姓的赋税，用以收买人心。晁错是汉景帝的亲信，他主张削弱诸侯王的实力，景帝前元三年（公元前154年），爆发了“吴楚七国之乱”，这也成为此后国家重新垄断铸币权的直接原因。

元鼎四年（公元前113年），汉武帝集中了铸币权，专由上林三官铸造符合标准的五铢钱。民间铸钱无利，又面临坐牢的风险，因此盗铸才得以大幅度减少。

“赤侧钱贱，民巧法用之，不便，又废。于是悉禁郡国无铸钱，专令上林三官铸。钱既多，而令天下非三官钱不得行，诸郡国所前铸钱皆废销之，输其铜三官。而民之铸钱益少，计其费不能相当，唯真工大奸乃盗为之。”④

在铸币权变更的背后，两汉的货币思想也从春秋战国时期研讨货币

---

① 《史记·平准书》。
② 《史记·佞幸列传》。
③ 《汉书·吴王刘濞传》。
④ 《史记·平准书》。

本身上升到货币管理,确定国家法币的高度,但是没有留下系统货币理论文字。因此,两汉的货币思想更多的是关于"法钱"(法币)的思想。比较具有代表性的人物是贾谊、贾山和桑弘羊。

贾谊针对汉文帝"除盗铸钱令,使民放铸"。贾谊谏曰:

"又民用钱,郡县不同:或用轻钱,百加若干;或用重钱,平称不受。法钱不立,吏急而壹之乎,则大为烦苛,而力不能胜;纵而弗呵乎,则市肆异用,钱文大乱。苟非其术,何乡而可哉!"

"奸数不胜,而法禁数溃,铜使之然也。故铜布于天下,其为祸博矣。今博祸可除,而七福可致也。"①

贾谊提出了"法钱"的概念,同时建议政府垄断货币材料——铜,贾谊的思想对之后的封建国家的货币政策有着重要的影响。

贾山则发展了《管子》关于"货币无补于饥寒"的名目论思想和国家把货币作为干预经济工具的思想,认为货币是"饥不可食、寒不可衣"的无用之物,但君权则可使它成为"易富贵""无饥寒之患"的东西,明确指出了掌握货币铸造权与维护君权二者的联系。

"其后,文帝除铸钱令,山复上书谏,以为变先帝法,非是。……章下诘责,对以为:'钱者,亡用器也,而可以易富贵。富贵者,人主之操柄也,令民为之,是与人主共操柄,不可长也。'"②

桑弘羊是汉武帝实现国家铸币权、设立五铢钱制度的主要执行人,他在盐铁会议上极力支持国家集中铸币权的政策,第一次提出了"统一"的货币发行概念。

"文帝之时,纵民得铸钱、冶铁、煮盐。吴王擅鄣海泽,邓通专西山。山东奸猾,咸聚吴国,秦、雍、汉、蜀因邓氏。吴、邓钱布天下,故有铸钱之禁。禁御之法立而奸伪息,奸伪息则民不期于妄得而各务其职不反本何为?故统一,则民不二也;币由上,则下不疑也。"③

---

① 《汉书·食货志》。
② 《汉书·贾山传》。
③ 《盐铁论·错币》。

三、铸币权的法律规范:钱法

为了确立法定货币在货币流通中的地位,秦汉时期就对法币的流通做了详细的规范,这些规范形成了钱法,并对后世产生了深远的影响。《秦律十八种·金布律》中就有涉及对货币使用及债务处理方面的规定。

(1)对钱币品种不要求,且使用中不能挑选:"钱善不善,杂实之。出钱,献封丞、令,乃发用之。百姓市用钱,美恶杂之,勿敢异。"老百姓在用钱中,不能挑选。(2)布帛作为货币的标准,"布袤八尺,福(幅)广二尺五寸。布恶,其广袤不如式者,不行"。布帛达不到标准,不准流通。(3)规定了当时钱、布换算的比例以及实物标准的登记制度:"钱十一当一布。其出入钱以当金、布,以律。"在登记时,钱数的多少折算成黄金或布的数量来登记。(4)禁止交易中有选择性地使用货币。"贾市居列者及官府之吏,毋敢择行钱、布;择行钱、布者,列伍长弗告,吏循之不谨,皆有罪。"市场中的商人和官家府库的吏,都不准对钱和布两种货币有所选择;而列伍长不告发,吏检查不严,都有罪。

汉承秦法,《二年律令·钱律》也有相应的律文:"钱径十分寸八以上,虽缺铄,文章颇可智(知),而非殊折及铅钱也,皆为行钱。金不青赤者,为行金。敢择不取行钱、金者,罚金四两。"钱币的直径达到0.8寸,即使有磨损,但只要上面的铭文可辨,不是断碎或铅钱,也可视为流通钱币。另外还规定,金只要不是青赤颜色,就可视为流通黄金。拒绝接受流通钱币或流通黄金者,就要接受处罚,罚金4两。但是,与秦律相比较,西汉初期的《钱律》对于拒绝接受不足值劣币的处罚,似乎还是轻了一些。《金布律》规定,对在钱币与布货币之间进行选择的人进行处罚,要对其列伍长和主管的吏实施连坐一并处罚,而《钱律》只规定对违规者处罚金钱,对其列伍长和主管的吏则不予处罚。

"盗铸钱及佐者,弃市。同居不告,赎耐。正典、田典、伍人不告,罚金四两。或颇告,皆相除。尉、尉史、乡部、官啬夫、士吏、部主者弗得,罚金四两。”①

《钱律》明确了朝廷垄断钱币铸造权,民间铸钱被称为盗铸。《钱律》规定,对盗铸钱币的人要判处死刑,对协助盗铸的人也要判处死刑;对同居一户的父母、妻子、儿女及其他亲属没有能够告发,剃去鬓须并处以罚款;地方负责人和连保人没有能够告发,地方官员没有能够察觉,罚金4两。《钱律》还规定,知道有人盗铸铜钱,帮助盗铸者买铜买炭等相关材料,或将盗铸的铜钱投入市场流通者,与盗铸的人同罪,也要被判处死刑。

据《史记·汉兴以来将相名臣年表》,汉初,“除钱律,民得铸钱”。政府废除了钱律,放开了私铸。景帝中元六年(公元前144年)又定《铸钱伪黄金弃市律》,可知此时又恢复了钱律。

汉武帝时修订了《金步律》(很可能实为《金步令》),其中可能就包含了《金布令甲》。关于《金布令甲》,颜师古注:“金布者,令篇名也。其上有府库金钱布帛之事,因以名篇。令甲者,其篇甲乙之次。”《金布令甲》对铸币、赋税等有详细的规定。

汉以后历朝历代,基本延续了秦汉时期的钱法规制,但鲜见专门的类似钱律的法律规范。类似条款如唐代《唐律疏议·杂律》“盗铸钱”条以及《宋刑统》相同条款外,更多以皇帝诏敕形式发布。

第二节 币值管理

一、铜钱的币值管理②

如前文所述,中国古代王朝的铜钱一直面临着币值稳定的问题,不是遭遇“钱满”——通货膨胀,就是遭遇“钱荒”——通货紧缩。为了稳定铜钱的币值(钱与货的轻重),历代王朝从货币的供给端和需求端采取了很多措施,有些措施至今仍具有借鉴意义。

---

① 《二年律令·钱律》。

② 此部分内容主要参考:郭庠林,《中国古代宏观经济管理》,上海财经大学出版社2001年版,第七章第三节“铜钱的管理”。

(一)"钱满"的币值管理

"钱满"情况下,一般采取的措施有以下几种:

第一,停止铸造"大钱"。中国古代的"大钱"是增加财政收入以应付支出的重要手段。例如,三国时的孙权于嘉禾五年(公元 236 年)铸大钱一当五百,赤乌元年(公元 238 年)又铸当千钱。"大钱"由于作价太高,面额远远超过币材价值,因而贬值较快。东吴采取的措施包括:将钱改铸用器,官方停铸,以大钱缴纳税赋,国库收缴后不再流通等。"今闻民意不以为便,其省息之,铸为器物,官勿复出也。私家有者,敕以输藏,计畀其直,勿有所枉也。"①流通中的"大钱"数量因而逐渐减少,乃至消失。

第二,通过财政手段,回笼货币,实行通货紧缩政策。主要是运用租税政策征收货币税赋,以减少流通中的货币量。南北朝时期南齐在代替刘宋王朝时,流通中充斥着大量减轻的货币,其中有刘宋王朝铸造的薄而小的四铢钱,钱形薄小、轮廓不清的孝建钱,还有二铢重的永光钱、景和钱。同时,民间私铸也云涌而起。私铸的钱币越铸越轻薄,例如,鹅眼钱,一千文钱堆积起来不到三寸高;綖环钱,入水不沉,随手破碎,数十万钱不盈一掬。这些小钱大量进入流通后,人们不愿接受,结果百物踊贵、商货不行,米价一斗几千。对此,南齐王朝实行了紧缩政策:运用租税政策把大量通货收回国库。建元初年,浙东五郡的丁税每人一千钱,而且规定纳税的铜钱是标准铜钱,国库中的铜钱因此达到几万万之数。这种回收良币而不减少劣币的通缩政策,造成了社会经济的不景气,连萧赜(武帝)也不得不承认:"昔在开运,异纪未周,余弊尚重,农桑不殷于曩日,粟帛轻贱于当年。工商罕兼金之储,匹夫多饥寒之患。良由圜法久废,上币稍寡。所谓民失其资,能无匮乎?"②

第三,采取行政手段,禁止"恶钱"流通,强行收缴并处以刑罚。一是规定民间持有"恶钱"者,限期送交府;或者派遣官吏巡查行人,发现私藏"恶钱",一律没收归官。"恶钱"是指含铜量太少或者铜钱重量太轻的钱,包括被剪凿了的铜钱、民间私自铸造的轻薄小钱和铅锡钱。例如,唐文宗

---

① 《吴志·大帝传》注引《江表传》。

② 《南齐书·武帝纪》。

大和三年(公元829年)规定:“以铅锡钱交易者,一贯以下,以州府常行脊杖二十;十贯以下,决六十,徒三年;过十贯以上,所在集众决杀。其受铅锡钱交易者,亦准此处分。其用铅锡钱,仍纳官。其能纠告者,每一贯赏五千文,不满贯者,准此计赏,累至三百千,仍且取当处官钱给付。其所犯人罪不死者,征纳家赀,充填赏钱。”①又如,后唐同光二年(公元924年)就规定京师及诸道不准行使“恶钱”,而且命令“沿江州县舟船到岸严加觉察,不许将杂铅锡恶钱往来换易好钱,如有私藏,并行收纳”;天成四年(公元929年)又规定:“今后行使钱陌内,捉到一文、二文系夹带铅铁钱,所使钱不计多少,纳官科罪。”②另外,还有在交易市场陈设标准样钱作为货币流通的标准,禁止不符合样钱的铜钱进入市场流通。隋文帝和武则天时都曾采取过这种办法。《隋书·食货志》记载,隋文帝开皇十年(公元590年)后,因为“奸狡稍渐磨鑢钱郭,取铜私铸,又杂以锡钱,递相放效,钱遂轻薄。乃下恶钱之禁,京师及诸州邸肆之上,皆令立榜,置样为准。不中样者,不入于市。”武则天时也曾采取过同样的措施:“则天长安中,又令悬样于市,令百姓依样用钱。”③

第四,采取经济措施回收流通中的“恶钱”。采用经济手段回收“恶钱”的办法有两种:一种是以“良币”兑换“恶钱”。如唐高宗“显庆五年,九月,敕以恶钱转多,令所在官私为市取,以五恶钱酬一好钱”④。由于收购价格不合理,持有“恶钱”的人反而把“恶钱”藏起来,以待将来开禁,重新使用。所以这种办法的成效并不显著。唐玄宗天宝十一年(公元752年)也曾采用过同样的措施。《旧唐书·食货志》记载,这一年二月,下敕曰:“如闻京师行用之钱,颇多滥恶,所资惩革,绝其讹谬,然安人在于存养,化俗期于变通,法若从宽,事堪持久。宜令所司即出钱三数十万贯,分于两市,百姓间应交易所用钱不堪久行用者,官为换取,仍限一月日内使尽。庶单贫无患,商旅必通。其过限辄违犯者,一事已上,并作条件处分。”另一种办法是抛售米、粟以收纳“恶钱”。唐高宗时曾采用过这种办法,仪凤

① 《旧唐书·食货上》。
② 《文献通考·钱币考二》。
③ 《旧唐书·食货上》。
④ 《旧唐书·食货上》。

四年(公元 679 年),“令东都出远年糙米及粟就市给粜,斗别纳恶钱百文。其恶钱令少府司农相知,即令铸破”。

第五,很多王朝都采取严厉的行政措施,禁止私铸。这是既能保证法定货币的地位,又能从根本上杜绝流通中的“恶钱”的办法。

(二)“钱荒”币值管理

通货紧缩的标志之一就是物价下降。例如,唐德宗贞元以后,就曾因“钱荒”而导致米价和绢价大幅度下跌。“元和年间的紧缩,使物价低到建中初的五分之一到四分之一。元和六年米价曾跌到两个钱一斗。”“至于绢价,大历中(公元 772 年)一匹值四千。建中初,每匹三千二三百文。贞元八年前后,每匹一千五六百文,到十九年跌成八百文。”[①]物价大幅度下降,使得“农人困,末业日增”。

应对钱荒的第一种措施就是增加铸币供应量,这也是最直接有效的方法,而增加铸币数量直接面临的首要问题就是铜材的供应。因此,历朝历代都是从保障、增加铜材供应上采取相应措施来提升货币供应量。这些措施主要包括以下几种:

(1)增加铜矿开采量,恢复废弃铜矿的开采。有的甚至在政府开采的同时,还允许民间开采,政府则征课铜斤。

(2)减少铜像等铜器的铜材使用,严禁销熔铜钱为铜器。《新唐书·食货志》记载:“宝历初,河南尹王起请销钱为佛像者以盗铸钱论。大和三年,诏佛像以铅、锡、土、木为之,饰带以金银、鍮石、乌油、蓝铁,唯鉴、磬、钉、镮、钮得用铜,余皆禁之,盗铸者死。是时峻铅锡钱之禁。”又如,宋宁宗庆元二年(公元 1196 年),“禁销钱为铜器者,以违制论,炉户决配海外”。庆元三年(公元 1197 年),“复禁铜器,以违制论,炉户决配海外”。宋高宗绍兴二十八年(公元 1158 年)时就曾“大索民间铜器,其后得铜二百余万斤”[②]。为了收集铸币铜材,甚至引发了灭佛行动。唐武宗会昌五年(公元 845 年)就曾下令禁佛,废毁佛寺四千六百多所,小寺庙四万余,收罗了大量铜斤。五代十国时期的周世宗也于显德二年(公元 955 年)规

① 彭信威:《中国货币史》,上海人民出版社 1965 年版,第 347 页。

② 《宋史·食货志》。

定:"民间铜器佛像五十日内悉令输官给其值,过期隐匿不输,五斤以上其罪死,不及者论刑有差。"[①]结果,全国佛寺被废掉三万零三百多所。

(3)利用新的工艺,增加铜材产量。宋代就发明了胆水浸铜法以取得铜斤。其法据《宋史·食货志下二·钱币》注说:"以生铁煅成薄铁片,排置胆水槽中,浸渍数日,铁片为胆水所薄,上生赤煤。去刮赤煤,入炉三炼成铜。大率用铁二斤四两得铜一斤。饶州兴利场、信州铅山场各有岁额,所谓胆铜也。"

(4)采用行政手段限制民间铸造铜器,限制铜器价格。历朝历代销熔铜钱铸造铜器的套利现象往往出现在铜器价格很高的情况下。例如,唐代后期,销熔1 000铜钱可得铜6斤,每斤铜铸造铜器后可卖得600多个铜钱。这样,1 000个铜钱销熔后造作铜器出卖可净赚2 600个铜钱,利润之厚由此可见。大量铜钱被销熔的结果必然是流通中的铜钱减少。为此,一些朝代采取了相应的限制措施。唐代贞元年间规定,除铜镜外,民间不得铸造其他铜器。五代时周世宗限定一些铜器如铜镜等只能由政府铸造;宋高宗下令寺庙一律不得添铸钟磬铙及佛像。还有的则硬性规定铜器的价格,唐德宗贞元十年(公元794年)时规定,铜的价格每斤不得超过160文。金朝也有类似的做法,《金史·食货三·钱币》记载:"(世宗大定)十一年二月,禁私铸铜镜,旧有铜器悉送官,给其直之半。"

除了增加币材供应外,管理钱荒下的币值的第二种措施就是限制或禁止铜钱流出境外,规定国内贮藏钱币的数额。铜钱流往国外主要发生在海外贸易比较发达时期。例如,宋高宗时期,"边关重车而出,海舶饱载而回"。当时海外需要中国铜钱的有日本、安南、南洋各地。对此,宋代初年就曾规定偷运铜钱出境者处以重刑。"庆历初,阑出铜钱,视旧法第加其罪,钱千,为首者抵死。"[②]宋淳祐四年(公元1244年)、十年(公元1250年)曾两次申禁铜钱出海,"又自置市舶于浙、于闽、于广,舶商往来,钱宝所由以泄。是以自临安出门,下江海,皆有禁。淳熙九年,诏广、泉、明、秀

① 《资治通鉴·后周纪》。
② 《宋史·食货志》。

漏泄铜钱，坐其守臣”①。金朝也有类似禁令，《金史·食货三·钱币》记载：“承安三年正月……遂立制，以钱与外方人使及与交易者，徒五年，三斤以上死。驵侩同罪。捕告人之赏，官先为代给钱五百贯。”另外，为了增加流通的货币量，一些朝代还规定民间贮藏货币的数额，限额多少则各朝不一。唐德宗贞元十二年（公元 796 年）时规定，“自今文武官僚，不问品秩高下并公郡县主中使，下至士庶、商旅、寺观、坊市，所有私贮见钱并不得过五千贯，如有过此，许从敕后限一月市别物收贮。如限内未了，更请限亦不得过两月，限满违犯者白身人处死，有官人等闻奏科贬，其賸贮钱纳官，五分取一充赏”②。宋高宗时规定，“命官之家留见钱二万贯，民庶半之。余限二年听变转金银，算请茶、盐、香、矾钞行之类，越数隐寄，许人告”③。金朝也有类似规定。《金史·食货三·钱币》记载：“（明昌）五年三月，宰臣奏：‘民间钱所以艰得，以官豪家多积故也。在唐元和间，尝限富家钱过五千贯者死，王公重贬没入，以五之一赏告者。’上令参酌定制，令官民之家以品从物力限见钱，不过二万贯，猛安谋克则以牛具为差，不得过万贯，凡有所余，尽令易诸物收贮之。有能告数外留钱者，奴婢免为良，佣者出离，以十之一为赏，余皆没入。”由于藏钱者多为达官贵人，因而这种政策根本无法长期维持，收效不大。

应对钱荒的第三种措施就是指定大宗生活必需品（历史上有过作为实物货币记录的商品）为流通货币，代替钱币，抛出钱币收购粟帛，以平衡钱货轻重。例如，唐玄宗开元二十年（公元 732 年）就曾规定绫罗绢布等“交易皆可通用”；南北朝时的南齐则于永明五年（公元 487 年）抛出铜钱亿万，籴米谷丝绵之属。

二、纸钞的币值管理

（一）宋代的纸钞管理

1. 发行量的控制与准备金制度作为纸钞的生命线

---

① 《宋史·食货志》。
② 《文献通考·钱币考一》。
③ 《文献通考·钱币考一》。

(1)交子发行量与准备金的匹配,带来了交子币值的稳定。

交子起源时,当时成都 16 户富商集资 36 万缗做保证金,宋仁宗天圣元年(公元 1023 年)印制第一界官交子,1 256 340 贯,准备金为 346 万贯,一直维持不变。到宋神宗熙宁五年(公元 1072 年)发行两界交子,由于准备金不足,导致陕西交子无法推行。"时交子给多而钱不足,致价太贱,既而竟无实钱,法不可行。"①

自天圣元年至熙宁元年(公元 1023—1068 年)的四十多年间,交子的发行和流通正常,币值稳定。宋仁宗赵祯时期,虽曾两次借支 60 万缗以给秦州,但为数不大,未引起贬值,甚至相对于铁钱还有增值。据苏辙言,熙宁七年(公元 1074 年)蜀茶禁榷以前,交子"一贯有卖一贯一百者",到宋神宗熙宁五年,因戴蒙的建议,将每界交子行用期延长到四年,两界并用,实际上就相当于每界发行额增长一倍,导致交子出现贬值,但幅度并不大,"近岁止卖九百以上"②,贬值幅度在 10%以下。

除了铁钱、铜钱的金属钱币作为准备金外,南宋还首创了纸钞的实物准备金。"明年二月,诏会子务隶都茶场。正以客旅算请茶、盐、香、矾等,岁以一千万贯,可以阴助称提,不独恃见钱以为本,又非全仰会子以佐国用也。"③显然,宋高宗在绍兴三十一年(公元 1161 年)发行 1 000 万贯会子时,也意识到了 70 万贯铁钱准备金的不足,而以茶引、盐引等大宗实物商品作为实物准备金使用,"不独恃见钱以为本"。

(2)随着钱引及会子大量发行,钱荒兴起,导致准备金严重不足,最终带来纸钞的泡沫破裂。

一些学者认为南宋发行的钱引和会子是不可兑换的,这种说法有待商榷。其实南宋发行的钱引和会子是可以兑换的,且有 10 万缗铜钱作为发行准备金。但由于大量印制,而铜钱和铁钱的铸造无法跟上纸钞的印制,导致准备金日渐稀少。宋高宗绍兴末年,流通中的钱引达到 4 147 万余贯,而所准备的铁钱仅 70 万贯,带来了恶性通货膨胀。后通过回收会

---

① 《宋史·食货志》。
② (宋)苏辙:《右司谏论时事十首》,《栾城集》卷三十六。
③ 《文献通考》卷九《钱币考》。

子，稳定了币值。在印制量大、准备金不足、对币值冲击较大的情况下，官方往往释放出铜钱、铁钱，甚至白银进行兑换回收会子。

“乾道二年，因左司谏陈佑言会子之敝，出内库及南库银一百万两收之。”

“淳熙三年，诏第三界、四界各展限三年，令都茶场会子库以第四界续印会子二百万贮南库。当时户部岁入一千二百万，其半为会子，而南库以金银换收者四百万，流行于外者才二百万耳。”①

宋光宗绍熙三年（公元 1192 年）时，两淮会子币值稳定在一贯兑换 770 文铁钱。从会子印制之始（公元 1160 年）计，三十多年，会子贬值 23%，贬值幅度并不是很大。但自宋宁宗始，会子和钱引的印制量进入亿万贯的量级，比宋高宗初印制会子增幅十几倍，比宋孝宗时期的印制量增长六倍[见第一章中表 1－4“南宋纸钞（钱引、会子）发行量表”]，会子和钱引准备金相比较几乎可以忽略不计。准备金不足的主要原因并不是铸币量少。其实宋代是中国铸造铜钱最多的年代。特别是北宋时期，铜钱铸造数量之大，让其他朝代望尘莫及。据彭信威先生估算，连同前朝旧钱，当时全国钱币流通量应当在两亿五六千万贯。这几乎是一个天文数字。但随着经济的发展和纸钞的发行量逐步增大，宋代官铸铜钱和铁钱的名义价值长期低于其币材所拥有的实际价值，导致官铸铜钱不断退出流通领域，在民间沉淀下来。因为铜钱不再是一种简单的支付手段，而是成为可以保值的财富，如同积蓄金银，宋朝的富商和官员纷纷窖藏铜钱。而在海外，来自大宋的铜钱价值超高，甚至在 1266 年，成为日本镰仓幕府公开承认的法定货币。此外，宋代铜币也是高丽、交趾等国的主货币，其在境外的实际购买力远远超过国内。《禁铜钱申省状》记载了宋代铜币的海外增值现象：“每是一贯之数，可以易番货百贯之物，百贯之数，可以易番货千贯之物，以是为常也。”大量铜钱被窖藏，通过贸易和走私流出海外，导致南宋中后期的铜钱储备无法达到纸钞发行的需求量。南宋王朝的纸钞进入泡沫膨胀和破裂阶段。

---

① 《宋史・食货志》。

"昔也以钱重而制楮，楮实为便；今也钱乏而制楮，楮实为病。况伪造日滋，欲楮之不弊，不可得也。且国家建隆之初，赋入尚少，东征西伐，兵馈不绝于道，未尝藉楮以开国也。靖康以来，外攘夷狄，内立朝廷，左支右吾，日不遑暇，未尝藉楮以中兴也。至于绍兴末年，权以济用，至于孝宗，谋虑及此，未尝不曲尽其心焉。当时内有三宫之奉，外有岁币之费，而造楮唯恐其多，收换唯恐其不尽，而或无以示民信也。至于光、宁以来，造愈多而弊愈甚，其所幸者，恭俭节用，无土木之妖，动静有常，无锡予之泛，所以楮虽弊而有以养其原也。"①

至宁宗庆元元年（公元1195年），会子每缗跌至620文。嘉定三年（公元1210年），会子一缗只值400余文。端平三年（公元1236年），刚发行不久的十七界会子，每缗仅值300文。宝祐二年（公元1254年），物价上涨更是令人瞠目结舌："银价去春每两仅三千引，今每两七千五百引矣。籴价去春每石仅二千引，今每石五千引矣，其它百货增长者称是。"②到宝祐年间（公元1253—1258年），十八界会子每缗只能兑铜钱192文。德祐元年（公元1275年），"以更易关子以来，十八界二百不足以贸一草履，而以供战士一日之需……饥寒窘用，难责死斗"③。

2."称提"之术，通过回收纸钞、加速纸钞流通，干预币值，消化超发货币

从可查阅的史料典籍来看，"称提"一词最早用在铜钱和铁钱对应物价的关系上，通过调整铁钱和铜钱的兑换比例来提高铁钱的购买力、降低物价水平。宋哲宗元符二年（公元1099年）七月，"尚书省札子勘会：陕西路每岁所铸铁钱贯数不少，近岁以来，铜钱太重，铁钱太轻，熙宁间铜钱一百贯换铁钱一百五贯，自来别无定法，只是民间逐渐增添。窃虑岁久转更钱轻物重，须议指挥，令诸路经略安抚司限半月密切具利害，合如何措置，可以称提铁钱稍重，物价稍轻"④。北宋末年，周行己开始利用"称提"概

---

① 《文献通考》卷九《钱币考》。

② 李曾伯：《可斋续稿后》卷三。

③ 《桐江集》卷六；转引用自汪圣铎：《宋代的关子》，《宋辽金史论丛》第1辑，中华书局1985年版。

④ 《续资治通鉴长编》卷五百一十二。

念分析纸钞问题。到南宋时期,"称提"已成为南宋王朝提升纸钞币值的常用手段。从沈该的"至论折阅称提之说"到宋理宗淳祐八年(公元1248年),监察御史陈求鲁言:"议者谓楮便于运转,故钱废于蛰藏;自称提之屡更,圜法为无用。"可见,宋代提升纸钞的称提之术不仅有理论基础,而且在实际币值提升中形成多样化手段。甚至有官员因为称提效果不佳而被降职罢官的记载。"泉州守臣宋均、南剑州守臣赵崇亢、陈宓,皆以称提失职,责降有差。"①

宋代的称提之术包括以下几种:

(1)以金属货币(铁钱、铜钱、金银)兑换纸钞,回收部分超发货币。

宋代,特别是南宋时期,一旦纸钞出现大幅度贬值,最直接的称提方法就是释放金属货币兑换纸钞,回收纸钞,甚至销毁。

"绍熙十五年,置利州绍熙监,铸钱十万缗以救钱引。地多山林,宜炭铁,仍增铸十五万缗。未行,卒减铸十万。"

"乾道二年,因左司谏陈祐言会子之敝,出内库及南库银一百万两收之。"

"淳熙三年,诏第三界、四界各展限三年,令都茶场会子库将第四界铜板,接续印造会子二百万赴南库桩管。当时户部岁入一千二百万,其半为会子,而南库以金银换收者四百万,流行于外者才二百万耳。"

"宁宗嘉泰末,两界书放凡五千三百余万缗,通三界书放益多矣。开禧末年,饷臣陈咸以岁用不足,尝为小会,卒不能行。嘉定初,每缗止直铁钱四百以下,咸乃出金银、度牒一千三百万,收回半界,期以岁终不用。然四川诸州去总所远者千数百里,期限已逼,受给之际,吏复为奸。于是商贾不行,民皆嗟怨,一引之直,仅售百钱。制司乃揭榜,除收兑一千三百万引外,三界依旧通行,又檄总所取金银就成都置场收兑,民心稍定。自后引直五百铁钱有奇,若关外用铜钱,引直百七十钱而已。"②

(2)以茶引、盐引、酒引等实物商品加速纸钞流通速度,回笼纸钞。

"嘉定二年,臣僚言三界会子数目滋多,称提无策。诏封桩库拨金银、

① 《宋史·食货志》。
② 《文献通考》卷九《钱币考》。

度牒、官诰绫纸、乳香,凑成二十万,添贴临安府官局,收换旧会,品搭入纳,以旧会之二换新会之一。”①

“嘉定五年,湖广饷臣王釜,请以度牒、茶引兑第五界旧会,每度牒一道,价千五百缗,又贴搭茶引一千五百缗,方许收买,期以一月。”②

(3)以度牒、官诰的身份文件来回收纸钞。

度牒是官府发给僧尼证明身份的文件,度牒持有人可免缴赋税和服劳役。官诰是皇帝赐爵或授官的诏令。利用度牒和官诰来回收纸钞,始于乾道三年(公元1167年),孝宗“诏先次给降度牒并助教贴各五百道”。这是除了运用除实物商品以外无形资产来回收纸钞的另外一种方法,可谓纸钞称提的创举。

“光宗绍熙二年,诏帅、漕司赈粜收破缺铁钱及私钱。明年,又降度牒二百道换私铁钱。”

“嘉定初,每缗止直铁钱四百以下,咸乃出金银、度牒一千三百万,收回半界,期以岁终不用。”③

(4)强制扩大纸钞的使用流通范围。

北宋时期就已经明确可以用交子和铸钱一道缴纳税赋,纳税时纸钞与铜钱的比例不断发生变化,直到乾道九年(公元1173年),才正式确立了“钱会中半”制度。宋理宗时期,为了称提纸钞的币值,采用了各种方法,其中就包括强制性规定会子的使用。端平二年(公元1235年),提出“计亩征会子”的主张,即每亩田地缴纳一贯会子,同时限令商贾在数月内用盐引购买食盐时必须搭配支付会子。景定年间,“五千亩以上,以银半分、官告五分、度牒二分、会子二分半;五千亩以下,以银半分、官告三分、度牒二分、会子三分半;千亩以下,度牒、会子各半;五百亩至三百亩,全以会子”④。

3. 货币管理采用严格的地域限制

(1)早期受制于地理环境资源因素,因地制宜固化货币使用范围,维

① 《文献通考》卷九《钱币考》。
② 《宋史·食货志》。
③ 《文献通考》卷九《钱币考》。
④ 《宋史·食货志》。

护了纸钞币值的稳定。

北宋神宗时期，限定了铜钱和铁钱的使用范围。

“铜钱一十三路行使：开封府界，京东路，京西路，河北路，淮南路，两浙路，福建路，江南东路，江南西路，荆湖南路，荆湖北路，广南东路，广南西路。铜铁钱两路行使：陕府西路，河东路。铁钱四路行使：成都府路，梓州路，利州路，夔州路。”①

南宋政府沿用了北宋时期的做法，进一步把货币流通地区分为几大块。四川地区流通川引，同时又流通铁钱；在宋金交界的两淮地区、湖北荆门一带，禁止使用铜钱，改用铁钱，使铁钱使用范围从四川扩大到了江北地区；铜钱使用限制在江南一带。同样，纸钞流通也被分割成了四块：江南流通行在会子，淮南流通淮交，湖北等地流通湖会，四川流通川引。②后由于商旅不便，容许铜钱过江。但与西夏、辽金的边界只能使用铁钱。甚至对商品和纸钞的市场交换使用也做出规定。

“绍兴末，会子未有两淮、湖广之分，其后会子太多而本钱不足，遂致有弊。乾道二年，诏别印二百、三百、五百、一贯交子三百万，止行使于两淮，其旧会听对易。凡入输买卖，并以交子及钱中半。如往来不使，诏给交子、会子各二十万，付镇江、建康府榷货务，使淮人之过江、江南人之渡淮者，皆得对易循环以用。”③

“臣僚言：‘泉、广二舶司及西、南二宗司，建州回易，悉载金钱。四司既自犯法，郡县巡尉其能谁何？至淮、楚屯兵，月费五十万，见钱居其半，南北贸易，缗钱之入敌境者，不知其几。于是沿边皆用铁钱矣。’所以淮南旧铸铜钱，乾道初，诏两淮、京西悉用铁钱，荆门隶湖北，以地接襄、岘，亦用铁钱，而淮西鼓铸铁钱未办。”④

(2)后期随着贸易的兴盛，市场范围的大幅度扩大，纸钞流通受阻，反而影响经济。

“然自绍兴末年，铜钱禁用于淮而易以铁钱，会子既用于淮而易以交

① 《文献通考》卷九《钱币考》。
② 李跃：《从宋朝的货币政策看纸币的流通》，《东方博物》2005年第十七辑。
③ 《宋史·食货志》。
④ 《文献通考》卷九《钱币考》。

子,于是商贾不行,淮民以困。右司谏陈良祐言交子不便,诏两淮郡守、漕臣调其利害,皆谓所降交子数多,而铜钱并会子不过江,是致民旅未便。于是诏铜钱并会子依旧过江行用,民间交子许作见钱输官,凡官交,尽数输行在左藏库。"①

(3)军队使用纸钞的地域管理,导致货币管理调控无法达到预期效果。

"乾道元年,户部侍郎林安宅言,督府忘费,印给会子太多而本钱不足,遂致有弊,乞别给会子二十万,背印付淮南州军行使,不得越过他路。"②这种情况下,官府的称提之术效果必然受到很大影响。

东南诸路在北宋时期就已形成了贸易联系十分密切的区域市场,而南宋政府却规定了不同纸钞和钱币的流通范围,导致纸钞的币值无法通过市场上的商品交换予以准确定价,纸钞最大的贸易支付手段优势被人为割裂。南宋杨王休曰:"又论钱弊甚悉,谓货财取其流通,今自裂而三之,东南则用行在会子,两淮则用铁钱会子,湖北会子则又异于二者。是使商旅不通,嗟怨相闻。"③

(二)元代纸钞管理

元世祖至元二十四年(公元1287年),发行至元钞,与中统钞通行。这一年颁布的《行用至元钞法(十四款)》(又称《至元宝钞通行条画》《叶李十四条》)是中国货币史上第一部关于纸钞流通的成文法律条例。主要内容包括以下几个方面:

第一,至元钞一贯当中统钞五贯,中统钞通行如故,新旧并行、公私通用;中统钞赴库倒换至元钞,以一折五,并收工墨每贯30文,依数收换。

第二,诸路仍置平准行用库买卖金银平准钞法,银一两入库(买入)价至元钞二贯,出库(卖出)价二贯50文,金一两入库价至元钞20贯,出库价20贯500文;仍禁金银私相买卖,违者金银价值没官,并依数决杖有差。

---

① 《宋史·食货志》。
② 《文献通考》卷九《钱币考》。
③ (宋)杨王休:《先贤传一》。

第三,包银及诸色课税并依旧额收纳中统钞,愿纳至元钞以一当五;盐引则新旧各半收纳(每引价中统钞 20 贯,纳中统 10 贯,至元 2 贯)。

第四,街市买卖诸物如用中统钞只依旧价发卖,不得疑惑陡添价值;质典田宅等交易文契并以钞为则,不得书写斛粟丝绵诸物。

第五,钞库官吏及收差办课人员在兑换、收纳中不得迟滞或刁蹬多取,阻抑钞法;委各处管民长官每半月一次计点钞库见存金、银、钞,若有挪用规取利息(如借贷、做买卖)者断罪;各路提调官吏不得赴库收买金银及多兑料钞。

第六,各行省、州路、县长官负责提调,监察御史和按察司纠察治罪。

这部条例的历史意义在于:一是首次明确了纸钞在经济活动中的唯一货币地位,禁止不用纸钞的以货易货交易;二是禁止民间的金银流通和买卖,一律由官府收买金银入库,纸钞不再兑换金银,但可以用纸钞买卖金银,并规定了金、银与钞的比价,保证了白银作为准备金的充足;三是明确了纸钞流通的管理机构和监督管理人员。

除了《行用至元钞法(十四款)》,外,元代还制定了大量保障纸钞使用的法律条例,形成了系统化的纸钞管理制度。这些条例涵盖了纸钞用纸及财政采购支出、纸钞的流通管理、昏钞管理、伪钞和挑钞管理、打击冲击纸钞的代金券以及纸钞管理官吏的聘任,甚至对伪钞和挑钞罪犯的审问流程、对伪钞和制作设备的鉴别等各个方面。

1. 纸钞管理①

(1)关于纸钞流通的政策。

《整治钞法》是至元十九年(公元 1282 年)十月颁布,分为《倒换金银价例》和《整治钞法条画》。《倒换金银价例》规定了纸钞与课银、白银、花银、赤金的兑换关系,明确了入库价与出库价,出库价略高,以鼓励百姓将金属货币兑换为纸钞。《整治钞法条画》规定:①倒换昏钞时,钞库收取工墨钱,每两三分;②买卖金银,需在官库按规定倒换;③金银匠人打造器皿

---

① 本部分内容主要参考《元典章》,陈高华、张帆、刘晓、党宝海点校,中华书局、天津古籍出版社 2011 年版。转引自毛良伟、施继龙、冯立升:《从〈元典章〉看元朝纸币管理》,《北京印刷学院学报》2015 年第 2 期。

时，需标记匠人姓名，禁止自用；④禁止私下买卖金银；⑤倒换昏钞，需当面在昏钞上印上“毁印”字样；⑥钞库官员不得挪用金银，当地长官需每月一查，禁止钞库官吏私下倒卖金银或捏造他们姓名购买；⑦以金银成色兑换纸钞，并规定了相应的处罚措施。

仁宗至大四年（公元1311年）颁布《住罢银钞铜钱使中统钞》。规定：至大银钞因“其倍益虚，民用弗便”停印，印制中统钞、至元钞，官府出纳、百姓交易都以中统钞计算；铜钱因“危害钞法”被停止流通，“铜钱限五十日内赴各处行用钞库依例倒换”；规定了对参与伪钞、挑钞的制作和买卖者的处罚，以及对不揭发者的惩罚及对检举者的奖励。

（2）钞本管理。

主要有《钞本休擅支动》和《留存钞本》。《钞本休擅支动》为至元二十五年（公元1288年）由元世祖下旨，福建行省尚书省颁布，规定“钞本根底休交动者”。《留存钞本》为至元二十八年（公元1291年）由元世祖下旨，江西行省中书省颁布，规定“金银是钞的本有，各路存留做钞本者”。

（3）地方机构管理。

主要有《体察钞库停闲》《打算平准行用库》《常川开平准库》。《体察钞库停闲》于至元十九年（公元1282年）发布，规定行用钞库每日限兑四百定昏钞，休息日不兑换。后因导致商人买卖停滞，改为不再限定倒换昏钞数量，钞库不停闲。《打算平准行用库》于同年由御史台发布，规定各路平准行用库负责金银与纸钞的兑换、倒换昏钞、收取工墨钱的工序及记录。《常川开平准库》于至元二十年（公元1283年）颁布，明令户部去各路平准行用库监督，确保昏钞倒换，如缺少纸钞，可申请。

（4）兑换纸钞管理。

《贯百分明即便接受》为至元十五年（公元1278年）颁布，界定了兑换的昏钞标准（昏钞毁坏程度）。《添工墨钞》于至元二十二年（公元1285年）颁布，规定换钞的工墨钱为三分，后调整到二分。

2. 昏钞管理

针对昏钞管理的每个环节，元政府颁布了一系列规定。关于昏钞的检验的是《至元新格》；关于昏钞倒换的是《倒换昏钞条例》《课程许受昏钞》;关于昏钞销毁的是《昏钞追陪好钞不烧》《昏钞每季烧纳》《烧昏钞不须设立烧钞库官》《虚烧昏钞》《行省烧昏钞例》。

3. 伪钞及挑钞管理

伪钞的管理分为禁令、惩罚制作伪钞者措施、奖励举报和处罚抓捕官兵、处置伪钞制作设备等。至元五年(公元 1268 年)颁布《伪钞自首免罪》;至元七年(公元 1270 年)颁布《伪造堪以行使处死》《伪钞不堪行使流远》;大德七年(公元 1303 年),江西行省奉中书省令颁布《禁治伪钞》;大德十年(公元 1306 年)颁布《格后行使伪钞》;至大四年(公元 1311 年)颁布《烧毁伪钞造印板》;黄庆元年(公元 1312 年)颁布《应捕人捉获伪钞理赏》。关于挑钞(在真钞上挑剜补凑描改)的管理,颁布了《挑补钞罪例》《挑钞再犯流远屯种》《挑补钞犯人罪名》《侏儒挑钞断例》《买使挑钞断例》。《新集钞法》为延祐五年(公元 1318 年)至至治元年(公元 1321)颁布的几部钞法,包括打击伪钞挑钞的《接倒假伪搯补昏钞罪名》、惩罚各路提调管理钞法执行不力的《提调钞法》以及处罚伪钞制作者的几个特例。

4. 禁止代金券

为了防范民间有价证券的使用对小钞产生冲击,元政府颁布了禁止民间有价证券使用的《禁治茶帖酒牌》。

5. 纸钞管理的官吏设置及录用

涉及纸钞的官吏的设置有:《钞库官阶等例》《平准库官资品》《合舍库官员人数》《平准行用库副例》《行用库副例》。

另外,还规定了对制作伪钞犯人的审问流程、如何鉴别伪钞及处理伪钞和制作设备、纸钞材料的采购、官吏及开销支出的财政规范等。

第三节 借贷市场的国家管控

一、民间借贷市场管理

随着借贷的发展,利息观念在春秋后期已逐步明确,即出贷财物而生利增殖。《周礼》中说:“以官府之八成经邦治。”其第四是“听称责以傅别”;第六是“听取予以书契”。对于“称责”与“取予”的区别,宋人王与之解释说:“贷而生息谓之称责,贷而不生息谓之取予。”[①]可见,春秋时期的借贷已经分为有息和无息两种。对于“傅别”,郑玄解释为:“傅,傅着约束于文书;别,别为两,两家各得一也。”[②]即是说:对于生息借贷,要用文字写在简牍上,形成文书来加以约束,而且应一式二份,出贷者与借贷者两家各持一份,以作为日后生利索债时的凭据。即使是无息的借贷,也有一个原物奉还的问题,所以需要“书契”为证。这说明在春秋时期,已经用书写简牍契约的方式来确定借贷双方行为的发生了。

战国时期,已经出现实物抵押借贷和人身抵押借贷。当时人口还不能自由流动,诸侯国之间泾渭分明,逃避债务难度很大。债权人在司法上有保障,而且债权人对债务人有充分的处置权,因此,信用贷款也开始了。有时候平民无法缴纳足额税负,就借贷交税,最终债务人无法偿还债务,沦落荒野。“为民父母,使民盻盻然,将终岁勤动,不得以养其父母,又称贷而益之。使老稚转乎沟壑,恶在其为民父母也?”[③]

诸侯王意识到了高利贷、人身抵押贷款对社会的危害,开始通过税负等方式约束高利贷的发展,平衡社会,保障贫困人口、农夫的生活。前述齐国对“称贷家”的调查就源于“桓公曰:‘寡人多务,令衡籍吾国之富商、蓄贾、称贷家,以利吾贫萌、农夫,不失其本事。反此有道乎?’”[④]从当时的情形看,20%的利率比较普遍,虽然诸侯国没有规定利率达到多少为高利贷,但是倍利率的现象已经引起了诸侯王的警惕。同时为了打击人身抵押借贷,秦律规定:“百姓有责,勿敢擅强质,擅强质及和受质者,皆赀二甲”[⑤],显然,当时的人身抵押已经很多了,而且有“擅强质”(即债权人一方强制债务人作抵)与“和受质”(即在债权、债务人双方愿意的情况下以人身为抵押)两种形式。强制性的人身抵押受法律制裁。

---

① (宋)王与之:《周礼订义》卷四,文渊阁四库全书本;转引自乜小红:《论中国古代借贷的产生及其演变》,《经济思想史评论》第六辑。

② (宋)王与之:《周礼订义》卷四,文渊阁四库全书本;转引自乜小红:《论中国古代借贷的产生及其演变》,《经济思想史评论》第六辑。

③ 《孟子·滕文公上》。

④ 《管子·轻重丁》。

⑤ 睡虎地秦墓竹简整理小组:《睡虎地秦墓竹简》,文物出版社1978年版,第214页。

唐朝政府关于私人借贷的有关规定相对更为细致：

一是禁止郡县官僚私人放贷。唐朝政府明确规定郡县官僚不得放贷逐利，天宝九年（公元 750 年）还下令如郡县官僚放贷取利则先予免职（“先解见任”），没收放贷收益。

二是规定可以劳动抵债并不得将借款人扣押为奴。《唐律疏议·杂律疏议》规定借款人无力偿还时，可以劳动抵债，称为“庸工代酬”，还对每日劳动抵债金额进行了详细规定。唐律禁止“驱良人为奴婢抵债”，规定如将借款人扣押作为奴婢，则要判流刑，与未经官府批准自卖为奴同罪。这些规定的本意，在于保证国家役税户（“良人”）不因借债违约而减少。

三是规定了借款违约的处罚条例。《唐律疏议·杂律》规定，违约金额达到绢帛一匹以上并且逾期二十日以上的，判“笞二十”，再超过二十日加笞二十，但最高判“杖六十”。违约金额如果扩大，则同等逾期时间刑罚加等。唐律同时规定，违约者判笞、杖刑后，官府仍勒令借款人全额偿付，不能豁免民事借贷责任。

四是禁止计收复利及违反利率上限管理政策。唐朝政府始终严禁计收复利，多次要求各地政府“严加禁断”。在规定民间借贷利率上限的同时，政府还规定不得“法外生利”。

五是禁止向入境少数民族部族放贷。唐朝有大量游牧部族入塞成为所谓的“寄附部人”，唐朝政府禁止向入塞“寄附部人”放贷，同时禁止商贾去寄附部人定居地区贸易经商。入塞部族通常通过朝廷物资赏赐方式解决特定物资需求，限制对寄附部人放贷及贸易的目的，在于强化这种物资赏赐活动的笼络作用，强化对“寄附部人”的经济控制。

六是禁止家庭成员私自抵押家产借款。唐律规定未独立成户的家庭成员，如需要抵押家产借款，必须由家长或宗主同署文契，子孙弟媳等不得将六畜、田宅等私自抵押，如要抵押借款必须获得地方官府确认，否则抵押无效，放款人“钱没不追”外，还要与保人一同判“笞二十”。

宋代依靠借贷调剂余缺的人几乎涉及各个阶级和阶层，但是以个体农民借贷为主。宋代对借贷市场的规范基本延续了唐代的主要规定，并在担保、折役方面有所改变。[①]

一是禁止卑幼私举财务。《宋刑统·杂律》准文:"唐元和五年十一月六日敕节文,应诸色人中,身是卑幼,不告家长,私举公私钱物等,多有此色子弟,凶恶徒党因之交结,便与作保,举诸司及形要家钱物,同为非道破用,家有尊长,都不知委。"

二是禁止官员参与放债取息。《宋刑统》户部格敕中已有明确规定:"州县官寄附,部人舆易及部内放债等,并宜禁断。"

三是规定了债务有效期。《庆元条法事类杂门·出举债负》规定:"诸负债违契不偿,官为理索,欠者逃亡,保人代偿,各不得留禁。即欠在五年外或违法取利,及高抬卖价,若元借谷米而令准折价钱者,各不得受理。其收质者,过限不赎,听从私约。"宋代法律有了对债权人保护时间的规定,最长的时效为三十年,短的为五年。过了法定时间,就失去了官府的强制保护。

四是保人制度。为规范民间借贷行为的有序进行、保障债权的真正实现,宋代法律确立了完备的个人信用担保制度。保人的保证担保,在宋代借贷契约中有牙人、中人、保人、见证人的参与。宋代的官方借贷要求必须有三个保证人,王安石推行的"市易法""青苗法"中都规定了"连保同借",市易法规定:"市易旧法,听人赊钱,以田宅或金银为抵当,无抵挡者,三人相保则给之。"[②]有时,中间人牙人在其参与的交易活动中须承担一定的担保责任:"若有折欠,出卖不敷,如本主并保人填纳不足者,勒元检估吏人,牙人均补。"宋代还对保人的资格予以严格规定,即担保人必须有一定的担保能力,主要强调担保人必须具有与其担保责任相当的财产,以便将来追偿保人时,担保人有履约能力。同时,宋代规定虚称财力进行担保是一种犯罪行为。"若是内有连保人别无家活,虚作有物力,与店户牙人等通同蒙昧客旅,诳赚保买物色,不还价钱,并乞严行决配。"[③]

与唐代不同的是,宋代法律禁止私下以其他非质押物准折债负,当债

---

① 此部分内容主要参考自杨卉青、崔勇:《宋代借贷契约及其法律调控》,《河北大学学报(哲学社会科学版)》2007年第4期。

② 《续资治通鉴长编》卷二百九十六,第7196页。

③ 《宋会要·食货》。

务人不能偿还债务时,前朝历代一般允许双方协商用其他财务抵偿,唐律令还允许债权人在债务人不能清偿到期债务时可直接扣押债务人的财产,这在当时被称为"牵掣"。宋代为了保证债的清偿,主要强调保人代偿,不再使用唐代的"牵掣";而且还规定,以其他财务代偿也必须获得官府认可。宋真宗曾诏,凡不经官而私自强牵财物及役身代当者,要追究债权人的法律责任。唐代的"役身折酬"在宋代也被禁止,禁止以人身代当债负。这也是宋代在信用市场上的一大进步。

明朝吸取了元朝灭亡的教训。朱元璋对借贷市场进行了严格的管控。官吏放债和从事典当行为被严厉禁止,并制定了对违反者从严处罚的条款。《大明律》规定:"若监临官吏,于所部内举放钱债、典当财物者,杖八十。违禁取利,以余利计赃重者依不枉法论。并追余利给主。"《大明律》对违约拖欠不还债务者,也分别就所拖欠和不还之债的数额,做了相应的民事和刑事处罚规定:"其负欠私债、违约不还者,五贯以上,违三月笞一十,每一月加一等,罪止笞四十;五十贯以上,违三月笞二十,每一月加一等,罪止笞五十;二百五十贯以上,违三月笞三十,每一月加一等,罪止杖六十。并追本利给主。"关于势豪不经告官而以私债强夺他人财物者,以及债权人因债务人欠债而准折、强夺债务人之妻妾子女、奸占债务人家妇女者,《大明律》从维护社会稳定和保护债务人利益的角度,规定了极为严厉的惩治条款。"若势豪之人,不告官司,以私债强夺去人孳畜产业者,杖八十。若估价过本利者,计多余之物,坐赃论依数追还。若准折人妻妾子女者,杖一百;强夺者,加二等;因而奸占妇女者,绞人口给亲,私债免追。"[①]弘治年间,《问刑条例》从四个方面对各类官员势豪的放债行为进行了更为详细的规范,严禁并打击军队和司法监察官员的典当与借贷行为。嘉靖和万历时期的《问刑条例》基本上承袭了弘治时期《问刑条例》的规范,只在个别地方如"候选官吏监生等"条款,做了细微调整,拾遗补阙,更加细化。

清代,随着金融资本的兴起,当铺、票号等机构蓬勃发展,借贷市场从

① 黄彰健编:《明代律例汇编》下册,《大明律》卷九《户律・钱债》"违禁取利"条,(台北)"中央研究院"历史语言研究所 1983 年版,第 572 页。

民间一直延伸至皇帝。皇当在清朝已经是一道风景。清律对借贷主体的索债行为,明确规定不得自行强夺债务人的财务,必须通过"告官府"这种更文明和规范的形式,利用官府的权威和强制作用来收回债务。清代没有像明代那样完全禁止官员参与放贷,只是做了一些限制:一是对文职官吏,"不得于所部内举放钱债与典当财物",即严禁官吏在其管辖境内放贷,违者"准枉法论,并将所得利银追出,余利给主,其余入官"[①]。二是严禁武官放贷,主要是指在军营内发生的高利贷,即所谓"营债",因为其对王朝的稳定危害较大。除了"营债",在清代前期,还有一种特殊的借贷形式:京债,即将高利贷借给在京候选或即将赴任的官员。《钦定大清会典》等清律,对京债给予了相应的法律限制和政策疏导:一是推行养廉银制度,对于即将赴任的大小官吏,均"准借养廉银";二是规定借贷双方不能同属于官员赴任的所在地,若有违反,借贷双方都要治罪。

二、借贷利率规范及打击高利贷

西周时期,诸侯王意识到了高利贷、人身抵押贷款对社会的危害,开始通过税负等方式约束高利贷的发展,平衡社会,保障贫困人口、农夫的生活。前述齐国对"称贷家"的调查就是源于"桓公曰:'寡人多务,令衡籍吾国之富商、蓄贾、称贷家,以利吾贫萌、农夫,不失其本事。反此有道乎?'"[②]从当时的情形看,20%的利率比较普遍,虽然诸侯国没有规定利率达到多少时为高利贷,但是对倍利率的现象已经引起了诸侯王的警惕。同时为了打击人身抵押借贷,秦律规定:"百姓有责,勿敢擅强质,擅强质及和受质者,皆货二甲"[③],显然,当时的人身抵押已经很多了而且有"擅强质"(即债权人一方强制债务人作抵)和"和受质"(即在债权、债务人双方愿意的情况下以人身为抵押)两种形式。但没有经过官府许可的强制性人身抵押,双方都会受到刑罚。

西汉时期,商人势力很大,他们凭借冶铁煮盐,或巧取豪夺,积累了大

① 《大清律列·户律·钱债》。

② 《管子·轻重丁》。

③ 睡虎地秦墓竹简整理小组:《睡虎地秦墓竹简》,文物出版社1978年版,第214页。

量金钱，然后把这些钱出借，以获取很高的利息，为典型的高利贷者。高利贷者有时乘天灾税苛之际，收取加倍的利息，借一百还两百。由于利息率高，剥削残酷，所以，不少受高利贷剥削的人，陷入卖田宅、鬻子孙以偿债的困境。因此，西汉政府对高利贷做了一些限制，就是借贷之债的利率，法律也有严格限制。汉代法律规定，放贷不得“取息过律”，有的诸侯有恃无恐，最终被削去爵位。例如，“旁光侯殷，元鼎元年坐贷子钱不占租，取息过律，免”[①]。旁光侯因为不缴税且利率超过法律规定而被削去爵位。

“有者半贾而卖，亡者取倍称之息，于是有卖田宅、鬻子孙以偿责者矣。而商贾大者积贮倍息，小者坐列贩卖，操其奇赢，日游都市，乘上之急，所卖必倍。”[②]

财富过分集中于少数人手中，势必成为社会不稳定和统治不稳固的因素。西汉法律为了控制高利贷，限定了利率(很可能为什二，即20%)，同时通过利息税(贳贷税、缗钱税)来限制高利贷对社会的危害。景帝末年，开始对高利贷放贷利息加以限制，规定年息不得超过20%，同时对所获利息征收6%的收益税，也就是贳贷税。贳贷税是指对出贷金钱或粮食所得利息所课的税，类似于现今的利息税。在汉武帝时期，民间的借贷是要登记并纳税的。武帝时期颁行算缗令后，贳贷税遂并入缗钱税，课征标准改按本金计算，放贷人自行登记钱物总数，向官府报送登记文簿，官府大抵按照6%的税率征收。“诸贾人末作贳贷卖买，居邑稽诸物，及商以取利者，虽无市籍，各以其物自占，率缗钱二千而一算。”[③]算缗废止，而贳贷税则继续推行至汉末。

王莽时期的信用借贷基本延续了西汉时期的格局，但在国家借贷(非自然灾害时的赈贷)方面则迈出了比较大的步伐。王莽在实施五均六筦的同时，要求官府“民或乏绝，欲贷以治产业者，均授之，除其费，计所得受息。毋过岁什一”[④]。老百姓从事产业的官方借款利息为不超过净利润

① 《汉律摭遗·杂律》。
② 《汉书·食货志》。
③ 《史记·平准书》。
④ 《汉书·食货志》。

的10%。

唐宋时期官府对于借贷要求不得计算复利,粟麦计息债务只能在年内结算;同时对利率都做了限制,并通过法律的形式予以明确。《唐律疏议》规定了私人出举的利率上限,一般在月息4至6分,官府的高利贷利率上限为年息一倍。同时禁止虚立借贷契约,违反者予以治罪。《唐律疏议》中还规定了唐太宗时期的存款利率上限:“凡质举之例,收予不得逾五分,出息过其倍,若回利充本,官不理。”如果利息超过本金后再计息索债,或者计复利(民间俗称“驴打滚利”),官府不予保护。唐代规定私人借款延续十年以上,利息超过本金两倍,如果举钱人及保人死亡且没有留下家产,则官府可以裁决免债。

北宋初期,也是高利贷盛行。如欧阳修说北宋佃户:“举债于主人而后偿之,息不两倍则三倍。”[①]“倍称之息”即100%高利贷利率较为普遍。随之皇帝下诏禁止取息过倍,同时从法律上也对利率进行了调控规范。《宋刑统》中已明确规定:“每月取利不得过六分,积日虽多,不得过一倍。”南宋《庆元条法事类·杂门·出举债负》载《关市令》云:“诸以财物出举者,每月取利不得过四厘,积日虽多,不得过一倍。即元借米谷者,止还本色。每岁取利不得过五分(谓每斗不得过五升之类),仍不得准折价钱。”为了控制利息总额,《宋刑统》中(准)“杂令”规定:“诸以粟麦出举,还为粟麦者,任依私契,官不为理。仍以一年为断,不得因旧本而生利,亦不得回利为本及过一倍。”宋代利率逐步下降到唐代的水平。随着王安石变法的实施,“倍称之息”逐年下降,普遍下降了30%,甚至50%,直到南宋中期高利贷利率才有所回升,而在生产发达的地区还保持原来下降的趋势。[②]

元代,随着斡脱高利贷利率的盛行,民间借贷利率居高不下,往往都是倍数以上,而且复利为本。虽然元朝政府也规定了月利不超过三分,但并没有得到执行。高利率对经济影响较大,随着农业、手工业者、商人的生活不稳定,社会动荡日益加剧。在汉族知识分子的影响下,元太宗十二年(公元1240年),政府下令,为百姓代偿部分斡脱高利贷,并对高利率直

① 《欧阳文忠公集》卷五十九《原弊》。

② 乔幼梅:《宋元时期高利贷资本的发展》,《中国社会科学》1988年第3期。

接进行干预,从规定贷款利息总量着手,同时开始限定利率上限。

明代,关于私放钱债和典当财物的利息方面,《大明律》规定:“凡私放钱债及典当财物,每月取利并不得过三分。年月虽多,不过一本一利。”倘若违反者,律有明禁,“违者,笞四十,以余利计赃,重者坐赃论”。由于明代对于借贷利率的严格管控,借贷利率普遍较前朝低,货币借贷在月息2%左右。明代的民间借贷市场利率已经呈现出市场风险溢价的特征:一是抵押借贷比信用借贷利率低。例如,明代当铺的抵押借贷利率普遍在月利率2分左右,超过3分的较少,但个人信用借贷普遍在5至6分,甚至10分。二是货币借贷利率比谷物借贷利率低。货币借贷普遍在2分以下,且金额大的利率还有适度降低,而谷物借贷利率普遍在50%至1倍。

清代,清律对民间借贷利率提出了“三分取利、一本一利”,即月息3%的法律规制要求,但执行效果不太理想。《钦定大清会典事例》在《刑部·户律钱债·违禁取利》中规定:“凡私放钱债及典当财物,每月取利并不得过三分。年月虽多,不过一本一利。违者笞四十,以余利计赃,重者坐赃论,罪止杖一百。”由此可见,清律对超过法定利率的高利贷,以“坐赃罪”论处,显示出清政府对合法、合理借贷的支持,而对非法的高利贷的严厉惩处。

第四节 行帮与金融行会的出现

与明代之前的金融机构不同的是,从明代开始,金融机构开始自发形成行帮、行会组织。

首先是明代地域性典当业行帮的出现。由于受到地域的影响,明代各地典当业的发展不均衡,出现了以福建、山西、安徽等地典商为代表的地域性典当业行帮,其中尤以安徽典帮影响最大,经营活动范围分布面最广。近人陈去病曾在《五石脂》中说过,徽郡质铺几遍郡国。徽商中除盐以外,大资本当数典当,不仅在徽州多“巨典高门”和“短押小铺”,而且在全国各地,到处都有徽典的足迹。特别是苏浙一带,典当业几乎为徽商所垄断。[①]

钱庄的行会虽未见详细记录,但是,最迟在乾隆年间,内蒙古的钱业行会和上海的钱业行会就已经成立了。包头的钱业行会叫"裕丰社",据《绥远通志稿》记载:"各钱庄组合行社,名曰宝丰社。社内执事,号称总领,各钱商轮流担任。"大同的钱业行会叫"恒丰社",上海的钱业行会叫"钱业公所"。账局也有自己的行会组织,但名称不一。祁县商人的账局行业组织叫"账行",汉口的账局行会叫"山西汾州账帮",京城账局叫"账庄商会"。票号则一般根据所在地域,成立票号商会。

行会的设立主要是为防范和控制金融风险,协调行业内部及其与社会、官府方面的利益关系。它可以组织行会内的商人商定市场规程、监督执行、制定共同规则,组织金融市场运行,如汇兑平色、汇水、市场利率、票据交换、银行清算等,约束同业遵守,协调同行间的无序竞争,同时能够仲裁会员间的商务纠纷,最终达到"大有辅佐各商之力"。北京票号的商会就规定:"中国汇兑银号,除汇兑银两外,间有与官家、商家通融借贷之事,息银多少各有不同,书立信据,书明归还日期,即应如期归还;无论官商,立据后如有退款不办之事,议定不退兑费,收交以票、信为凭,往来以折条为据;以本地通行银色收交,一律两不相亏等等。"[②]

行会的建立为金融同业业务的开展创造了条件。清代晋商就充分利用了行会的便利性,大规模开展同业业务,提升金融效率,降低资金成本。主要包括:拨兑,即转账结算;订卯,通过金融行会组织票据交换,相互冲销,差额清结,冲销金融机构与商户转账所形成的相互之间的债权债务;过标,创立镖局、标期与标利制度,通过商会组织的"过标"结清商品交易中赊销、借贷形成的债权债务关系。

---

① 王海燕、赵东昌:《明代典当业述论》,《史学集刊》1998年第2期。

② 孔祥毅:《明清货币商人的金融机构创新》,《金融博览》2009年第5期。

第五节 国家金融管理组织体系

一、国家金融管理的雏形

西周时期货币的国家管理开始出现雏形。显然，商周时期的无字铜贝是贵族王室所铸，代表了王的权力，铜贝的规格、制式、大小、标识等都没有统一。但是周初，国家对货币的管理开始了。关于货币及流通管理方面的较为详细的记载，起源于周朝初期。“太公为周立九府圜法：黄金方寸，而重一斤；钱圜函方，轻重以铢；布帛广二尺二寸为幅，长四丈为匹。故货宝于金，利于刀，流于泉，布于布，束于帛。”[①]即货币的国家规范开始制定：黄金一寸见方，重一斤；外圆内方的铜钱为铢钱。

姜太公（吕尚）辅佐周武王灭商后，为周王朝建立了财政货币及财货流通的九个政府机构。九府，是指掌管财政的九个官署，即大府、王府、内府、外府、泉府、天府、职内、职金、职币。“泉”通“钱”。《周礼》谓地官司徒所属有泉府，掌管税收，收购市上滞销商品以待将来需要时出售，管理人民对财物的借贷及利息。[②] 同时，泉府也是货币的储存管理机构，“是以古之帝王，乘天地之饶，御海内之富，莫不腐红粟于太仓，藏朽贯于泉府”[③]。后世北周仿古制，也有泉府中上、下上之官。“臣观古今善理财者，无如周公。而《周官》所立泉府，谓之曰：‘泉者，欲其如泉之流而不滞也。’”[④]说明周朝已经开始注重商品和货币的流通了。

二、金融管理的规范和形成：秦汉时期

关于钱币的铸造管理机构，秦代史无记述。但汉代官府铸钱的管理，最初属少府，继归右扶风，最后由大司农管辖。在《封泥考略》中，有“少府铜丞”封泥，为西汉初期官府铸造工业由少府管辖之证。在《汉印文字征》

---

① 《汉书・食货志》。

② 《泉府》出自《周礼・地官・泉府》，“泉府掌以市之征布、敛市之不售、货之滞于民用者”。

③ 《魏书・高谦之传》。

④ （明）高攀龙：《今日第一要务疏》。

中，记载了“斡官泉丞”铜印。汉代的大司农属官，有“斡官长丞”。据《百官公卿表》记载：“斡官属少府，中属主爵（右扶风），后属大司农。”这是汉代初期官府铸钱工业由少府主管，继之改归右扶风，最后归大司农管辖之证。

到汉武帝时期，集中铸币权，还设置了专门的铸钱机构并明确了铸造、流通钱币的分工，第一个国家造币厂正式出现，这比西方早了近千年。同时汉武帝还下令废除了郡国所铸的钱币，将熔销的铜材输送至国家造币厂——上林三官，用于新铸五铢钱。铸币早期由上林苑负责，归属皇帝管理，上林苑下设上林三官。上林三官一说为均输官、钟官、辨铜令；一说为技巧令、钟官、辨铜令。其中，均输官负责货币的运输和流通，钟官负责铸造，辨铜令负责铸币材料。技巧令，负责钱范，也就是铸钱的钱模。

“于是悉禁郡国毋铸钱，专令上林三官铸。钱既多，而令天下非三官钱不得行，诸郡国前所铸钱皆废销之，输入其铜三官。而民之铸钱益少，计其费不能相当，唯直工大奸乃盗为之。”[①]

上林三官原隶属天子的少府，武帝时改属水衡，成帝时罢。“其后二岁，赤侧钱贱，民巧法用之，不便，又废。于是悉禁郡国无铸钱，专令上林三官铸。”[②]裴骃集解引《汉书百官表》：“水衡都尉，武帝元鼎二年初置，掌上林苑，属官有上林均输、钟官、辨铜令。”上林三官主持铸造的规格整齐的五铢钱（又称赤仄钱、赤侧），是钱币学与考古学上重要的分期标志。五铢钱的钱范也具有划时代的意义，它由早先的泥范改为铜范，这样钱币的规整性得到了本质改变。“自武帝元狩五年三官初铸五铢钱，至平帝元始中，成钱二百八十亿万余云。”[③]由于抬高了铸钱门槛，因此民间铸钱自发减少了。

东汉时期的官府铸钱工业改由太仆卿属官考工令主管。在《续汉书·百官志》中，谓“大司农掌钱谷”，不言铸钱的官署。证之出土的汉代遗物，得知东汉时期的官府铸钱，由太仆卿属官考工令主管。建武五铢钱

① 《汉书·食货志》。
② 《史记·平准书》。
③ 《汉书·食货志》。

范的背面刻文谓："建武十七年三月丙申，太仆监掾苍，考工令通，丞或，令史凤，工周仪造。"[①]

三、管理权的逐步转移：魏晋南北朝与隋时期

魏晋南北朝的官制基本上延续了汉代的格局，只在东汉光武中兴之时，废除了丞相和御史大夫，改为三司（司马、司徒、司空）作为最高政府管理机构。东汉末年建安十三年（公元208年），曹操罢去三公而又置丞相、御史大夫，自为丞相。两汉时实行了两百年之久的三公制，至此遂告终止。在魏晋南北朝时期，三公依然位居极品，且开府置僚佐。但实权则进一步向尚书机构转移，其他机构设置变化不大，只是个别称谓有所不同。到隋代，三公不再开府，僚佐全部撤销，完全变成虚衔，权力则转移至尚书机构。而货币的管理基本上一直归属于尚书省。尚书省下设专门的部，负责相关事务；同时，九卿中有一个部门（一般为少府或太府）与尚书省的专门部门配合、制衡。

"汉高祖除暴宁乱，轻刑约法，而职官之制，因于嬴氏，其间同异，抑亦可知。光武中兴，聿遵前绪，唯废丞相与御史大夫，而以三司综理众务。洎于叔世，事归台阁，论道之官，备员而已。魏、晋继及，大抵略同，爰及宋、齐，亦无改作。梁武受终，多循齐旧，然而定诸卿之位，各配四时，置戎秩之官，百有余号。陈氏继梁，不失旧物。高齐创业，亦遵后魏，台省位号，与江左稍殊，所有节文，备详于志。有周创据关右，日不暇给，洎乎克清江、汉，爰议宪章。酌祭镐之遗文，置六官以综务，详其典制，有可称焉。"[②]

曹魏时期由中央政府的大司农和少府掌管金帛钱财。到魏晋南北朝时期仍然沿袭旧制。梁朝时，"太府卿，位视宗正，掌金帛府帑。统左右藏令、上库丞，掌太仓、南北市令。关津亦皆属焉"[③]。

北齐时由司农寺、太府寺卿及少卿等大臣掌管金帛府库。陈朝则由

① 《汉书·食货志》。
② 《隋书·百官志上》。
③ 《隋书·百官志中》。

太府寺掌管货币，下设负责冶炼的道署管理铸币："太府寺，掌金帛府库，营造器物。统左、中、右三尚方，左藏、司染、诸冶东西道署、黄藏、右藏、细作、左校、甄官等署令、丞。"①

四、系统化管理架构的建立：唐宋时期

（一）唐代的货币管理

归功于唐代官职记载的详尽，我们可以找到唐代货币管理的基本架构（见图5—1），甚至历史上演变发展的脉络以及管理的层次都非常清晰：唐制以户部负责财务货币政令，太府寺掌管铸币、货币的保管仓储和出纳。而太府寺的出纳，是根据户部所行的文书执行的。户部又凭太府寺的申报审核其开支实数，以互相制约。为加强监管，又增加防范措施：一是特派御史监临出纳，二是特派大臣行使出纳权，称为太府出纳使，并委判官担任事务性工作，后来导致部分侵夺太府寺本官的权力。

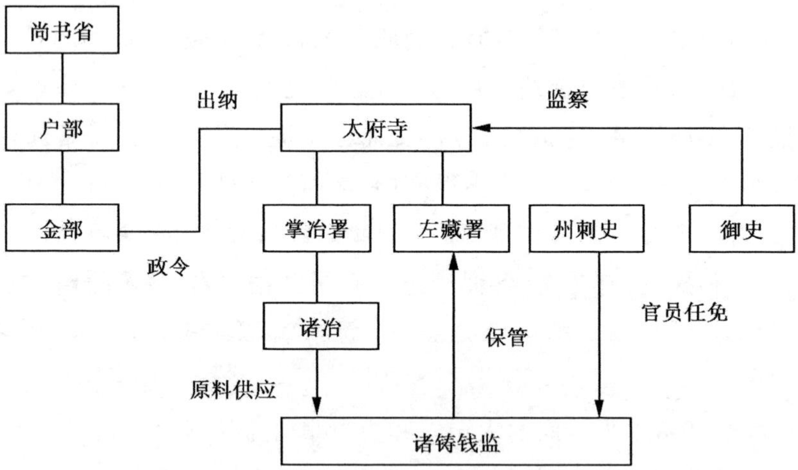

图5—1　唐代货币管理架构

"高祖发迹太原，官名称位，皆依隋旧。及登极之初，未遑改作，随时署置，务从省便。武德七年定令：……尚书、门下、中书、秘书、殿中、内侍

---

① 《隋书·百官志中》。

为六省。次御史台;次太常、光禄、卫尉、宗正、太仆、大理、鸿胪、司农、太府,为九寺……

尚书都省(龙朔二年,改为中台,光宅元年,改为文昌台,神龙初复。)……

尚书令一员(正二品。武德中,太宗为之,自是阙而不置)。令总领百官,仪刑端揆。其属有六尚书:一曰吏部,二曰户部,三曰礼部,四曰兵部,五曰刑部,六曰工部。凡庶务,皆会而决之。

……

户部尚书一员(正三品。隋为民部尚书,贞观二十三年改为户部。明庆元年改为度支,龙朔二年改为司元太常伯,光宅元年改为地官尚书,神龙复为户部)。侍郎二员(正四品下。因隋已来改易名位,皆隋尚书也)。尚书、侍郎之职,掌天下田户、均输、钱谷之政令,其属有四:一曰户部,二曰度支,三曰金部,四曰仓部。总其职务,而行其制命。凡中外百司之事,由于所属,皆质正焉。

……金部郎中一员(从五品上。龙朔为司珍大夫,咸亨复)。员外郎一员(从六品上)。主事三人(从九品上)。令史八人,书令史二十一人,计史一人,掌固四人。郎中、员外郎之职,掌判天下库藏钱帛出纳之事,颁其节制,而司其簿领。

……

太府寺(《周官》有太府下士,掌财赋。秦、汉已后,财赋属司农少府。梁始置太府卿,掌帑藏。龙朔改为外府,光宅改为司府,神龙复为太府寺也。)

……卿掌邦国财货,总京师四市、平准、左右藏、常平八署之官属,举其纲目,修其职务。少卿为之贰。以二法平物。一曰度量,二曰权衡。凡四方之贡赋,百官之俸秩,谨其出纳,而为之节制焉。凡祭祀,则供其币。

……

掌冶署:令一人(正八品上)。丞一人(正九品上)。监作四人(从九品下)。掌冶令掌熔铸铜铁器物。丞为之贰。凡天下出铜铁州府,听人私采,官收其税。若白镴,则官市之。其西北诸州,禁人无置铁冶及采铁。

若器用所须,具名移于所由官供之。

诸冶:监一人(正七品下)。丞二人(从八品下)。录事一人,府一人,史二人,监作四人(从九品下)。典事二人,掌固四人。诸冶监掌铸铜铁之事。

……

诸铸钱监:(绛州三十炉,扬、宣、鄂、蔚四州各十炉,益邓、郴三州各五炉,洋州三炉,定州一炉也。)诸铸钱监以所在州府都督刺史判之。”①

(二)宋代的货币管理

“宋货财之制,多因于唐。”②宋代的货币管理延续了唐代的体系,逐步收拢了五代时期分散于各地藩镇的铸币权,仅仅保留局部地区军队少量的铸币权(这也是与唐代货币管理的较大不同点)。宋代的货币管理元丰改制前,设立了三司(盐铁、户部、度支)负责货币及财税的管理。“凡左藏及诸库受纳诸州上供均输金银、丝帛暨他物,令监临官谨视之。”③宋太宗淳化四年(公元993年),“改三司为总计司,左右大计分掌十道财赋。令京东西南北各以五十州为率,每州军岁计金银、钱、缯帛、刍粟等费,逐路关报总计司,总计司置簿,左右计使通计置裁给,余州亦如之。未几,复为三部”④。铸币归属于盐铁司的铁案管理。盐铁司下设七案,其中“六曰铁案,掌金、银、铜、铁、朱砂、白矾、绿矾、石炭、锡、鼓铸”⑤。

“先是,许商人入钱左藏库,以诸州钱给之,而商旅先经三司投牒,乃输于库,所由司计一缗私刻钱二十。开宝三年,置便钱务,令商人入钱者诣务陈牒,即日辇致左藏库,给以券,仍敕诸州凡商人赍券至,当日给付,不得住滞,违者科罚,自是毋复停滞。”⑥

当时铸钱机构为钱监(包括场、务)。

“时铜钱有四监:饶州曰永平,池州曰永丰,江州曰广宁,建州曰丰国。

① 《旧唐书·职官志》。
② 《宋史·食货志》。
③ 《宋史·食货志》。
④ 《宋史·食货志》。
⑤ 《宋史·职官志》。
⑥ 《文献通考》卷九《钱币考》。

京师、升鄂杭州、南安军旧皆有监，后废之。……铁钱有三监：邛州曰惠民，嘉州曰丰远，兴州曰济众。益州、雅州旧亦有监，后并废”①。

钱监根据产矿地铸钱规模大小，有对应不同级别。宋代地方行政分为路、州、县三级，钱监对应不同级别，其中提点坑冶铸钱司就是跨路区域的一级铸钱机构，一般由发运司监管；而州级则设知监，县级设监。另外，永兴军、武胜军都有铸币权，但仅限于当地流通。

“元丰官制行，始正职掌，置卿、少卿各一人，丞、主簿各二人。卿掌邦国财货之政令，及库藏、出纳、商税、平准、贸易之事，少卿为之贰，丞参领之。凡四方贡赋之输于京师者，辨其名物，视其多寡，别而受之。储于内藏者，以待非常之用；颁于左藏者，以供经常之费。”②

太府寺下设有元丰库，“掌受诸路积剩及常平钱物，凡封桩者皆入焉”；审计司，“掌审其给受之数，以法式驱磨”；市易下界，“掌飞钱给券，以通边籴”；榷货务，“掌折博斛斗、金帛之属”；交引库，“掌给印出纳交引钱钞之事”；抵当所，“掌以官钱听民质取而济其缓急”③。元丰改制后，宋代的货币管理架构基本遵循了唐代的模式。

“元祐初，以仓部郎官印发文钞，三年，复归本寺。……靖康元年，诏内外官司局所依熙宁法，钱物并纳左藏库，凡省一百五所。”

“所隶官司二十有五：左藏东西库，掌受四方财赋之入，以待邦国之经费，给官吏、军兵俸禄赐予。旧分南北两库，政和六年修建新库，以东西库为名。西京、南京、北京各置左藏库、内藏库，掌受岁计之余积，以待邦国非常之用。”④

太府寺被撤销后，铸钱归属于工部，但货币的贮存、流通事项则归属于户部。原太府寺的左藏库并入户部。

“建炎诏罢太府寺，以其所掌职务拨隶金部。绍兴元年，复以章亿守太府寺丞，措置印给茶盐钞引，续添置丞二员。……十一年，诏交引库书押钞引寺丞两员。遇合推赏。……中兴后，所隶唯有粮料院、审计司、左

---

① 《宋史·食货志》。
② 《宋史·职官志》。
③ 《宋史·职官志》。
④ 《宋史·职官志》。

藏东西库、交引库、祗候库、和剂局、惠民局如前制所置。左藏南库，（系桩）管御前激赏库改。”[①]

五、辽金时期的粗放管理

辽金时期的货币管理架构比较简单，铸币材料铜由中央统一，各地分置钱监。中央设置货币管理机构。

“坑冶，则自太祖始并室韦，其地产铜、铁、金、银，其人善作铜铁器。又有曷术部者多铁，‘曷术’，国语铁也。部置三冶：曰柳湿河，曰三黜古斯，曰手山。神册初，平渤海，得广州，本渤海铁利府，改曰铁利州，地亦多铁。东平县本汉襄平县故地，产铁矿，置采炼者三百户，随赋供纳。以诸坑冶多在国东，故东京置户部司，长春州置钱帛司。……

鼓铸之法，先代撒剌的为夷离堇，以土产多铜，始造钱币。太祖袭而用之，遂致富强，以开帝业。太宗置五冶太师，以总四方钱铁。”[②]

金朝货币管理比辽时期更简单，其早期未建立之初主要与辽开展易货交易，建立后才有铸币。

“……民间铜鍮器，陕西、南京者输京兆，他路悉输中都。三年二月，中都置钱监二，东曰宝源，西曰宝丰。京兆置监一。曰利用。”

“二十二年十月，以参加政事粘割斡特剌提控代州阜通监。二十三年，上以阜通监鼓铸岁久，而钱不加多，盖以代州长贰厅幕兼领，而夺于州务，不得专意综理故也。遂设副监、监丞为正员，而以节度领监事。”[③]

元代则以纸钞为主，其货币管理主要体现在纸钞的管理上。在后文辽代纸钞管理内容中有具体描述。

---

① 《宋史·职官志》。
② 《辽史·食货志》。
③ 《金史·食货志》。

六、明清时期的多重化管理

(一)明代的货币管理

明代的货币管理相比之前朝代最大的不同点就是双轨管理体系,分为内外两个管理架构,同时相互交叉。明朝建立初期,朱元璋设置内库管理货币,宝钞提举司早期即归属内库管理。随着户部的设立,内库职能分解,主要负责内廷的财务货币管理。国家的货币管理归属于户部负责,工部协同,负责货币的印制、铸造和流通。但从成化朝开始,皇帝的内库也参与国家货币管理,主要监督管理货币的入库和出库。广源库、广惠库、甲字库等原为户部的货币储存仓库,自成化年间开始,逐步由内官、内史执掌,逐步成为内官十库,即甲字、乙字、丙字、丁字、戊字、承运、广运、广惠、广积、赃罚共十个仓库。名义上,这十库属于户部。

“旧制,工部所铸钱入太仓、司钥二库;诸关税钱亦入司钥库。共贮钱数千百万,中官掌之……武宗之初,……请于承运库给银。时中官方用事,皆不听。已而司钥库太监庞(木栗)言:……又从太监张永言,发天财库及户部布政司库钱,关给征收,每七十文征银一钱,且申私铸之禁。”①

洪武七年(公元 1374 年),设宝钞提举司。洪武八年(公元 1375 年),诏中书省造“大明宝钞”,命民间通行。大明宝钞上印刷“中书省奏准印造大明宝钞与铜钱通行使用,伪造者斩,告捕者赏银二十五两,仍给犯人财产”字样。洪武九年(公元 1376 年),复设宝泉局,铸小钱与钞兼行,百文以下止用钱。商税兼收钱钞,钱三钞七。洪武十三年(公元 1380 年),会中书省废,乃以造钞属户部,铸钱属工部,而改宝钞文“中书省”为“户部”,与旧钞兼行。洪武十六年(公元 1383 年),置户部宝钞广源库、广惠库;入则广源掌之,出则广惠掌之。永乐朝开始,设立南京、北京两个宝钞提举司,负责纸钞印制。宝钞提举司下设钞纸局和印钞局。

明代天启朝以前,铜币铸造为工部的宝源局,后归属工部屯田清吏司。铜币铸造机构经历了几轮设废。洪武元年(公元 1368 年),南京设置

---

① 《明史·食货志》。

宝源局。洪武六年(公元1373年),设北平宝泉局。洪武八年(公元1375年)宝源局停摆,随后各行省宝泉局被罢,地方铸币权被回收归各布政使司管理。各布政使司设宝泉局,鼓铸小钱,洪武二十年(公元1387年)停止。洪武二十六年(公元1393年),各布政使司宝泉局被停,改由户部独家铸钱。

永乐朝开始,恢复了地方布政使司宝泉局的鼓铸,京师(北平)负责部分制钱的铸造。“永乐通宝”主要由浙江、福建、江西和广东四个布政使司的宝源局负责铸造。后期的铸钱则逐步由全国性的布政使司宝泉局鼓铸改为根据铸钱材料的运输方便,由户部指定地方布政使司的宝泉局铸币,例如,“宣德通宝”由南京工部的宝源局和浙江布政司鼓铸,“嘉靖通宝”由南京工部宝源局铸造,“先是,户部议将未铸制钱,分派南、北工部监造,送太仓支用。至是工部复议‘铜锡等料俱出南京,且工巧而物贱,宜俱令南京铸造’上从之”[①]。后北京的宝源局也鼓铸铜钱。万历年间,先是南北两直隶铸钱,后有全国十三个布政使司宝泉局加入铸币行列,成为明代唯一的一次全国性铸钱行为。

天启、崇祯时期,明朝进入末世,官吏腐败,军事羸弱,财政亏空严重。朝廷开始无节制铸钱,导致货币管理也出现混乱局面。天启二年(公元1622年),除了工部宝源局外,明熹宗在户部增设宝泉局,增加铸币机构。崇祯时期,更是“命各镇有兵马处皆开炉鼓铸,以资军饷,而钱式不一,盗铸空繁”[②]。

明代银矿的开采和煎炼,有商办的,也有官办的。商民开采银矿,须得到官方许可,首先估计一年可能采炼到的银子,提出一定的数额,每年缴纳给政府,称为银课。而在银矿品位和产品较大的地区,一般都是官营,禁止私人采炼。在这些地区,经过布政使司批准,当地官府设立银场局或炉局(通常简称银场,或银坑、银穴、银冶),征召矿夫来开采、工匠来煎炼,产出的白银归属地方政府,但要以一定比例上缴国家。

明代的货币来源除了新铸货币外,就是税课货币(赋税货币化),尤其

---

① 《大明世宗肃皇帝实录》卷二十。

② 《续文献通考》卷十一。

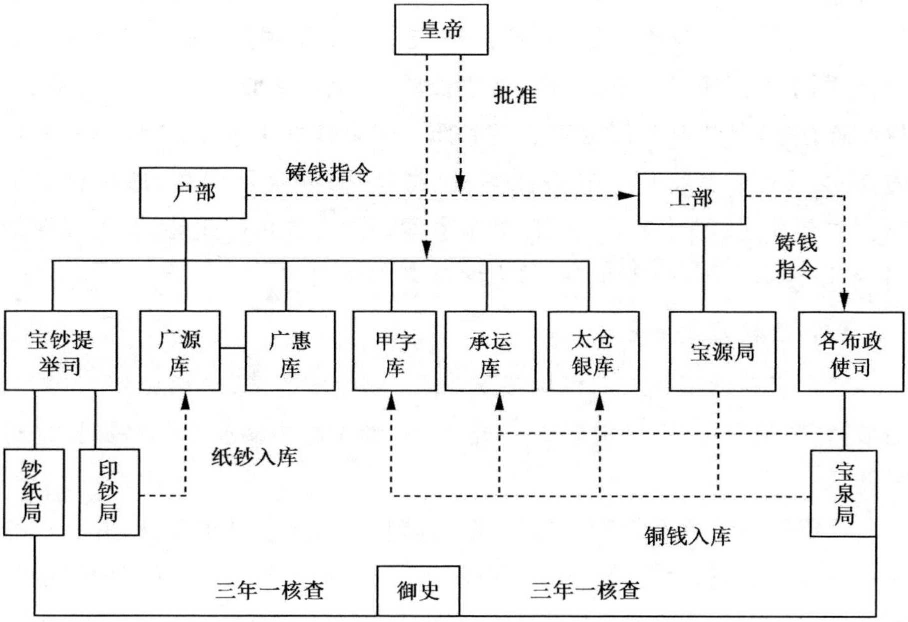

图 5—2　明代货币管理架构

是白银。明代针对货币的入库和收解都有详细的规范。户部设有四个货币的保存和收解仓库,广源库、广惠库、太仓银库和承运库。其中,广源库负责印制完成的纸钞的入库;广惠库负责纸钞的出库;太仓银库早期既有工部宝源局和各布政使司宝泉局铸造的铜钱的出入,后又成为官铸银锭的收解库,属于户部直管;户部后又设承运库,主要收解税课金银。而税课按照州县解押至府,府上缴至布政使司的,布政使司押解至户部仓库的程序汇缴。

“凡解纳、洪武二十六年定、凡府州县税课司局、河泊所、岁办商税鱼课、并引由契本等项课程、已有定额。其办课衙门、所办钱钞金银布绢等物、不动原封、年终具印信文解、明白分豁存留起解数目、解赴所管州县。其州县转解于府、府解布政司、布政司通类委官起解、于次年三月以里到京。户部将解到金银钱钞布绢等物、不动原封照依来文、分豁明白、札付该库交收。出给印信长单、及具手本、关领勘合回部、照数填写、责付原。

解官收执。将所解物件、同原领长单、并勘合、于内府各门照进。且如铜钱布疋、赴甲字库交纳。钞锭、广惠库交纳。金银绢疋、承运库交纳。其勘合、既于各门照进、该库收讫、就于长单后、批写实收数目、用印钤盖、仍付原解官、齐赴户部告缴立案附卷备照。仍令该部主事厅、于原解官差批内、将实收过数目批回。候进课毕日、将已解、并存用课数、通行比对原额。如有亏兑。照依所亏数目、具本奏闻。类行各司府州县、着落办课衙门、经该官吏人等、追理足备、差人解赴京库交纳。"[①]

(二)清代的货币管理

清世祖延续了明末的机构设置,于工部设宝源局、户部设宝泉局,开始鼓铸"顺治通宝"。后随着天下统一,又在各地共设置27个钱局,进行鼓铸。

在铜钱的铸造发行和流通管理中,清代延续了明代的做法,并且进行了大规模的扩充,地方钱局的大规模设立及铸造发行钱币,使得铜钱的流通速度有了大幅度提升,货币供应量也随之增长。钱币背面用满文表示局名,是清代铸币的重要特点之一,自公元1645年起到公元1911年止,二百六十多年来,清朝用满文表示的钱局有五十多个,其中铸钱最多的是京师的户部宝泉局和工部宝源局。"宝源局岁铸钱解交工部节慎库,以备给发各工之用。"[②]

清代各个帝王设立的钱局随着情况的变化,常有调整。各个钱局铸钱数量、质量、规模和时间也有较大差异。查阅有关文献和现实之物进行比较,清代各时期所设钱局大致如下:

顺治朝设22个钱局、康熙朝有24个钱局、雍正朝有19个钱局、乾隆朝有26个钱局、嘉庆和道光朝各有19个钱局、咸丰朝共30个钱局、同治朝有18个钱局、光绪朝有23个钱局、宣统朝有6个钱局。其中除宝泉局外均少见。

简单来看,清代每年在铸钱的铸钱局平均有20个。随着人口的急剧增长,铸钱的数量也快速增加。

---

① 《大明会典》卷三十。
② 《清朝文献通考》。

第六节 朝堂的货币思想与理论

一、中国货币理论的奠基思想

周朝已经开始注重货币的流通，姜太公设立九府中的泉府就是管理铸币和流通的政府机构，“故货宝于金，利于刀，流于泉，布于布，束于帛”[①]。意思是说，货币的便于使用如刀，流通如泉水一样持续不断，能分布全国，也能归集。随着商品交易的发展和货币的流通成型，商品的价格开始受到重视，并上升到国家高度。当时对于商品价格形成了系统的观点和理论，从而形成了早期的货币理论，这一时期的货币理论奠定了中国古代历朝历代货币思想的基础。轻重理论更是成为各朝代调控货币和商品价值关系的依据。

对商品价格论述的代表人物有：计然（计倪）、白圭、李悝等。

计然曰：“籴石二十则伤农，九十则病末。农伤则草木不辟，末病则货不出。故籴高不过八十，下不过三十。农末俱利矣。故古之治邦者，本之货物，官市开而至。”[②]

李悝认为：“是故善平籴者，必谨观岁有上、中、下孰。上孰其收自四，余四百石；中孰自三，余三百石；下孰自倍，余百石。小饥则收百石，中饥七十石，大饥三十石，故大孰则上籴三而舍一，中孰则籴二，下孰则籴一，使民适足，贾平则止。小饥则发小孰之所敛、中饥则发中孰之所敛、大饥则发大孰之所敛而粜之。故虽遇饥馑、水旱，籴不贵而民不散，取有余以补不足也。行之魏国，国以富强。”[③]

货币思想在这一时期开始形成并且有不同的观点和理论，但基础是阐述了货币与物价的关系。这时出现的重要货币概念和范畴有子母、轻重，以及涉及商品、货币、价值、价格与货币购买力等一些观点。其中，一

① 《汉书·食货志》。
② （春秋）范蠡：《计然书》。
③ 《汉书·食货志》。

些重要货币范畴如子母、轻重还发展和形成了比较系统的看法及朴素的理论,较具代表性的有单旗的子母相权论、墨家的价值论、《管子》的轻重理论。这一时期的货币思想对中国历史上货币金融思想与理论的发展影响深远。

(一)单旗的子母相权论

单穆公谏景王铸大钱。

"景王二十一年,将铸大钱。单穆公曰:'不可。古者,天灾降戾,于是乎量资币,权轻重,以振救民,民患轻,则为作重币以行之,于是乎有母权子而行,民皆得焉。若不堪重,则多作轻而行之,亦不废重,于是乎有子权母而行,小大利之。今王废轻而作重,民失其资,能无匮乎?'"①

单旗,史称单穆公,周景王的卿士,他因反对景王铸大钱而提出了这一理论,认为铸币分量的轻重要适合流通中的需要,根据商品的价格需要进行调整。如果原来的铸币分量太轻,购买力低,就应铸造分量较重的铸币(大钱或母钱);反之,则要铸造较轻的铸币(小钱或子钱)。两种铸币同时在市场上流通,按它们的轻重维持一定的比价,这就叫作"母权子"或"子权母"。如果废除小钱而铸大钱,大量货币流通入市,平民就将失去他们的财富。

后来人们把它归纳为"子母相权"这一货币术语,并且把子母相权的含义从流通中两种不同单位足值铜铸币并行的关系,推广于足值铜钱与不足值的虚价铜钱,以及铜钱与纸钞、白银与铜钱的关系上,成为论述中国古代货币流通与货币制度问题时的一种货币理论。

但是,现在的考证和历史遗物发现,这一理论很可能是战国时期的人假借单旗的名义而提出的。因为周景王时期的货币为空首布,并没有大小钱的区别,且当时的铸币非王室独有的权力。

(二)墨家的价值论

在先秦思想家的货币思想方面,墨家关于价值论的贡献值得引起重视。

---

① 《国语·周语》。

"买:刀、籴相为贵。刀轻、则籴不贵;刀重,则籴不易。王刀无变,籴有变。岁变籴,则岁变刀,若鬻子。

贾:尽也者,尽去其以不售也。其所以不售去,则售。正贾也宜不宜,正欲不欲,若败邦鬻室嫁子。"①

《墨子·经说》的作者已发现物品用途的二重性,已接触到商品的使用价值和交换价值的区分问题,并看到物品自身不能表现价值,而必须借助另一物品来表现,即已接触到价值形态及其表现问题。墨家已认识到货币、商品双方的交换能力呈反比,一方的交换价值提高或降低,就是另一方交换价值的降低或提高。他们可能已模糊地认识到商品的贵贱不完全是商品方面的原因,同时也有货币方面的原因。不过他们只强调了商品价格的相对性,并没有进一步探讨货币购买力形成及其变动的原因。墨家认为,在商品与货币的交换中,能使商品全部出售的价格是适宜的价格,也就是"正贾"。他们又把商品价格的"宜不宜"归结为"欲不欲",用买卖双方的主观意愿来解释适宜价格的形成。

(三)《管子》的轻重理论

这一理论主要出自战国学者之手的《管子》,把春秋以来已流行的"轻重"概念,广泛用于包括货币、价格、商品、贸易等人们社会经济活动的各个方面,尤其是从封建国家的角度出发,把货币问题当作阐发的重点,而发展为货币是封建国家干预经济的重要工具的思想,它对后世产生了深远的影响。《管子·轻重篇》是关于调节商品、货币流通和控制物价的理论,是轻重理论的核心。其论述的基础依然是商品价格和货币的关系。《管子·山至数篇》说道:"币重而万物轻,币轻而万物重。"《管子》货币理念主要体现在以下几个方面:

1. 货币的起源或是货币的发行是君王所为,为管理天下之用

"人君铸钱立币,民庶之通施也,人有若干百千之数矣。"

"玉起于禺氏,金起于汝汉,珠起于赤野,东西南北,距周七千八百里。水绝壤断,舟车不能通。先王为其途之远,其至之难,故托用于其重,以珠

① 《墨子·经说下》。

玉为上币,以黄金为中币,以刀布为下币。三币握之则非有补于暖也,食之则非有补于饱也,先王以守财物,以御民事而平天下也。”[①]

2. 货币的流通职能与货币流通速度

《管子》重视货币作为流通手段的职能,曰:“黄金、刀币,民之通施也。”[②]“黄金、刀币者,民之通货也。”[③]“刀币者,沟渎也。”[④]所谓“通施”“通货”,就是有无相通、交易媒介的意思,而它把货币作为流通手段的职能视为“沟渎”,即把货币流通视为流水的渠道,商品流通离开货币则无法进行。这是一种具有较高概括能力的看法。除了货币流通职能外,商品流通速度对货币流通的影响也被提出,“万物通则万物运,万物运则万物贱”“物藏则重,发则轻,散则多”[⑤]。

3. 货币价值与货币数量论

《管子》把货币定义为流通手段,并与它的“轻重”联系起来,形成货币数量论的思想。它阐述轻重理论的一般原则说:“夫物多则贱、寡则贵”[⑥],这对于万物(商品)或货币的价值形成都是适用的。货币与商品之间的关系是:“币重而万物轻,币轻而万物重。”[⑦]也就是说,流通中货币数量的增减会使商品价格发生正比例的变化,或者单位货币的购买力发生反比例的变化。据此,曰:“国币之九在上,一在下,币重而万物轻。敛万物应之以币,币在下,万物皆在上,万物重十倍。”[⑧]

4. 国家货币管理、干预的重要性

以轻重理论为中心,管子提出货币是国家干预经济的重要工具的思想。通过货币调整,君王得利、天下太平。《管子·国蓄篇》说:“谷贱则以币予食,布帛贱则以币予衣。视物之轻重而御之以准,故贵贱可调,而君得其利”“五谷食米,民之司命也;黄金刀币,民之通施也。故善者执其通

① 《管子·国蓄篇》。
② 《管子·国蓄篇》。
③ 《管子·轻重乙》。
④ 《管子·揆度篇》。
⑤ 《管子·轻重甲》。
⑥ 《管子·国蓄篇》。
⑦ 《管子·山至数篇》。
⑧ 《管子·山国轨篇》。

施，以御其司命。”货币则“握之则非有补于暖也，食之则非有补于饱也，先王以守财物，以御民事，而平天下也”。其认为货币管理能够安定天下。

5. 利用“国际贸易”（诸侯国贸易）来调节国内的商品价格，从而影响国内货币价值

“今谷重于吾国，轻于天下，则诸侯之自泄，如原水之就下。故物重则至，轻则去。有以重至而轻处者，我动而错之，天下即已于我矣。物臧则重，发则轻，散则多。币重则民死利，币轻则决而不用，故轻重调于数而止。”①

“滕鲁之粟釜百，则使吾国之粟釜千；滕鲁之粟四流而归我，若下深谷者。”②

此后，由《管子》阐发的“轻重”概念成为人们讨论货币问题的专用范畴，如西汉的贾谊、桑弘羊，南齐的孔觊，唐代的刘秩、陆贽，北宋的周行己等，都曾应用轻重论来阐述当时的货币发行与流通。轻重理论对后世影响很大，从汉代开始，货币供应、价格政策以及粮食储备、均输平准、盐铁官营等，都不断引用这种理论，并作为制定实施国家调控方案的理论依据，而其核心思想就是商品价格与货币价值的关系。

显然，《管子》的货币供应量控制是以货币对应商品的比价关系作为基准，调节商品物价，调节的目的就是君王得利、安定天下，这也是货币供应的基础理论。轻重理论作为指导思想贯穿了中国历史自秦以后各个朝代的货币供应政策。现代货币供应理论紧盯 CPI（居民消费物价指数）本质上是与轻重理论一样的。同时，轻重理论相对于春秋战国时期的诸侯国贸易的影响，也类似于三千年后的国际主要货币汇率对中国外汇政策、汇率、国际贸易的影响，尤其是美元。

二、货币理论的实践：法钱思想

在铸币权变更的背后，两汉的货币思想也从春秋战国时期研讨货币本身上升到货币管理，确定国家法币的高度，但是没有留下系统货币理论

---

① 《管子·揆度篇》。
② 《管子·轻重乙》。

文字。因此,两汉的货币思想更多的是关于“法钱”(法币)的思想。比较具有代表性的人物有贾谊、贾山和桑弘羊。

贾谊针对汉文帝“除盗铸钱令,使民放铸”。贾谊谏曰:

“又民用钱,郡县不同:或用轻钱,百加若干;或用重钱,平称不受。法钱不立,吏急而壹之乎,则大为烦苛,而力不能胜;纵而弗呵乎,则市肆异用,钱文大乱。苟非其术,何乡而可哉!”

“奸数不胜,而法禁数溃,铜使之然也。故铜布于天下,其为祸博矣。今博祸可除,而七福可致也。”①

贾谊提出了“法钱”的概念,同时建议政府垄断货币材料——铜。贾谊的思想对之后的封建国家的货币政策有着重要的影响,后期多个王朝都将铸币材料作为国家战略资源管理。

贾山则发展了《管子》关于“货币无补于饥寒”的名目论思想和国家把货币作为干预经济工具的思想,认为货币是“饥不可食、寒不可衣”的无用之物,但君权则可使它成为“易富贵”“无饥寒之患”的东西,明确指出了掌握货币铸造权与维护君权二者的联系。

“其后,文帝除铸钱令,山复上书谏,以为变先帝法,非是。……章下诘责,对以为:“钱者,亡用器也,而可以易富贵。富贵者,人主之操柄也,令民为之,是与人主共操柄,不可长也。”②

桑弘羊出身商人家庭,十三岁时以精于心算入侍宫中,历任大农丞、治粟都尉、大司农等职,为辅政大臣之一。在汉武帝的大力支持下,自元狩三年(公元前120年)起,先后推行算缗、告缗、盐铁官营、均输、平准、币制改革、酒榷等财政、货币政策并取得成功,为大汉王朝的文治武功奠定了雄厚的物质基础。汉武帝驾崩后,幼主昭帝继位。儒家和法家之间的对立加重,“昭帝即位六年,诏郡国举贤良文学之士,问以民所疾苦,教化之要。皆对愿罢盐、铁、酒榷均输官,毋与天下争利,视以俭节,然后教化可兴。”③多位郡国所举贤良文学把民间疾苦之因直接指向盐铁政策,同

① 《汉书·食货志》。

② 《汉书·贾山传》。

③ 《汉书·食货志》。

御史大夫桑弘羊展开了激烈的辩论。桑弘羊的货币思想主要体现在记录本次盐铁之议的桓宽著作的《盐铁论》中。

桑弘羊是汉武帝实现国家铸币权、设立五铢钱制度的主要执行人，他在盐铁会议上极力支持国家集中铸币权的政策，第一次提出了“统一”的货币发行概念。

“文帝之时，纵民得铸钱、冶铁、煮盐。吴王擅鄣海泽，邓通专西山。山东奸猾，咸聚吴国，秦、雍、汉、蜀因邓氏。吴、邓钱布天下，故有铸钱之禁。禁御之法立而奸伪息，奸伪息则民不期于妄得而各务其职不反本何为？故统一，则民不二也；币由上，则下不疑也。”①

桑弘羊认为只有国家自上而下统一铸币权，百姓才没有二心，才能树立货币信用。他还认为，货币不是一成不变的，而是随着时代的变迁而改变，如果不禁止私铸，则会导致劣币与真币同时流通，社会不稳定。

“汤、文继衰，汉兴乘弊。一质一文，非苟易常也。俗弊更法，非务变古也，亦所以救失扶衰也。故教与俗改，弊与世易。夏后以玄贝，周人以紫石，后世或金钱刀布。物极而衰，终始之运也。故山泽无征，则君臣同利，刀币无禁，则奸贞并行。夫臣富则相侈，下专利则相倾也。”②

除了法钱思想外，晁错的“贱金玉”及“倍称之息”理论对后世经济政策影响也很深远，成为历朝历代控制借贷利率、打击高利贷的重要参考理论。

晁错，颍川人，汉文帝时为太子家令，汉景帝时为内史，后升迁御史大夫，曾多次上书主张加强中央集权、削减诸侯封地、重农贵粟。吴、楚等七国叛乱时，被景帝错杀。晁错为汉初著名的货币名目论者，在《论贵粟疏》中，他把重农抑商思想发展为“贵五谷而贱金玉”，并认为“倍称之息”是导致农民流离失所、农业荒废的重要原因。

“夫珠玉金银，饥不可食，寒不可衣，然而众贵之者，以上用之故也。其为物轻微易藏，在于把握，可以周海内而无饥寒之患。此令臣轻背其主，而民易去其乡，盗贼有所劝，亡逃者得轻资也。粟米布帛生于地，长于

① 《盐铁论・错币》。
② 《盐铁论・错币》。

时，聚于力，非可一日成也。数石之重，中人弗胜，不为奸邪所利；一日弗得而饥寒至。是故明君贵五谷而贱金玉。”

晁错认为，作为珠玉金银的货币主要是因为上层社会的使用而变得贵重，实质是对社会没有什么正面作用，反而容易导致奸邪重生，明君应当是贵五谷而贱金玉。另外，他还认为“倍称之息”的高利贷是导致农民流离失所的重要原因之一（另一个原因是商人操纵市场，成倍抬高物价）。

“当具有者半贾而卖，无者取倍称之息；于是有卖田宅、鬻子孙以偿债者矣。而商贾大者积贮倍息，小者坐列贩卖，操其奇赢，日游都市，乘上之急，所卖必倍。”①

三、实用主义下的货币理论：魏晋南北朝和隋时期

魏晋南北朝时期的货币理论，观点庞杂，但呈现出明显的实用主义特征，主要也是针对现实经济中的一些问题提出解决之道。同这个时代的社会、经济状况相映衬。比较具有代表性的人物有孔琳之、元澄、鲁褒、孔觊等。

（一）元澄的“行钱论”

元澄，任城文宣王，拓跋云长子，历任大将军、中书令、尚书令。北魏时期，元澄提出的货币政策在中国金融思想史上具有特殊的意义。他对新钱的推行、新钱与旧钱的一并使用、国家统一铸币及倡良币而禁劣币进行了论述，强调不同地区可以采用不同的钱币过渡措施。这一思想最终上行至国家政策。这对于政权动荡、朝代更迭初期的货币管理具有很强的借鉴意义。

孝明帝熙平初年（公元516年），尚书令、任城王元澄上奏：

“‘太和五铢’虽利于京邑之肆，而不入徐扬之市。土货既殊，贸鬻亦异，便于荆郢之邦者，则碍于兖豫之域。致使贫民有重困之切，王道贻隔化之讼。去永平三年，都座奏断天下用钱不依准式者，时被敕云：‘不行之钱，虽有常禁，其先用之处，权可听行，至来悉令断之。’延昌二年，徐州民

① 《汉书·食货志》。

俭，刺史启奏求行土钱，旨听权依旧用。谨寻不行之钱，律有明式，指谓鸡眼、镮凿，更无余禁。计河南诸州，今所行者，悉非制限。

……'请并下诸方州镇，其太和及新铸五铢并古钱内外全好者，不限大小，悉听行之。鸡眼、镮凿，依律而禁。河南州镇先用钱者，既听依旧，不在断限。唯太和、五铢二钱，得用公造新者，其余杂种，一用古钱，生新之类，普同禁约。诸方之钱，通用京师，其听依旧之处，与太和钱及新造五铢并行，若盗铸者罪重常宪。既欲均齐物品，廛井斯和，若不绳以严法，无以肃兹违犯。符旨一宣，仍不遵用者，刺史守令依律治罪。'诏从之。而河北诸州旧少钱货，犹以他物交易，钱略不入市也。"[①]

（二）鲁褒的《钱神论》与魏晋拜金思潮

鲁褒，文学家，"元康之后，纲纪大坏，（鲁）褒伤时之贪鄙，乃隐姓名，而著《钱神论》以刺之"[②]。鲁褒所著的《钱神论》通过描述钱币的价值、功能和流通特性等基本属性，以诙谐的笔法讥讽了当时金钱崇拜的社会风气，"孔方"一词就源出于此文。

"钱之为体，有乾坤之象，内则其方，外则其圆。其积如山，其流如川。动静有时，行藏有节，市井便易，不患耗折。难折象寿，不匮象道，故能长久，为世神宝。亲之如兄，字曰孔方，失之则贫弱，得之则富昌。无翼而飞，无足而走，解严毅之颜，开难发之口。钱多者处前，钱少者居后。处前者为君长，在后者为臣仆。君长者丰衍而有余，臣仆者穷竭而不足。《诗》云：'哿矣富人，哀此茕独。'"

魏晋时期人们认为钱能操纵人的命运，主要表现在社会风气贪财如命。士族官僚一般通过卖官、经商和掠夺来积累财富。晋武帝时期卖官，钱入私门，有权势人通过出卖官爵谋财。而士族自矜门第清高，对商贾极其贱视。法令规定市侩都得戴头巾，巾上写明姓名及所卖物品名，一脚着白鞋，一脚着黑鞋。商贾的社会地位很低，但是士族很多都兼做商贾，并不因为商是贱业而不屑为之。例如，大名士王戎有许多园田，亲自拿着筹码算账，昼夜忙碌；家有好李，怕买者得好种，钻破李核才拿到市上出卖。

① 《魏书·食货志》。
② 《晋书·隐逸传》。

有势力人家霸占水利造水碓，替别人舂米取酬，称为舂税。晋惠帝时，石崇任荆州刺史，劫夺外国使者和商客，积财物成巨富。家有水碓三十余区，奴八百余人，还有大量的珍宝钱财和田宅。

《晋律》规定，自死罪以下都可以用钱赎罪。即使是死罪，有时也可以用钱赎罪，不过黄金二斤。所以只要有钱财可得，任何一种方法他们都敢采用。晋国社会爱钱，唯钱是求，后世称为"钱鬼"，金钱至上渗透进了社会生活的各个层面。"铜臭"一词就发端于西晋。

"崔烈，廷尉卿。灵帝时开鸿都门榜卖官爵，烈时入钱五百万，得为司徒。及拜日，天子临轩，百僚毕会。帝顾谓幸者曰：'恨不小靳，可至千万'。程夫人于傍应曰：'崔公，冀州名士，岂肯买官，赖我得是，反不知姝邪？'烈问其子钧曰：'吾居三公，于议者何如？'钧曰：'大人少有英称，历位卿守，论者不谓当为三公。而今登其位，天下失望。'烈曰：'何为然也？'钧者：'论者嫌其铜臭耳。'"①

（三）孔觊的《铸钱均货议》

孔觊，字思远，会稽山阴人。孔子二十九世孙、孔琳之孙、孔邈之子。举秀才，初补扬州主簿，历伍扬州大中正、御史中丞、司徒右长史。晋安王刘子勋与明帝争帝位，他起兵助子勋，兵败被杀。

南北朝时期的货币思想，具有一定价值和意义的便是南齐时期孔觊的《铸钱均货议》，该上奏皇帝的政策建议陈述了货币发行量对粮食（籴）价格的影响，通货膨胀与通货紧缩的危害，前者伤农，后者伤民，伤农则国家会贫困，伤民则国家会动荡。

"宋代太祖辅政，有意欲铸钱，以禅让之际，未及施行。建元四年，奉朝请孔觊上《铸钱均货议》，辞证甚博。其略以为'食货相通，理势自然。李悝曰：籴甚贵伤民，甚贱伤农。民伤则离散，农伤则国贫。甚贱与甚贵，其伤一也。三吴国之关阃，比岁被水潦而籴不贵，是天下钱少。非谷穰贱，此不可不察也'。"②

孔觊强调，铸币的重量不能经常变化，太重则难用，太轻则容易导致

① （晋）司马彪：《九州春秋》。

② 《南齐书》卷三十七《刘悛传》。

盗铸。而盗铸盛行的主要原因就是皇帝铸钱时“惜铜爱工”(偷工减料),认为铸钱仅仅是用于交易目的,没有其他大的用处。他认为,只有足够数量铸币,而且钱币的重量足值,才能确保经济的良好发展。

“铸钱之弊,在轻重屡变。重钱患难用,而难用为累轻;轻钱弊盗铸,而盗铸为祸深。民所盗铸,严法不禁者,由上铸钱惜铜爱工也。惜铜爱工者,谓钱无用之器,以通交易,务欲令轻而数多,使省工而易成,不详虑其为患也。自汉铸五铢钱,至宋文帝,历五百余年,制度世有废兴,而不变五铢钱者,明其轻重可法,得货之宜。以为宜开置泉府,方牧贡金,大兴熔铸。钱重五铢,一依汉法。府库已实,国用有储,乃量俸禄,薄赋税,则家给民足。顷盗铸新钱者,皆效作翦凿,不铸大钱也。摩泽淄染,始皆类故;交易之后,渝变还新。良民弗皆淄染,不复行矣。所鬻卖者,皆徒失其物。盗铸者,复贱买新钱,淄染更用,反复生诈,循环起奸,此明主尤所宜禁而不可长也。若官铸已布于民,便严断翦凿:小轻破缺无周郭者,悉不得行;官钱细小者,称合铢两,销以为大。利贫良之民,塞奸巧之路。钱货既均,远近若一,百姓乐业,市道无争,衣食滋殖矣。”①

魏晋南北朝时期,国家不稳定,政权更迭频繁,政府对经济的把控较弱,货币经济倒退,导致这一时期的货币金融理论鲜有建树,相反拜金主义到处流行。只有孔觊的货币思想强调了货币和物价的关系以及对国家和社会的影响,其将货币意义又提升至国家经济繁荣的关键高度,这与《管子》中的轻重理论一脉相承。

(四)周朗、沈约的“罢金论”

周朗,南朝汝南安成人,为江夏王义恭太尉参军。孝武初,除建平王宏中军录事参军。因居丧无礼,为有司所纠,36 岁时被杀。周朗著有文集八卷,《隋书经籍志注》传于世。周朗在向皇帝的上奏中,就崇尚实物货币,提议“罢金钱”,通过大力推广实物货币,压缩钱币的使用,以推动国家之根本的农业发展。

“农桑者,实民之命,为国之本,有一不足,则礼节不兴。若重之,宜罢

① 《南齐书》卷三十七《刘悛传》。

金钱,以谷帛为赏罚。然愚民不达其权,议者好增其异。凡自淮以北,万匹为市;从江以南,千斛为货,亦不患其难也。今且听市至千钱以还者用钱,余皆用绢布及米,其不中度者坐之。如此,则垦田自广,民资必繁,盗铸者罢,人死必息。又田非疁水,皆播麦菽,地堪滋养,悉艺纻麻,荫巷缘藩,必树桑柘,列庭接宇,唯植竹栗。若此令既行,而善其事者,庶民则叙之以爵,有司亦从而加赏。若田在草间,木物不植,则挞之而伐其余树,在所以次坐之。"①

沈约,南朝文学家、史学家。出身于门阀士族家庭,历史上有所谓"江东之豪,莫强周、沈"的说法,家族社会地位显赫。沈约幼年时孤贫流离,笃志好学,博通群籍,擅长诗文。沈约历仕宋、齐、梁三代,后助梁武帝登位,为尚书仆射,封建昌县侯,后至尚书令。沈约极富史学才能,编写《宋书》,还有《晋书》一百一十卷、《齐纪》二十卷、《高祖纪》十四卷。沈约的主要货币思想体现在其为《宋书·孔琳之传》的附议文中。他对孔琳之的"反废钱用谷帛"提出了异议。沈约认为钱币并不是经济活动中必需的,钱币流通对社会是一种公害,应逐步废除钱币,恢复实物货币,才能恢复盛世。

"史臣曰:民生所贵,曰食与货。货以通币,食为民天。是以九棘播于农皇,十朋兴于上代。昔醇民未离,情嗜疏寡,奉生赡己,事有易周。一夫躬稼,则余食委室;匹妇务织,则兼衣被体。虽懋迁之道,通用济乏,龟贝之益,为功盖轻。而事有讹变,奸敝代起,昏作役苦,故穑人去而从商,商子事逸,末业流而浸广,泉货所通,非复始造之意。于是竞收罕至之珍,远蓄未名之货,明珠翠羽,无足而驰,丝罽文犀,飞不待翼,天下荡荡,咸以弃本为事。丰衍则同多稌之资,饥凶又减田家之蓄。钱虽盈尺,既不疗饥于尧年;贝或如轮,信无救渴于汤世,其蠹病亦已深矣。固宜一罢钱货,专用谷帛,使民知役生之路,非此莫由。夫千匹为货,事难于怀璧;万斛为市,未易于越乡,斯可使末伎自禁,游食知反。而年世推移,民与事习,或库盈朽贯,而高廪未充,或家有藏镪,而良畴罕辟。若事改一朝,废而莫用,交

① 《宋书·周朗传》。

易所寄，旦夕无待，虽致乎要术，而非可卒行。先宜削华止伪，还淳反古，抵璧幽峰，捐珠清壑。然后驱一世之民，反耕桑之路，使缣粟羡溢，同于水火。既而荡涤圆法，销铸勿遗，立制垂统，永传于后，比屋称仁，岂伊唐世。桓玄知其始而不览其终，孔琳之睹其末而不统其本，岂虑有开塞，将一往之谈可然乎。"①

这一理论基本上延续了西汉时期贡禹的"罢钱复古论"。贡禹，西汉元帝时任谏议大夫，后迁光禄大夫、长信少府、御史大夫等。《汉书·贡禹传》记载其人"以明经洁行著闻"，他主张选贤能、诛奸臣、罢倡乐、修节俭，后世尊为"贡公"。其在金融史上最有影响力的观点就是：罢钱复古，提议废除钱币，改用布帛和谷物。

"贡禹言：'铸钱采铜，一岁十万人不耕，民坐盗铸陷刑者多。富人臧钱满室，犹无厌足。民心动摇，弃本逐末，耕者不能半，奸邪不可禁，原起于钱。疾其末者绝其本，宜罢采珠、玉、金、银铸钱之官，毋复以为币，除其贩卖租铢之律，租税、禄、赐皆以布、帛及谷，使百姓壹意农桑。'议者以为交易待钱，布、帛不可尺寸分裂。禹议亦寝。"②

但因为布帛不好分割，贡禹的奏议最终作罢。

贡禹的罢钱复古论，在后世中，特别是乱世中被很多思想家和官员所推崇，这些人被统称为贡禹之徒。

"后世如魏文帝时天下尽不用钱，贡禹之论略已施行，遂有湿谷薄绢之弊，反以天下有用之物为无用，其意本要重谷帛，反以轻谷帛。"

"大抵三代以前，唯其以谷粟为本，以泉布为权，常不使权胜本，所以当时地利既尽，浮游末作之徒少。后世此制坏，以匹夫之家藏镪千万，与公上争衡，亦是古意浸失，故后世贡禹之徒欲全废此，唯以谷帛为本，此又却是见害惩艾，矫枉过直之论。"③

四、货币理论的深化与理论新高度：国家管制与市场调控

唐宋辽金元时期的金融理念，主要涉及货币调控领域，包括货币数量

① 《宋书·孔琳之传》。
② 《汉书·食货志》。
③ 《文献通考》卷九《钱币考》。

和通货膨胀的关系。尤其是纸钞的发行,我国产生了世界上最早关于纸钞准备金、货币流通方面的金融理念和相关概念;其中比较著名的有北宋周行己的纸币发行准备论,北宋沈括的货币流通速度论和南宋戴埴的货币数量方面的论述,元代王恽的中统钞成功论、卢世荣的币改议。前文所述涉及货币币值的唐代的货币虚实和宋代的货币称提政策,也是这一时期货币金融理念的具体化表现。而唐代褚遂良从吏治角度反对公廨本钱输钱受官,北宋张方平从国家财政收支角度量化货币发行的国家支付论,则从不同的视角阐述其金融思想并影响到国家政策,至今仍有很好的借鉴意义。

（一）唐代的金融思想

1. 刘秩的“禁铜”论

刘秩,字祚卿,徐州彭城人,刘知几第四子。生卒年均不详,开元末,历左监门卫录事参军事,后迁宪部员外郎,至德初迁给事中,不久贬为抚州长史,卒于任上。刘秩传于世的著作有《政典》三十五卷、《止戈记》七卷、《至德新议》十二卷、《指要》三卷。唐开元二十二年(公元734年),在讨论不禁铸钱中,左监门录事参军刘秩系统阐述了铸币权对国家兴衰的决定性以及国家货币调控的重要性,同时强调国家禁铜的必要性。

“夫钱之兴,其来尚矣,将以平轻重而权本末。齐桓得其术而国以霸,周景失其道而人用弊。考诸载籍,国之兴衰,实系于是。……是以命之曰衡。衡者,使物一高一下,不得有常。故与之在君,夺之在君,贫之在君,富之在君。是以人戴君如日月,亲君如父母,用此术也。是为人主之权。

今之钱,即古之下币也。陛下若舍之任人,则上无以御下,下无以事上,其不可一也。夫物贱则伤农,钱轻则伤贾。故善为国者,观物之贵贱,钱之轻重。夫物重则钱轻,钱轻由乎物多,多则作法收之使少;少则重,重则作法布之使轻。……夫钱重者,犹人日滋于前,而炉不加于旧。又公钱重,与铜之价颇等,故盗铸者破重钱以为轻钱。钱轻,禁宽则行,禁严则止,止则弃矣,此钱之所以少也。夫铸钱用不赡者,在乎铜贵,铜贵,在采用者众。夫铜,以为兵则不如铁,以为器则不如漆,禁之无害,陛下何不禁于人?禁于人,则铜无所用,铜益贱,则钱之用给矣。夫铜不布下,则盗铸者无因而铸，则公钱不破，人不犯死刑，钱又日增，末复利矣。”①

其“五不可”既继承了《管子》中轻重理论的观点，又有贾谊的货币思想。

2. 褚遂良论输钱受官

褚遂良，字登善，杭州钱塘人，唐代政治家、书法家。隋末时，跟随薛举为通事舍人。归顺唐朝后，任谏议大夫，中书令执掌朝政大权。贞观二十三年（公元 649 年），与长孙无忌同受太宗遗诏辅政，升尚书右仆射，封河南郡公，因坚决反对立武则天为后，被贬为潭州，武后掌权，迁桂州都督，再贬爱州（今越南清化）刺史，卒于显庆三年（公元 658 年）。

褚遂良强烈反对唐初的公廨本钱，认为官府机构经营公廨本钱放贷，会导致吏治腐败，如同卖官。他认为，经商者不适合为官，会败坏国家吏治。

“陛下近许诸司令史，捉公廨本钱。诸司取此色人，号为捉钱令史。不简性识，宁论书艺，但令身能估贩，家足赀财，录牒吏部，使即依补。大率人捉五十贯已下，四十贯已上，任居市肆，恣其贩易。每月纳利四千，一年凡输五万，送利不违，年满受职。然有国家者，尝笑汉代卖官，今开此路，颇类于彼……此人习以性成，惯于求利，苟得无耻，莫蹈廉隅，使其居职，从何而可？将来之弊，宜绝本源。”②

3. 陆贽的货币供应量观点

陆贽，字敬舆，嘉兴人，唐代著名政治家、文学家、政论家。德宗即位，召充翰林学士。贞元八年（公元 792 年）出任宰相，但两年后被贬充忠州别驾，卒于任所。有《陆宣公翰苑集》二十四卷及《陆氏集验方》传世，《全唐诗》存其诗。

陆贽强调通过官府调控钱币的供应数量（加铸或回收），平衡钱币和商品的轻重。

“物贱由乎钱少，少则重，重则加铸而散之使轻。物贵由乎钱多，多则轻，轻则作法而敛之使重。是乃物之贵贱，系于钱之多少，钱之多少，在于

---

① 《旧唐书·食货志》。
② 《唐会要·内外官料钱上》。

官之盈缩。”①

（二）宋代的金融思想

1. 沈括的货币流通速度论、贵金属法币论和钞币观点

沈括，字存中，号梦溪丈人，浙江杭州钱塘县人，北宋政治家、科学家。沈括出身于仕宦之家，于嘉祐八年（公元1063年）进士及第，授扬州司理参军。宋神宗时参与熙宁变法，受王安石器重，历任太子中允、检正中书刑房、提举司天监、史馆检讨、三司使等职，晚年被贬，卒于润州（今江苏镇江）。沈括一生致志于科学研究，在众多学科领域都有很深的造诣，被誉为“中国整部科学史中最卓越的人物”，其名作《梦溪笔谈》集前代科学成就之大成，在世界文化史上占有重要的地位。

沈括的金融思想主要体现在货币流通速度、货币供给的论述上。他认为货币流通速度影响货币供应。

“钱利于流借，十室之邑有钱十万，而聚于一人之家，虽百岁，故十万也；贸而迁之使人飨十万之利，遍于十室，则利百万矣。迁而不已，钱不可胜计。今至小之邑，常平之蓄不减万缗，使流转于天下，何患钱之不多也。”②

沈括概况了货币流通速度（货币周转次数）对货币供应量的影响。即货币的周转次数越多，同期流通中所需货币量越少；反之则越多。货币的周转次数与流通中的货币数量呈反比，加速货币周转次数可以减少流通中的货币需要量。所以他认为当时最小的城市都有不下万缗的常平钱。这些被储存的常平钱如能从仓库中重返流通领域，那么就根本不用再担心流通中钱币的不足了。沈括是世界上最早论述货币流通速度与供应量关系的人，其货币流通速度对货币供应量的影响论述，丝毫不弱于17世纪欧洲的威廉·配第首次提出的相似观点。

货币供给方面，沈括一方面强调通过禁铜增加金银贵金属为货币，打击销毁铜钱铸造铜器、熔铸金银为器物进行套利的行为，从而增加金属货

---

① 《陆宣公奏议全集》。

② 《续资治通鉴长编》卷二百八十三。

币的供给；另一方面，他认为信用是纸钞能够流通的根本，否则百姓只会很快将纸钞交易，而贮藏铜钱，因此国家应当稳定纸币政策，树立信用。

“铜禁既开，销钱以为器者利至于十倍，则钱之在者几何其不为器也？臣以谓铜不禁，钱且尽，不独耗而已。异日，富家备寇、攘水火之败，惟蓄盐钞，而以藏镪为不利。钞之在民以千万计。今钞法数易，民不坚信，不得已而售钞者，朝得则夕贸之，故钞不留而钱益不出。臣以谓钞法不可不坚，使民不疑于钞，则钞可以为币，而钱不待益而自轻矣。古为币之物，金、银、珠、玉、龟、贝皆是也，而不专赖于钱。今通贵于天下者金银，独以为器而不为币，民贫而为器者寡，故价为之日轻。今若使应输钱者输金，高其估而受之，至其出也亦如之，则为币之路益广，而钱之利稍分矣。”①

2. 张方平的国家支付论

张方平，字安道，谥“文定”，北宋应天府南京人，历任昆山县知县、睦州通判、知谏院、知制诰、知开封府、翰林学士、御史中丞，滁州、江宁府、杭州、益州等地行政长官。宋神宗时期，官拜参知政事（宰相），反对任用王安石，反对王安石新法。

张方平独辟蹊径，从货币的供给和流通渠道两个方面，阐述了货币供应量和需求量之间的关系。他认为货币供给量应当就是国家的支付（官员、军队俸禄，籴买和坑冶、场监等钱币的铸造本价），而货币的需求量就是国家的税收（正税、茶盐酒税之课），经济的发展取决于国家货币支付的多少，如果供应和需求两者偏离，则会动摇民心，动摇国家之根本。张方平可能是中国历史上第一个从国家财政平衡角度论述货币供应的人。

“凡公私钱帛之法，敛其则不远，百官群吏、三军之俸，给夏秋籴买谷帛、坑冶、场监本价，此所以发之者也。屋庐正税、茶盐酒税之课，此所以敛之者也。民间货布之丰寡，视官钱所出之多少。官钱出少，民用已乏，则是常赋之外，钱将安出？盖愚而不可欺，弱而不可胜者，民也。动之甚易，安之甚难，故民者天地之心，而国家之本也。”②

3. 周行己的纸钞发行准备论

① 《续资治通鉴长编》卷二百八十三。
② 《皇宋通鉴长编纪事本末》卷七十。

周行己，字恭叔，学者称浮沚先生，永嘉县（今鹿城区）人。元祐六年（公元1091年），周行己中进士，仍设法在洛阳附近的粮库做小官，以便继续跟随程颐读书，后历任河南原武县知县、太学博士，号称“永嘉九先生”之一，在历史上对温州的学术文化有突出贡献。

周行己最早从理论上探讨了设置部分准备金制度的可能性。他认为，官府在发行纸钞时可获得“三一之利”，“盖必有水火之失、盗贼之虞、往来之积常居其一，是以岁出交子、公据，常以二分之实，可为三分之用”[①]，因为在纸钞流通中，有损耗（水火之失、盗贼之虞）以及滞留沉淀（往来之积），占到纸钞流通量的约1/3，纸钞的发行准备金只需2/3，不需百分之百，这样官府可以变相获得另外1/3的发行利益。这是世界历史上首次出现纸币发行准备金的理论。

4. 叶适的纸币理论

叶适，字正则，号水心居士，温州永嘉人，南宋著名思想家、文学家、政论家。淳熙五年（公元1178年），叶适中榜眼，孝宗、光宗、宁宗三朝为官，历任平江府观察推官、太学博士、尚书左选郎、国子司业、知泉州、兵部侍郎等职，曾参与策划“绍熙内禅”。其主要观点为货币本质论和纸币驱逐铜钱论。

叶适认为货币起源于商品交换，主要功能就是流通。

“钱币之所起，起于商贾通行，四方交至，远近之制，物不可以自行，乃以金钱行之。”

“钱货至神之物，无留藏积蓄之道，惟通融流转方见其功用……不知钱以通行天下为利，钱虽积之甚多，与他物何异。”[②]

叶适认为主要由于楮币（纸币）的大量流通会驱逐铜钱。

“凡今之所谓钱者反听命于楮，楮行而钱益少……大都市肆，四方所集，不复有金钱之用，尽以楮相贸易，担囊而趋，胜一夫之力，辄为钱数百万，行旅之至于都者，皆轻出他货以售楮，天下阴相折阅，不可胜计。”[③]

---

① 《浮沚集》卷一《上皇帝书》。

② 《文献通考》卷九《钱币考》。

③ 《叶适集》卷三，中华书局1961年版。

因为纸币使用轻便,价值低贱,所以铜钱就被贮藏起来了,这是纸币流通后的必然趋势。"虽然雍天下之钱,非上下之所欲也,用楮之势至于此也。赍行者有千倍之轻,兑鬻者有什一之获,则楮在而钱亡,楮尊而钱贱者,固其势也。"但对于纸币,他认为,官府滥发纸币会引发严重的通货膨胀。危害巨大。

"夫率意而戏造,猥以补一时之阙而遂贻后日之忧。……故凡今之弊,岂惟使钱益少,而他货亦并乏矣;设法以消天下之利,孰甚于此!兴利之臣,苟欲必行,知摹刻之易而不知其为尽钱之难,十年之后,四方之钱亦藏而不用矣,将交执空券,皇皇焉而无所从得,此岂非天下之大忧乎!"①

5. 戴埴的货币数量论

戴埴,字仲培,宁波鄞州区人,南宋官员、诗人、学者。理宗嘉熙二年(公元1238年)中进士,曾为知州、转运使,著有《鼠璞》传世。戴埴曾经在其著作《鼠璞》中阐述了货币发行量与通货膨胀的关系:

"钱多易得,则物价贵踊,此汉唐以后议论也,……今日病在楮多,不在钱少,如欲钱与楮俱多,则物益重矣。且未有楮之时,诸物皆贱。楮愈多,则物愈贵;计以实钱,犹增一倍。盖古贸通有无,止钱耳。钱难得,则以物售钱,而钱重。钱易得,则以钱售物,而钱轻。复添楮以佐钱,则为贸通之用者愈多,而物愈贵。"

南宋时期,官府已经意识到了适度的通货膨胀对经济有一定的促进作用。

(三)元代的金融思想

1. 王恽的中统钞成功论

王恽,字仲谋,卫州汲县人,元代文学家、政治家,曾任监察御史、承直郎、朝列大夫、授翰林学士、嘉议大夫、通政大夫知制诰等职。历元世祖忽必烈、元裕宗真金和元成宗皇帝铁穆耳三朝,元史有其列传。

王恽在《便民三十五事·论钞法》中认为,中统钞法的成功主要归功于以下几条:

---

① 《水心别集》卷二《财计中》;转引自《叶适集》,中华书局1961年版,第660—662页。

(1)银钞本位制，“钞为子，银为母，子母相权”；(2)十足的银准备金制，“钞有多少，银本常不亏欠”；(3)钞币兑换及昏钞兑换制度；(4)以钞缴纳赋税，“中间关防库司略无少弊，所纳酒醋税盐引等课程，大小一切差发，一以元宝为则”；(5)严格控制纸钞发行额，不得用于弥补财政亏空，“除支备随路库司关用外，一切经费虽缓急不许动支借贷”；(6)要求地方官员严格管理纸钞流通，适时掌握纸钞流通状况(流通停滞、物价高低)，依法处置，“七道宣抚司管限三日，午前将彼中钞法有无底滞，及物价低昂，与钞相碍，于民有损者，画时规措，有法以制之”；(7)利用常平仓，严格控制物价，稳定币值，“岁稍不丰，平价出粜，钞本不失，人赖以安”。①

王恽对中统钞成功经验的总结，从另一个角度揭示了我国宋代以来纸钞发行失败的主要原因，其本人对至元十三年(公元1276年)阿合马专权后至元钞滥发，通货膨胀兴起的分析，也基本源于对中统钞的分析要点。王恽的纸钞观点对现代的纸币管理依然具有很好的借鉴作用。

2. 卢世荣的币改议

卢世荣，原名懋，河北大名人，元世祖忽必烈时期的著名理财宰相。卢世荣依靠行贿最初任江西榷茶运使，后因桑哥推荐，于至元二十一年(公元1284年)十一月任中书右丞，秉政理财，至元二十二年(公元1285)三月遭监察御史陈天祥弹劾，免职下狱被处死，任职仅四个月。

为了拯救至元钞，卢世荣提出了系列举措：

一是“古有榷酤之法，今宜立四品提举司，以领天下之课，岁可得钞千四百四十锭”。二是钞法虚弊，“莫若依汉唐故事，括铜铸至元钞，及制绫券，与钞参行”。三是“于杭、泉二州立市舶都转运司，造船给本，令人商贩，官有其利七、商有其三。禁私泛海者，拘其先所蓄宝货，官买之；匿者，许告，没其财，半给告者”。四是“尽禁权势所擅产铁之所，官立炉鼓铸为器鬻之，以所得利合常平盐课，籴粟积于仓，待贵时粜之，必能使物价恒贱，而获厚利”。五是“宜令各路主平准周急库，轻其月息，以贷贫民，如此，则贷者众，而本且不失”。六是“可于各部立市易司，领诸牙侩人，计商

① 《秋涧先生大全集》卷八十、卷九十。

人物货，四十分取一，以十为率，四给牙侩，六为官吏俸”。七是“宜于上都，隆兴等路，以官钱买币帛易羊马于北方，选蒙古人牧之，收其皮毛筋角酥酪等物，十分为率，官取其八，二与牧者。马以备军兴，羊以充赐予”。[①]元世祖除对羊马官营放牧一条表示还要考虑外，其余各条都准许付诸实施。

卢世荣为了稳定至元钞币值实施的举措主要包括：通过榷酤、市舶税、市易税、增加财政收入，平衡财政收支；增加铜钱铸造，发行债券（制绫券）来回笼纸币；降低利率，贷款给贫民以增加纸钞信用；国家垄断铁器铸造，所赚取的钱加上盐课，用于平准粮价，最终稳定物价获得厚利。

五、货币理论的僵化与落寞：明清时期货币理论

明清时期的金融思想相对于唐宋元时期，显得非常匮乏。一些学者在担任幕僚、地方小官或从事地方教学时，撰写了一些文章，表明对当朝财政货币信贷政策的看法和建议，如明代的叶子奇、刘定之、《天工开物》的作者宋应星；清代的包世臣、许楣许梿兄弟，甚至如王鎏之流刊行《钱币刍议》，以作为做官进阶的敲门砖。这些零散的个人建议、观点无一例外，并没有上升到国家政策中。这一时期相对比较知名的金融思想为邱濬的货币思想。

丘濬，字仲深，琼山人，明代中期著名的思想家、史学家、政治家、经济学家和文学家，被明孝宗御赐为“理学名臣”，被史学界誉为“有明一代文臣之宗”。丘濬历事景泰、天顺、成化、弘治四朝，先后出任翰林院编修、侍讲学士、翰林院学士、国子监祭酒、礼部尚书、文渊阁大学士等职，弘治七年（公元1494年）升户部尚书兼武英殿大学士。他提出“劳动决定商品价值”的观点比英国古典经济学家威廉·配第的“劳动价值论”要早一百八十年。《大学衍义补》是丘濬经济治国思想集大成者之作，其中《铜楮之币》上下篇（卷二十六和卷二十七）主要体现其金融思想。

（一）劳动价值论

“自宋人为交、会而金元承之以为钞，所谓钞者，所费之直不过三五钱

---

① 《新元史·卢世荣传》。

而以售人千钱之物。呜呼,世间之物虽生于天地,然皆必资以人力而后能成其用,其体有大小精粗,其功力有浅深,其价有多少,直而至于千钱,其体非大则精,必非一日之功所成也,乃以方尺之楮直三五钱者而售之。"①

丘濬认为商品的价值并不取决于货币,而是取决于"功力"(劳动价值),如果脱离这一根本,巧取豪夺"下之人有以计取人如是者,上之人不能禁之",结果会"非徒不得千钱之息,并与其所费三五钱之本而失之",最终如元朝那样,"且因之以失人心、亏国用,而致乱亡之祸"。

(二)货币本质说

"日中为市,使民交易以通有无,以物易物,物不皆有,故有钱币之造焉。必物与币两相当值而无轻重悬绝之偏,然后可以久行而无弊,时君世臣徒以用度不足之故,设为罔利之计,以欺天下之人、以收天下之财而专其利于已,是岂上天立君之意哉?宜其卒不可行也。"②

货币起源于物物交换,但货币价值应当是与物品价值相对等,不是君王搜刮天下财富的工具。货币的作用还包括衡量商品的价值,促进商品的流通:

"布即泉也,泉即钱也,钱以权百物而所以流通之者商贾也,故商贾阜盛货贿而后泉布得行,当夫凶荒札丧之际,商贾毕聚而食货阜盛,亦得以济其乏、苏其困矣,故于是时市无征税,所以来商贾,来商贾所以阜食货,然又虑其无贸易之具也,故为之铸金作钱焉。"③

(三)国家货币权力说

丘濬的国家货币权力包括铸币权、货币调控及社会利益调节。丘濬认为,国家应当垄断货币发行,否则祸乱丛生。

"钱之为利,贱可使贵,贫可使富,蚩蚩之民,孰不厌贫贱而贪富贵哉?顾无由致之耳,所以致之者钱也。操钱之权在上而下无由得之,是以甘守其分耳,苟放其权而使下人得以操之,则凡厌贱而欲贵、厌贫而欲富者皆趋之矣,非独起劫夺之端,而实致祸乱之渊丛也,古人山海之利不以封,良

---

① 《大学衍义补》之《铜楮之币》。
② 《大学衍义补》之《铜楮之币》。
③ 《大学衍义补》之《铜楮之币》。

有以夫。”①

在货币调节上，可通过垄断铸币权、调节货币轻重以达到物价稳定的目的。

“盖民之所患有轻重，上则持操纵之权，相权而行之，要之，患轻则作重，患重虽作轻而亦不废重焉，子可废而母不可废故也。”②

国家掌握货币调控，通过减免赋役、赈灾等财政方式，缩小社会的贫富差距。

“天地间为利之途辙孔多，钱也者寓利之器，昔人所谓贫可使富、贱可使贵、死可使生之具神通之物也。上之人苟以利天下为心，必操切之使不至于旁落，上焉者不至为刘濞以灭家，下焉者不至为邓通以亡身，则利权常在上，得其赢余以减田租、省力役，又由是以赈贫穷、惠鳏寡，使天下之人养生丧死皆无憾，是则人君操利之权资以行义，使天下之人不罹其害而获其利也。”③

（四）货币轻重论

丘濬强调货币供应“必物与币两相当值而无轻重悬绝之偏，然后可以久行而无弊”，其观点继承了《管子》的轻重理论，但同时他又强调了谷物的充足和谷价的稳定，以平衡货币供应与物价，若谷物供应过剩，价格低贱，可通过免费赠予、赋役等方式转移，最终达到物币价值相当。

“以为通融转移之法，务必使钱常不至于多余、谷常不至于不给。其价常平，则民无苦饥者矣，其余货贿民之可以有无者，不必计焉。不特此尔，亦可因是以定科差、制赋敛、计工役。”④

---

① 《大学衍义补》之《铜楮之币》。
② 《大学衍义补》之《铜楮之币》。
③ 《大学衍义补》之《铜楮之币》。
④ 《大学衍义补》之《铜楮之币》。

参考文献

一、古代典籍

[1]历代食货志。

[2]二十四史。

[3]《资治通鉴》。

[4](宋)李焘:《续资治通鉴长编》卷三十、卷七十二、卷一百八十九。

[5]《文献通考》。

[6]《续文献通考》。

[7](宋)郑樵:《通志》。

[8]《礼记·杂记》,郑玄注。

[9]《国语·晋语》。

[10]《国语·齐语》。

[11]《国语·周语》。

[12]《管子》。

[13]《荀子·王制篇》。

[14]《墨子·贵义》。

[15]《周礼·地官·质人》。

[16]《十三经注疏》上册,中华书局 1980 年版。

[17]《左传·文公十六年》。

[18]《吕氏春秋》卷十五,文渊阁四库全书本,线装书局 2014 年版。

[19]《孟子·滕文公上》。

[20]《晋书·隐逸传》。

[21]《经说》下。

[22](清)段玉裁:《说文解字注》。

[23](春秋)范蠡:《计然书》。

[24]《韩诗外传》卷四,校元刊本,中国书店出版社 2015 年版。

[25]《二年律令·金布律·钱律》。
[26]《岳麓书院藏秦简(叁)》。
[27]《汉律摭遗·杂律》。
[28]《盐铁论》。
[29](汉)刘向编著,石光英校释:《新序校释》卷五《杂事》,中华书局2001年版。
[30](晋)司马彪:《九州岛春秋》。
[31](北魏)杨衒之撰,范祥雍校注:《洛阳伽蓝记校注》卷四《城西》。
[32]《唐会要》。
[33]《全唐文》卷四百六十五。
[34]《全唐诗》卷三百六十五、卷五百一十一至卷五百八十五。
[35]《唐律疏议》卷四《名例》。
[36]《通典·食货》。
[37]《贞观政要》卷一《政体》。
[38]《陆宣公奏议全集》。
[39]《宋书》。
[40]《宋会要辑稿》。
[41]《宋朝事实》卷十五。
[42]《皇明经世文编》卷四百四十一。
[43]《皇宋通鉴长编纪事本末》卷七十。
[44]《欧阳文忠公集》卷五十九《原弊》。
[45](宋)苏辙:《右司谏论时事十首》,《栾城集》卷三十六。
[46]《太平广记》卷十六、卷二百四十三、卷二百六十七、卷四百五十四。
[47]《册府元龟·邦计部·钱币》。
[48](宋)吴自牧:《梦粱录》。
[49](宋)徐霆:《黑鞑事略》,王国维笺证本。
[50]《浮沚集》卷一《上皇帝书》。
[51]《元典章》卷十七、卷二十七。
[52]《新元史》。
[53]《秋涧先生大全集》卷八十、卷九十。
[54]《明会典》卷二十二、卷三十。
[55]《明实录》。
[56](明)戴金编:《皇明条法事类纂》卷二十。
[57]《大明律》卷九《户律·钱债》。

[58]《天工开物·冶铸》。

[59]（明）高攀龙：《今日第一要务疏》。

[60]《清史稿》。

[61]《清朝通考》。

[62]《清实录》。

[63]《大清会典事例》卷二百一十九《户部·钱法·直省鼓铸》。

[64]《大清律列·户律·钱债》。

[65]（清）吴坛：《大清律例通考》卷九《户律·田宅·典买田宅》。

[66]清编《六部成语注解补遗·户部》

[67]（明）丘濬：《铜楮之币》上下篇（卷二十六、卷二十七）。

[68]（清）常明修、杨芳灿：《四川通志》。

[69]张新旭等点校：《王侍郎奏议》，黄山书社1991年版。

二、现代文献

[1]彭信威：《中国货币史》，上海人民出版社2015年版。

[2]郭庠林：《中国古代宏观经济管理》，上海财经大学出版社2001年版。

[3]李剑农：《先秦两汉经济史稿》，三联书店1957年版。

[4]胡寄窗：《中国经济思想史》中，上海财经大学出版社1998年版。

[5]白寿彝：《中国通史（第八卷）·中古时代·元时期》上册，上海人民出版社1997年版。

[6]王献唐：《中国古代货币通考·环币》，齐鲁书社1979年版。

[7]汪圣铎：《两宋货币史》，社会科学文献出版社2003年版。

[8]汪圣铎：《宋代财政与商品经济发展》，转引自《宋史研究论文集》，河南人民出版社1984年版。

[9]汪圣铎：《宋代的关子》，转引自《宋辽金史论丛》第1辑，中华书局1985年版。

[10]漆侠：《宋代经济史》上册，上海人民出版社1987年版。

[11]睡虎地秦墓竹简整理小组：《睡虎地秦墓竹简》，文物出版社1978年版。

[12]祝慈寿：《中国古代工业史》，学林出版社1988年版。

[13]（日）加藤繁：《中国经济史考证》第一卷，商务印书馆1959年版。

[14]（日）加藤繁：《唐宋时代金银之研究》，中华书局2006年版。

[15]（英）安格斯·麦迪森著，伍晓鹰等译：《世界经济千年史》，北京大学出版社2003年版。

[16] 梁生智译：《马可·波罗游记》，中国文史出版社2005年版。

[17]国家文物局中国古钱谱编纂组:《中国古钱谱》,文物出版社 1989 年版。

[18]彭泽益:《中国近代手工业史资料》第一卷,中华书局 1962 年版。

[19]傅衣凌:《明清社会经济史论文集》,中华书局 2008 年版。

[20]李祖德,刘精诚:《中国货币史》,(台北)文津出版社 1995 年版。

[21]陶元珍:《三国食货志》,(台北)台湾商务印书馆 1989 年版。

[22]王文成:《宋代白银货币化研究》,云南大学出版社、云南人民出版社 2011 年版。

[23]谭文熙:《中国物价史》,湖北人民出版社 1994 年版。

[24]中国科学院考古研究所编:《新中国的考古收获》,文物出版社 1961 年版。

[25](美)约翰·S.戈登著,祁斌译:《伟大的博弈》,中信出版社 2005 年版。

[26](日)小叶田淳:《金银贸易史研究》,东京法政大学出版局 1976 年版。

[27]戴建斌:《中国货币文化史》,山东画报出版社 2011 年版。

[28]全汉昇:《中国经济史研究》第二册,中华书局 2011 年版。

[29]唐兰:《陕西省岐山县董家村新出西周重要铜器铭辞的译文和注释》,《文物》1976 年第 5 期。

[30]白秦川:《先秦货币二考》,《历史研究》1997 年第 2 期。

[31]杨乙丹:《汉代官方农业放贷:发展趋势、运行结构与制度审视》,《中国农史》2017 年第 4 期。

[32]萧立岩:《略论土券及其改制》,《齐鲁学刊》1981 年第 6 期。

[33]谢雁翔:《四川郫县犀浦出土的东汉残碑》,《文物》1974 年第 4 期。

[34]谢重光:《晋唐寺院的商业和借贷业》,《中国经济史研究》1989 第 1 期。

[35]周昆宁:《三国钱币考略》,《内蒙古金融研究》2003 第 4 期。

[36]朱红欠:《南北朝时期租赁业初探》,《西北民族论丛》第十辑,中国社会科学出版社 2014 年版。

[37]瞿安全:《关于南北朝商人的几个问题》,《中国经济史研究》2002 年第 1 期。

[38]谢重光:《晋唐寺院的商业和借贷业》,《中国经济史研究》1989 年第 1 期。

[39]任乃强:《我国黄金铸币的历史考察》,《社会科学研究》1980 年第 3 期。

[40]魏道明:《论唐代的虚估与实估》,《中国经济史研究》2002 年第 4 期。

[41]吴福环,韦斌:《丝绸之路上的中外钱币》,《西域研究》2004 第 3 期。

[42]王钊:《开元通宝的产生及意义》,《西安金融》2003 年第 11 期。

[43]乜小红:《论中国古代借贷的产生及其演变》,《经济思想史评论》2010 年第 6 期。

[44]马越、李秀辉:《中国古代黄铜制品与冶炼技术的研究状况分析》,《中国科技史杂志》2010 年第 2 期。

[45]刘秋根:《关于汉代高利贷的几个问题——与秦晖同志商榷》,《中国经济史研

究》1991年第4期。

[46]全汉昇:《自宋至明政府岁入中钱银比例的变动》,《中国经济史论丛》1996年。

[47]李跃:《从宋朝的货币政策看纸币的流通》,《东方博物》2005年第4期。

[48]杨卉青、崔勇:《宋代借贷契约及其法律调控》,《河北大学学报(哲学社会科学版)》2007年第4期。

[49]朱舸:《兵制对北宋国防开支及军事实力的影响》,《西北师大学报(社会科学版)》2013年第3期。

[50]乔幼梅:《宋元时期高利贷资本的发展》,《中国社会科学》1988年第3期。

[51]毛宏跃:《金代纸币流通探析》,《黑龙江史志》2010年第5期。

[52]毛良伟、施继龙、冯立昇:《从〈元典章〉看元朝纸币管理》,《北京印刷学院学报》2015年第2期。

[53]吴晶晶:《论元代货币在海外贸易中的流通》,《大连民族大学学报》2018年第4期。

[54]万明:《明代白银货币化:中国与世界连接的新视角》,《河北学刊》2004年第3期。

[55]刘光临:《银进钱出与明代货币流通体制》,《河北大学学报(哲学社会科学版)》2011年第2期。

[56]钱江《十六—十八世纪国际间白银流动及其输入中国之考察》,《南洋问题研究》1988年第2期。

[57]黄阿明:《万历三十九年留都铸钱事件与两京应对》,《中国钱币》2012年第2期。

[58]黄育玲:《纸币的产生与印刷术》,《新疆金融》2007年第3期。

[59]李金明:《中国古代海上丝绸之路的发展与变迁》,《新东方》2015年第1期。

[60]王海燕、赵东昌:《明代典当业述论》,《史学集刊》1998年第2期。

[61]庄国土:《16—18世纪白银流入中国数量估算》,《中国钱币》1995年第3期。

[62]刘秋根、刘春悦:《明代高利贷者的社会构成》,《河北大学学报(哲学社会科学版)》2001年第1期。

[63]孔祥毅:《"明清中国金融革命及其货币商人"之二:明清货币商人的金融机构创新》,《金融博览》2009年第3期。

[64]杨寿川:《论明清之际云南"废贝行钱"的原因》,《历史研究》1980年第6期。

[65]傅为群:《上海嘉定县清代银锭完纳规则残碑》,《档案春秋》1999年第5期。

[66]杜家骥:《清中期以前的铸钱量问题——兼析所谓清代"钱荒"现象》,《史学集刊》1999年第1期。

[67]刘秋根:《清代典当业的法律调整》,《中国经济史研究》2012年第3期。

[68]陈文慧:《清代生息银两制度及其历史变迁》,《山西能源学院学报》2018 年第 2 期。

[69]刘秋根:《清代城市高利贷资本》,《中国经济史研究》1996 年第 4 期。

[70]孔祥毅:《中国银行业的先驱:账局、账庄、京钱庄》,《中国金融》2010 年第 18 期。

[71]傅为群:《中国早期的银行》,《齐鲁周刊》2018 年第 24 期。

[72]戴建兵:《近代中国钱票浅探》,《河北经贸大学学报》1996 年第 5 期。

[73]侯安平、武红卫:《山西票号的经营管理》,《山西财经大学学报》1988 年第 2 期。